高等职业教育“十四五”规划教材

中央财政支持高等职业教育动物医学专业建设项目成果教材

畜牧兽医法规与行政执法

第 2 版

车清明　主编

中国农业大学出版社
·北京·

内 容 简 介

本教材依据教学内容的同质性和技术技能的相似性，将畜牧兽医行政法律关系、畜牧兽医行政执法、畜牧兽医行政司法、畜牧兽医行政诉讼、畜牧管理、兽医管理、兽药管理、饲料和饲料添加剂管理、畜牧兽医有关标准、实验动物与实验室生物安全等知识和技能列出，进行归类和教学设计。其内容体系分为模块、项目和任务3级结构，每一项目又设"学习目标""学习内容""知识拓展""案例分析""知识链接"等教学组织单元，并以任务的形式展开叙述，明确学生通过学习应达到的识记、理解和应用等方面的基本要求；有些项目的相关理论知识或实践技能，可通过案例分析、知识拓展或知识链接等形式学习，为实现课程的教学目标和提高学生学习的效果奠定良好的基础。

本教材文字精练，通俗易懂，现代职教特色鲜明，既可作为教师和学生开展"校企合作、工学结合"人才培养模式的特色教材，又可作为企业技术人员的培训教材，还可作为广大畜牧兽医工作者短期培训、技术服务和继续学习的参考用书。

图书在版编目(CIP)数据

畜牧兽医法规与行政执法 / 车清明主编. --2版. --北京：中国农业大学出版社，2022.8(2024.8重印)

ISBN 978-7-5655-2836-1

Ⅰ.①畜… Ⅱ.①车… Ⅲ.①畜牧业—农业法—中国—高等职业教育—教材②兽医学—医药卫生管理—法规—中国—高等职业教育—教材 Ⅳ.①D922.41

中国版本图书馆CIP数据核字(2022)第130609号

书　　名 畜牧兽医法规与行政执法　第2版

作　　者 车清明　主编

策划编辑 康昊婷　　**责任编辑** 康昊婷

封面设计 李尘工作室　郑　川

出版发行 中国农业大学出版社

社　　址 北京市海淀区圆明园西路2号　　**邮政编码** 100193

电　　话 发行部 010-62733489，1190　　读者服务部 010-62732336

编辑部 010-62732617，2618　　出　版　部 010-62733440

网　　址 http://www.caupress.cn　　**E-mail** cbsszs@cau.edu.cn

经　　销 新华书店

印　　刷 北京溢漾印刷有限公司

版　　次 2022年8月第2版　2024年8月第4次印刷

规　　格 185 mm×260 mm　16开本　13.75印张　350千字

定　　价 43.00元

编审人员

主　编　车清明（甘肃畜牧工程职业技术学院）

副主编　李学钊（甘肃畜牧工程职业技术学院）

　　　　　邬立刚（黑龙江农业职业技术学院）

参　编　王兴超（甘肃畜牧工程职业技术学院）

　　　　　杨再波（云南农业职业技术学院）

　　　　　谢仕玲（四川水利职业技术学院）

主　审　张进隆（甘肃畜牧工程职业技术学院）

前言

为了认真贯彻落实国发〔2014〕19号《国务院关于加快发展现代职业教育的决定》、教职成〔2015〕6号《教育部关于深化职业教育教学改革全面提高人才培养质量的若干意见》《高等职业教育创新发展行动计划(2015—2018)》、国发〔2019〕4号《国家职业教育改革实施方案》《职业教育提质培优行动计划(2020—2023)》等文件精神，切实做到专业设置与产业需求对接、课程内容与职业标准对接、教学过程与生产过程对接、毕业证书与职业资格证书对接、职业教育与终身学习对接，自2012年以来，甘肃畜牧工程职业技术学院动物医学专业在中央财政支持的基础上，积极开展提升专业服务产业发展能力项目研究。项目组在大量理论研究和实践探索的基础上，制定了动物医学专业人才培养方案和课程标准，开发了动物医学专业群职业岗位培训教材和相关教学资源库。其中，高等职业学校提升专业服务产业发展能力项目——动物医学省级特色专业建设于2014年3月由甘肃畜牧工程职业技术学院学术委员会鉴定验收，此项目旨在创新人才培养模式与体制机制，推进专业与课程建设，加强师资队伍建设和实验实训条件建设，推进招生就业和继续教育工作，提升科技创新与社会服务水平，加强教材建设，全面提高人才培养质量，完善高职院校"产教融合、校企合作、工学结合、知行合一"人才培养机制。为了充分发挥该项目成果的示范带动作用，甘肃畜牧工程职业技术学院委托中国农业大学出版社，依据《高等职业学校专业教学标准》，以项目研究成果为基础，组织学校专业教师和企业技术专家，并联系相关兄弟院校教师参与，编写了动物医学专业建设项目成果系列教材，期望为技术技能人才培养提供支撑。

党的二十大报告明确指出教育是国之大计、党之大计。培养什么人、怎样培养人、为谁培养人是教育的根本问题。坚持为党育人、为国育人。育人的根本在于立德。本教材专业基础课以技术技能人才培养为目标，以动物医学专业群的岗位能力需求为导向，坚持适度、够用、实用及学生认知规律和同质化原则，以模块→项目→任务为主线，设"学习目标""知识拓展""学习内容""案例分析""知识链接"等教学组织单元，并配有ppt课件，明确学生通过学习应达到的识记、理解和应用等方面的基本要求。其中，识记是指学习后应当记住的内容，包括概念、原则、方法等，这是最低层次的要求；理解是指在识记的基础上，全面把握基本概念、基本原则、基本方法，并能以自己的语言阐述，能够说明与相关问题的区别及联系，这是较高层次的要求；应用是指能够运用所学的知识分析、解决涉及动物生产中的一般问题，包括简单应用和综合应用。有些项目的相关理论知识或实践技能，可通过技能训练、知识拓展或知识链接等形式学习，为实现课程的教学目标和提高学生的学习效果奠定基础。

本套教材专业课以“职业岗位所遵循的行业标准和技术规范”为原则，以生产过程和岗位任务为主线，尽可能开展“教、学、做”一体化教学，以体现“教学内容职业化、能力训练岗位化、教学环境企业化”的特色。

本书的编写分工为：绪论、项目一和附录部分由车清明编写，模块一的项目二和模块二的项目七由李学钊编写，模块一的项目三、模块二的项目五由王兴超编写，模块一的项目四、模块二的项目六由郧立刚编写，模块二的项目八由谢仕玲编写，模块二的项目九和项目十由杨再波编写。全书由车清明修改定稿。

承蒙甘肃畜牧工程职业技术学院张进隆教授对本教材进行了认真审定，并提出了宝贵的意见；编写过程中得到编写人员所在学校的大力支持，在此一并表示感谢。作者参考著作的有关资料，不再述及，谨对所有作者表示衷心的感谢！

由于编者初次尝试“专业建设项目成果”系列教材开发，时间仓促，水平有限，书中错误和不妥之处在所难免，敬请同行、专家批评指正。

编写组

2023 年 12 月

目 录

模块二 畜牧兽医法规

绪　论

一、课程简介

畜牧兽医法规是指由国家或相关行政部门制定或认可的，以国家强制力来保证实施的，体现统治阶级的意志，确保我国畜牧兽医事业发展的一系列法律法规的总和。这里所指的畜牧兽医法规是广义的法规，泛指与畜牧兽医行业有关的所有的规范性法律文件，包括法律、行政法规、部门规章、地方性法规、地方政府规章、通知、通告、命令、有关法律法规的解释及国际条约等。

畜牧兽医法规与行政执法是动物医学类专业的专业课，结合有关畜牧兽医法规，介绍畜牧兽医行政执法和畜牧管理、兽医管理、兽药管理、饲料和饲料添加剂管理、畜牧兽医有关标准、实验动物和实验室生物安全管理等有关知识，旨在使学生具备运用畜牧兽医法律知识解决实际问题的能力，同时具备从事畜牧兽医行政执法工作的素养。

二、课程性质

畜牧兽医法规与行政执法和其他专业课不同，其他专业课重点告诉我们有关的技术操作方法或治疗方法，本课程告诉我们法律法规是怎样规定的，怎样做是对的，做得不对时应怎样处理或处罚等。本课程是动物科学（畜牧）、动物医学（兽医）、动物防疫与检疫、动物药学（兽药）及饲料等相关专业学生的必修课之一，它是为适应当前大学生对专业法律知识的需求以及现代畜牧业生产的需要开设的，是畜牧兽医工作法制化和国际化的必然要求。

三、课程内容

本课程的内容包括畜牧兽医行政执法和畜牧兽医法规两大部分，第一部分介绍畜牧兽医行政执法的有关内容，包括畜牧兽医行政执法、畜牧兽医行政司法和畜牧兽医行政诉讼，通过学习学生学会畜牧兽医行政执法的基本知识。第二部分介绍畜牧管理、兽医管理、兽药管理、饲料和饲料添加剂管理、畜牧兽医有关标准、实验动物和实验室生物安全管理等畜牧兽医法律、法规知识，使学生对畜牧兽医法规有一个全面系统的了解，获得运用专业法律法规知识解决生产实际问题和从事畜牧兽医行政执法的能力。为了使枯燥的法律法规变得易记易懂，编者在每一项目中安排了案例分析、知识拓展和知识链接，供教师和学生参考、学习和提高，以加强学生对法律法规的理解。书后附有与畜牧兽医相关的法律法规，便于学生对照学习。

四、课程目标

通过学习本课程使同学们熟悉畜牧兽医法规与行政执法的基础理论知识，充分认识畜牧兽医法规建设任务的艰巨性和长期性，充分认识我国畜牧兽医管理体制与国际水平的差距。树立法制观念，自觉地遵守畜牧兽医法规，依法养殖、防疫、治疗，依法行政，依法维护国家和自身的合法权益，自觉地向广大群众宣传畜牧兽医法规和行政执法的有关知识，成为知法、懂法、守法、用法，有知识的新一代畜牧兽医专业人才。

1. 学习畜牧兽医法规与行政执法是实际工作的需要

畜牧兽医类专业的学生将来要从事动物养殖、防疫、治疗、兽药或饲料生产及营销、行政执法等工作，所有这些工作都必须依法进行，用法律法规来指导实践工作，所以同学们应该知法、懂法并严格守法，才能在工作中执行法律法规，用好法律法规。

2. 学习畜牧兽医法规与行政执法是中国法制建设和畜牧兽医法规发展的需要

改革开放以来，我国的法制建设走上了快速发展的轨道，畜牧兽医法律法规也同样在不断完善。这就要求未来的畜牧业生产和管理者要学习和掌握畜牧兽医法律法规，成为新一代的知法、懂法的高素质技术技能人才。

3. 学习畜牧兽医法规与行政执法是适应畜牧兽医管理体制改革的需要

为了解决我国畜牧兽医管理体制存在的弊端，我国于 2004 年 7 月建立国家兽医官制度，并进行了兽医管理体制改革，2009 年在全国 5 个省(市、自治区)设立执业兽医考试试点，2010 年在全国实施执业兽医考试制度。我们有必要学习畜牧兽医法规与行政执法，学习新的兽医管理体制的有关内容，以适应新形势的需要，更好地选择自己的从业方向。

4. 学习畜牧兽医法规与行政执法是满足人民群众对安全放心的动物源性食品的需要

改革开放以来，我国的畜牧业生产取得了飞速的发展，动物性食品的供应货源充足、品种丰富，但是动物性食品中药物的残留问题、一些不法经营者在饲料中违法添加药物问题、私屠滥宰等问题时有发生。注水肉、药物残留、瘦肉精、三聚氰胺等非法添加事件给动物源性食品带来的许多安全隐患，成为人们关注的焦点，为此国家出台了绿色食品工程，也制订了一系列的法律法规和标准，来保障动物源性食品的食用安全。

5. 学习畜牧兽医法规与行政执法是宣传群众的需要

我国是一个农业大国，国民文化素质整体水平并不是很高，有部分人对畜牧业还有一些偏见，畜牧兽医人员的社会地位还不是很高，从事养殖、屠宰、加工和饲料、兽药生产的人员的专业水平也参差不齐，作为一名畜牧兽医从业者，我们应当承担起宣传群众、教育群众的重任，向群众宣传新的畜牧兽医管理体制和专业法律知识，以提高全社会对畜牧业的认识，认识动物防疫的重要性，认识食品安全的重要性，让老百姓用法律法规知识去解决日常生活和养殖中的问题和保护自身合法权益。

项目一　畜牧兽医行政法律关系

【学习目标】

了解畜牧兽医行政法律关系的概念、产生、变更与消灭，掌握畜牧兽医行政法律关系的构成要素。

【学习内容】

一、畜牧兽医行政法律关系的概念

畜牧兽医行政法律关系是指经畜牧兽医行政法规范调整的，因实施国家行政权而发生的行政主体之间，行政主体与行政人之间，行政主体与行政相对人（其他国家机关、社会组织、公民、外国组织和外国人）之间的权利与义务关系。

二、畜牧兽医行政法律关系的构成要素

畜牧兽医行政法律关系由 3 个要素构成，即主体、客体和内容。

(一)畜牧兽医行政法律关系的主体

畜牧兽医行政法律关系的主体又称畜牧兽医行政法律关系当事人，是指畜牧兽医行政法律关系中权利、义务的承担者。畜牧兽医行政法律关系存在于两个以上的主体之间，只有一个主体，而没有相对的一方，就不能构成权利、义务关系。

畜牧兽医行政法律关系的主体包括畜牧兽医行政主体和管理相对人。

1. 畜牧兽医行政主体

(1)畜牧兽医行政主体的概念　畜牧兽医行政主体是指依法行使畜牧兽医行政职权并对其行为承担责任的机关或组织，具体是指各级人民政府畜牧行政管理部门、兽医主管部门及其设立的动物卫生监督机构。担任畜牧兽医行政执法的公职人员只能以他所属的畜牧兽医行政主体的名义行使畜牧兽医行政职权，而不能以个人的名义进行公务活动。

动物防疫法规定："县级以上地方人民政府设立的动物卫生监督机构依照本法规定，负责动物、动物产品的检疫工作和其他有关动物防疫的监督管理执法工作。"由此可知，动物卫生监督机构虽属事业单位，但是国家把动物卫生行政权通过法律规范授予动物卫生监督机构，由其代表国家实施动物卫生监督管理。动物卫生监督机构具备行使动物防疫监督管理行政权的职能。

(2)畜牧兽医行政主体的行政主体资格

①法律授权。动物防疫法及其配套法规和有关的畜牧兽医行政法律规范，对动物卫生监

督机构行使动物卫生行政职权的范围、对象、权限、程序以及违法承担责任的形式均做了明确的规定。经畜牧兽医行政法授权，动物卫生监督机构具备了畜牧兽医行政法上的主体资格，是动物卫生行政管理活动的行政主体。但是它能否以自己的名义对外行使动物卫生行政管理职权，还取决于是否依法成立和能否独立承担责任。

②必须依法成立。所谓“依法成立”是指畜牧兽医行政主体的成立与组成，必须经同级人民政府人事或编制行政主管部门对其人员配备、机构设置、职能确定进行正式行文批准。这样畜牧兽医行政主体才能以自己的名义，独立地行使畜牧兽医行政管理职权。

③独立承担责任。根据我国法律“权利、义务对等”和“职权、责任一致”的原则，有权利者必有义务相随，行使职权者必然承担相应责任。既然畜牧兽医行政法明确地授予动物卫生监督机构行使动物卫生行政管理的职权，动物卫生监督机构就完全可以以自己的名义对本辖区内的动物卫生行政事务进行监督和管理。当然在行使动物卫生行政管理职权的过程中，造成管理相对人合法权益受到损害的，动物卫生监督机构也应当以自己的名义，独立地对外承担行政赔偿责任。独立承担赔偿责任，最根本的要求就是动物卫生监督机构必须具备“法人”资格，即为一个具有独立预算经费的执法机构。

在动物卫生行政活动中，动物卫生监督机构的行政行为可能会出现不同情况的违法现象，这些行为只要对管理相对人造成损害的，动物卫生监督机构就要对此承担责任。但是这些责任有的属于国家赔偿法中的行政赔偿责任，有的则属于民法调整的民事赔偿责任。然而无论是行政赔偿责任还是民事赔偿责任，都要求动物卫生监督机构必须能够以自己的名义独立地予以承担。在我国最主要的赔偿方式就是金钱给付，如果动物卫生监督机构不是一个法人，又没有独立的预算经费，那么它怎么以自己的名义来承担赔偿责任呢？不难想象，一个不能以自己的名义对外独立地承担责任的机构，又如何以自己的名义行使行政管理权力呢？这个道理是显而易见的。

如前所述，国家赔偿法是以行政执法人员所在机关为赔偿义务机关，根据我国畜牧兽医行政法的规定，在动物卫生行政活动中，能够发生动物卫生行政侵权行为的只有动物卫生监督机构的工作人员。这就是说根据国家赔偿法的归责原则，畜牧兽医行政工作人员违法行使职权侵犯管理相对人合法权益造成损害的，应当由其所在机关即动物卫生监督机构来承担赔偿责任。假如动物卫生监督机构不是一个独立的法人，它是不能以自己的名义独立地承担赔偿责任的。如果动物卫生监督机构不能独立承担赔偿责任，就应当由其主管部门即同级兽医主管部门来承担赔偿责任。然而国家赔偿法对赔偿义务机关的设定是不能上溯的，它只设定工作人员的所在机关即领取工资或档案存放机关为赔偿义务机关，兽医主管部门在一般情况下是不能代替动物卫生监督机构承担国家行政赔偿责任的（除非动物卫生监督机构被撤销，而又没任何承受其职权和义务的机关，或其被撤销是兽医主管部门的决定）。那么根据职权责任一致原则，不能以自己的名义独立地承担责任的机关，就不能以自己的名义独立地行使相应的行政管理职权。这就是说如果动物卫生监督机构不具有独立承担责任的能力，它代表国家行使动物卫生行政管理职权的资格就必然要被否定，这必将影响畜牧兽医行政法制建设的进程，这也是我们极力主张动物卫生监督机构行政主体资格必须合法化的一个重要原因。

法律授权、依法成立和独立承担责任，是动物卫生监督机构能否成为合法的畜牧兽医行政主体的必备要件，三者必须同时具备，缺一不可。

动物卫生监督机构受同级人民政府兽医主管部门的领导，受上级动物卫生监督机构的监督。

这里所说的“领导”虽然也包括“行政监督”的内容，但这种监督是属于隶属关系的行政监督；而上级动物卫生监督机构对下级动物卫生监督机构的监督则属于法律意义上的层级监督，它可采用督促、检查、复议等行政手段，纠正、撤销、变更下级机关错误和违法的行政行为，促使下级机关依法行政，这是我国畜牧兽医行政法规定的动物卫生监督实施“层级管理”的组织原则。

2. 管理相对人

管理相对人是指与畜牧兽医行政主体相对应的当事人，即公民、法人或其他组织以及其他国家机关。

公民、法人或其他组织参与畜牧兽医行政法律关系，必须具有畜牧兽医行政法上的权利能力，即必须能够享有畜牧兽医行政法上的权利和承担畜牧兽医行政法上的义务，或者说具有畜牧兽医行政法上的主体地位和资格。否则就不是所谓的管理相对人。这种权利能力由畜牧兽医行政法加以规定，如《中华人民共和国动物防疫法》（以下简称《动物防疫法》）第二十四条规定，动物饲养场和隔离场所、动物屠宰加工场所以及动物和动物产品无害化处理场所，应当符合下列动物防疫条件：

（一）场所的位置与居民生活区、生活饮用水水源地、学校、医院等公共场所的距离符合国务院农业农村主管部门的规定。

（二）生产经营区域封闭隔离，工程设计和有关流程符合动物防疫要求。

（三）有与其规模相适应的污水、污物处理设施，病死动物、病害动物产品无害化处理设施设备或者冷藏、冷冻设施设备，以及清洗消毒设施设备。

（四）有与其规模相适应的执业兽医或者动物防疫技术人员。

（五）有完善的隔离消毒、购销台账、日常巡查等动物防疫制度。

（六）具备国务院农业农村主管部门规定的其他动物防疫条件。

动物和动物产品无害化处理场所除在符合前款规定的条件外，还应当具有病原检测设备、检测能力和符合动物防疫要求的专用运输车辆。

畜牧兽医行政法的作用是将畜牧兽医行政活动纳入法制轨道，形成“依法行政”的状态。它既规范管理相对人的行为，也规范畜牧兽医行政主体的行为。因此畜牧兽医行政法律关系的当事人，不论是畜牧兽医行政主体，还是管理相对人，都依法享有权利和承担义务，都是权利主体。他们在行政关系上虽然有主动和被动之分，但并不是居于主动地位者只享有权利不承担义务，居于被动地位者只承担义务不享有权利。这正是畜牧兽医行政法律关系中贯穿始终的一条基本原则。

（二）畜牧兽医行政法律关系的客体

畜牧兽医行政法律关系的客体是指畜牧兽医行政法律关系的内容即权利和义务所指向的目标，包括行为、人身和财物，它是畜牧兽医行政法律关系内容的表现形式，直接影响畜牧兽医行政法律关系的成立。

1. 行为

行为是指畜牧兽医行政法律关系主体的作为与不作为。

按照行为所指相对人是否特定，可将行政行为分为抽象行政行为和具体行政行为。

（1）抽象行政行为　是指行政主体以不特定的人或事为管理对象，制定具有普遍约束力的规范性文件的行为。并不是所有的行政主体均有权实施所有的抽象行政行为,选定的抽象行政行为同特定的行政主体有一定的对应性。

(2)具体行政行为　是指行政主体在行政管理过程中,针对特定的人或事所采取的行为。具体行政行为应用广泛,人们通常所说的行政行为就是指这类行为。在畜牧兽医行政行为中,具体行政行为有以下特点。

①羁束性。是指畜牧兽医行政主体受法律规定的严格约束。无自由裁量余地的行政行为,例如某管理相对人符合法律法规有关规定条件,向兽医主管部门申请动物防疫条件合格证,畜牧兽医行政主体经审查合格,必须予以办理,没有任何裁量余地。

②自由裁量。是指在法律法规规定的范围内,或虽无法律规定,但允许畜牧兽医行政主体将自己的意见评价参与其中。

③依职权。是指在法律规定的职权范围内,畜牧兽医行政主体不需要管理相对人的请示,自行做出的行政行为。

④须申请性。是指畜牧兽医行政主体按照管理相对人的申请而被动地做出的行政行为。

抽象行政行为是具体行政行为的依据,具体行政行为是对抽象行政行为的执行。

畜牧兽医行政行为既包括行政主体的行政行为,也包括相对人的一般行为。只有具有法律意义的行为或受行政法律规范的行为才能成为行政法律关系的客体。畜牧兽医行政主体行使职务的行为,如采取畜牧兽医行政措施,决定行政处罚等行为。此外管理相对人的行为,例如动物产品经营加工单位申请领取动物防疫许可证照、违反动物卫生行政法及提起申请复议等行为。

有些畜牧兽医行政法律关系的客体同时包括物与行为,称为综合客体。例如畜牧兽医行政主体发现出售染疫动物产品时,除责令停止出售外,还要对染疫动物产品进行无害化处理。这就同时出现了两个客体:一是出售染疫动物产品的行为,二是出售的染疫动物产品。

2.人身

人身指人的身体和人的身份。行政行为可以对人的身体发生作用,也可对人的身份发生作用。

3.财物

财物是指具有使用价值和价值的物质资料。作为行政法律客体,这里所指的财物,可以是物质形式的,也可以是货币形式的,还可以是精神财富。如动物、动物产品,动物防疫有关证、章、标志,以及金钱、有价证券和环境、场所等。精神财富包括各种科学发明、理论著作和文艺创作等。例如动物防疫专业科研成果和具有一定指导意义的动物防疫鉴定新方法等。

(三)畜牧兽医行政法律关系的内容

畜牧兽医行政法律关系的内容是指畜牧兽医行政法律关系主体在该行政法律关系中享有的权利和承担的义务,包括畜牧兽医行政主体的权利义务和管理相对人的权利义务。任何一方的权利和义务在总体上是平衡的,不能只强调行政主体的权利而不强调其应承担的义务,也不能只讲行政管理相对人的义务而不讲其权利。畜牧兽医行政法律关系的内容是畜牧兽医行政法律关系的核心。

1.畜牧兽医行政主体的权利和义务

(1)畜牧兽医行政主体的权利

①行政立法权。根据宪法、法律和行政法规的规定,国务院畜牧兽医行政管理部门拥有制

定发布行政规章的权力。地方各级畜牧兽医行政管理部门有制定有关畜牧兽医行政规范性文件的权力。

②行政监督管理权。审查验收、核发证照、技术监测、考试考核和技术鉴定等权力。

③行政命令权。畜牧兽医行政主体依法命令特定的人或不特定的人为一定行为或不为一定行为的权力。命令权具有强制作用,无须征得管理相对人的同意,管理相对人有遵守命令的义务。

④行政制裁权。畜牧兽医行政主体对不履行法定义务的当事人有权实施行政制裁。

⑤行政司法权。包括行政裁决权和行政调解权。行政裁决权是指行政主体裁决行政争议并做出决定的权力。行政调解权是指管理相对人违反畜牧兽医行政法给社会或他人造成损失,行政主体可就损害赔偿进行调解处理的权力。对调解不成的,可责令赔偿。

(2)畜牧兽医行政主体的义务

①为人民服务的义务。行政机关及其工作人员是人民的公仆,人民公仆为人民服务是行政机关的根本使命和职责,也是畜牧兽医行政主体及其工作人员的基本义务。为人民服务不是抽象的,它要求畜牧兽医行政主体为自己的管理对象服务,为发展生产和改善人民生活服务,为基层单位服务,为人民群众服务。

②执行法律、依法办事的义务。国家行政机关是权力的执行机关,是体现广大人民意志的,而这种意志一般都以宪法和法律形式表现和反映出来。因此,畜牧兽医行政主体及其工作人员的一切管理活动,都要依照宪法、法律、行政法规和行政规章的规定进行,真正做到依法办事。

③接受监督的义务。接受国家机关、社会组织和公民的一般监督、司法监督和上级机关的监督。

④承担行政赔偿的义务。因行使行政职权引起的损害赔偿,由畜牧兽医行政主体代表国家依法承担行政赔偿的义务。

2. 管理相对人的权利和义务

(1)管理相对人的权利

①平等权。管理相对人在法律所规定的同等条件或同一情形下,享有平等待遇,畜牧兽医行政主体不得有任何歧视。例如凡符合法定条件而申领“许可证”的,畜牧兽医行政主体都应予以办理,不得厚此薄彼,否则申请人有权提起申诉和行政诉讼。

②申请权。管理相对人有要求畜牧兽医行政主体履行法定职责的权利。若申请后行政主体不予答复,管理相对人有权提起行政诉讼,并有权对畜牧兽医行政主体的行政处理、处罚提出申请复议。

③起诉权。管理相对人对上一级畜牧兽医行政主体做出的行政裁决不服时,可依法提起行政诉讼,以保护自己的合法权益。畜牧兽医行政主体必须依法应诉,并履行人民法院生效的判决和裁决。

④索赔权。管理相对人的合法权利受到畜牧兽医行政主体及其工作人员做出的具体行政行为侵害并造成损害时,有权请求赔偿。例如畜牧兽医行政主体及其工作人员在处理违法案件时,所依据的事实不清,适用的法律不当,或程序违法给管理相对人造成损害的,应承担赔偿责任,并应予以消除影响。

(2)管理相对人的义务

①守法的义务。畜牧兽医行政法代表的是广大人民群众的意志。畜牧兽医行政法的立法

宗旨体现着国家和人民的整体利益和长远利益，它是畜牧兽医行政主体与管理相对人均须遵守的行为规则。凡畜牧兽医行政法规定的权利，管理相对人可以行使；凡畜牧兽医行政法要求的义务，管理相对人必须遵照履行；凡畜牧兽医行政法禁止的活动，管理相对人不得从事。管理相对人遵守畜牧兽医行政法，就是服从国家和人民的利益。只有把畜牧兽医行政主体的依法行政和管理相对人的遵纪守法结合起来，畜牧兽医行政法制才能得以建立和完善。

②接受监督管理的义务。管理相对人有接受畜牧兽医行政主体指导、监督、检查和管理的义务。动物卫生监督机构所实施的监督管理是代表国家进行的。因此管理相对人必须接受畜牧兽医行政主体的指导、监督、检查和管理，以使自己的相关活动符合畜牧兽医行政法的规定和要求。

③承担责任的义务。在畜牧兽医行政法律关系中，管理相对人必须对自己的行为承担责任。

三、畜牧兽医行政法律关系的特征

1. 主体特定

行政法律关系一方当事人必须是畜牧兽医行政主体。没有畜牧兽医行政主体，则构不成畜牧兽医行政法律关系。换言之，畜牧兽医行政法律规范对畜牧兽医行政主体行政职权的确认，是畜牧兽医行政法律关系存在的前提，没有行政职权的存在及行使，也就无所谓畜牧兽医行政法律关系。

2. 法律地位不平等

畜牧兽医行政法律关系中当事人地位是不平等的。在畜牧兽医行政法律关系中，畜牧兽医行政主体作为一方当事人是代表国家，并以国家名义参与此种关系。因此畜牧兽医行政主体在畜牧兽医行政法律关系中处于主导地位。这种地位不平等性表现为畜牧兽医行政主体可以依法增设限制，或剥夺管理相对人的某项权利，也可依法增设或赦免管理相对人的某项义务，而管理相对人则无此权利。

3. 单方意思表示

畜牧兽医行政主体可以单方面创设畜牧兽医行政法律关系，并以国家强制力使对方接受和服从自己的意志。在畜牧兽医行政法律关系中，畜牧兽医行政主体可以单方意思表示而设立某项法律关系，不需要征得管理相对人的同意。这与民事法律关系的平等性、有偿性和双方意思表示显然不同。

畜牧兽医行政主体以单方意思表示设立的畜牧兽医行政法律关系是以国家强制力作保障的，它具有强制性，管理相对人必须接受和服从。这种行政法律关系一旦产生，管理相对人就必须履行作为和不作为的义务。如若违反，畜牧兽医行政主体在其职权范围内，可依法采取制裁措施。

4. 由畜牧兽医行政法规定

畜牧兽医行政法律关系具有国家先定力，即畜牧兽医行政法律关系当事人的权利和义务都是由国家畜牧兽医行政法律、法规、规章和有关规定预先规定的，如果没有预先规定，就不能发生行政法律关系。例如经营者依法经营动物、动物产品，就是一种畜牧兽医行政法律关系，经营者和畜牧兽医行政主体之间的权利和义务是由国家的畜牧兽医行政法及有关规定预先规定的，经营者和畜牧兽医行政主体双方都不能自由选择。

5.职权责任交叉重叠

在民法中，当事人权利、义务的界限是十分清楚的。但在畜牧兽医行政法中，多数情况下，权利和责任是很难截然分开的。例如动物检疫既是畜牧兽医行政主体的权利同时也是它的职责。处理动物防疫违章案件既是畜牧兽医行政主体的权利也是它的职责。申领动物防疫合格(许可)证照既是管理相对人的义务，也是它的权利。权利和义务相互渗透，从一个方面看是权利，从另一个方面看又是义务，这种权利、义务的相对性正是畜牧兽医行政法律关系的一个特点。恰恰由于这个特点，畜牧兽医行政主体必须严格依法履行职责，否则就是失职，理所当然受到追究。

四、畜牧兽医行政法律关系的产生、变更与消灭

(一)畜牧兽医行政法律关系变化的条件与原因

畜牧兽医行政法律关系的产生、变更或消灭，都以相应的畜牧兽医行政法律规范的存在为前提条件，以一定法律事实的出现为直接原因。

法律事实是指能够导致行政法律关系产生、变更或消灭的各种客观事实，仅有畜牧兽医行政法并不能在当事人之间引起畜牧兽医行政法上的权利和义务关系。畜牧兽医行政法中所规定的权利、义务关系，只表现当事人享有权利和承担义务的可能性。只有当畜牧兽医行政法律规范中所规定的法律事实即客观现象出现时，才会引起畜牧兽医行政法律变化的后果。一般按照法律事实是否与当事人的意志有关，可分为法律事件和法律行为。

(1)法律事件　法律事件是指与当事人意志无关的，能够引起法律关系形成、变更或消灭的事实。如经营动物产品的公民死亡；经营单位倒闭、破产、自然事件、时间因素等。这些事件的发生就会引起畜牧兽医行政法律关系的产生、变更和消灭。例如发生了畜牧兽医行政法规定的一类动物传染病，当地人民政府依法对该地区实行封锁并责令畜牧兽医行政主体进行全权处理，这就引起了畜牧兽医行政法律关系的产生。

(2)法律行为　法律行为是指与当事人意志有关，能够引起法律关系产生、变更或消灭的作为和不作为，它是一种以人的意志为转移的法律事实。法律行为按其性质可分为合法行为和违法行为。合法行为就是符合畜牧兽医行政法规定的行为，也就是畜牧兽医行政法所允许的行为。违法行为是违反畜牧兽医行政法律规范规定的行为，既包括做出了法律所禁止的行为即作为违法，也包括不做法律所要求的行为即不作为违法。法律行为不论是合法的行为还是违法的行为，均能在畜牧兽医行政法上导致一定的权利、义务关系的产生、变更和消灭。如畜牧兽医行政主体依法对动物防疫人员进行资格考核、发放动物诊疗许可证就会引起畜牧兽医行政主体和管理相对人之间畜牧兽医行政法律关系的产生。管理相对人的行为也能引起行政法律关系的产生。如经营单位违反动物防疫法的规定，管理相对人对畜牧兽医行政主体工作人员违法失职行为提出申诉、控告等，均能引起畜牧兽医行政法律关系的产生。

当事人既无故意又无过失，而是由于不可抗力或不可预见的原因而引起的某种法律后果的活动，在法律上不被视为行为，而被归入意外事件。

(二)畜牧兽医行政法律关系的产生

畜牧兽医行政法律关系的产生，是指畜牧兽医行政法律关系主体之间权利与义务的实际

构成，如根据动物防疫法单位和个人按照法律的规定出售畜禽产品。所以畜牧兽医行政行为是畜牧兽医行政法律关系产生的主要原因。此外也有些畜牧兽医行政法律关系是双方或多方意志表示才成立的。例如违反动物防疫法规定，调解处理损害赔偿的索赔案件，就必须依法取得双方同意才能成立。

(三)畜牧兽医行政法律关系的变更

畜牧兽医行政法律关系的变更是指畜牧兽医行政法律关系产生后、消灭前，行政法律关系的主体、客体或内容发生变化。包括两种情形：

①行政法律关系的内容不变，但一方当事人发生变化。如畜牧兽医行政主体职能的增减等。

②行政法律关系的当事人不变，但内容发生部分变化。如畜牧兽医行政主体的合并、分立、撤销，公民的死亡、社会组织的撤销等。

(四)畜牧兽医行政法律关系的消灭

畜牧兽医行政法律关系的消灭是指原当事人之间的权利义务关系完全消失或不复存在。包括两种情形：

①行政法律关系的一方或双方当事人消失，从而使原行政法律关系消灭。

②行政法律关系的全部内容因被撤销或履行不复存在，从而使行政法律关系消失。例如经营者个人的死亡、经营单位的撤销等。

【知识拓展】

畜牧兽医行政法制监督

(一)畜牧兽医行政法制监督的概念

兽医行政法制监督是指监督主体依照宪法、法律、畜牧兽医行政法规及其他规范性文件对畜牧兽医行政主体及国家公务员行使行政职权的行为和遵纪守法的行为进行的监督。

(二)畜牧兽医行政法制监督的种类和方式

1. 畜牧兽医行政法制监督的种类

按照不同的标准可以将畜牧兽医行政法制监督划分为不同的种类：

(1)以监督主体的种类为标准分类　可分为国家权力机关的监督、国家司法机关的监督(包括人民法院的监督和人民检察院的监督)、国家行政机关的监督(包括领导监督、行政监察和审计监督)、人民群众的监督、社会组织和团体的监督等。

(2)以介入监督的时间为标准分类　可以分为事先监督、事中监督和事后监督三种。事先监督是指在畜牧兽医行政行为实施前由行政监督主体所进行的监督，目的在于防止畜牧兽医行政主体滥用职权，以防患于未然。事先监督多针对行政机关的抽象行政行为。事中监督是指监督主体在畜牧兽医行政行为实施过程中所进行的监督，目的在于在行政行为实施过程中及时发现问题，有效地防止违法和不公正的行政行为的继续存在，避免危害结果的发生。事后监督是指监督主体在畜牧兽医行政行为实施终了之后，对行为过程及行为结果进行的监督。事后监督是一种救济性监督，对违法行为造成的危害结果予以纠正和补救。

(3)以监督的重点为标准分类　可以分为对畜牧兽医行政机关的监督和对畜牧兽医行政机关工作人员的监督两大类。前者是对畜牧兽医行政机关所做出的行政行为的合法性和合理性进行的监督；后者除了要对他们以国家行政机关的名义所做出的行政行为的合法性和合理性进行监督外，还要对他们本身的素质，即他们在行使职权过程中是否廉洁奉公、是否遵纪守法，即是否符合国家公务员法规定的国家行政工作人员的法定条件进行监督。

(4)以监督的内容为标准分类　可分为对畜牧兽医行政合法性的监督和合理性的监督两类。

(5)以监督主体与监督对象的关系为标准分类　可分为外部行政法制监督和内部行政法制监督。前者是指畜牧兽医行政主体之外的监督主体依法对国家行政机关及其工作人员在行政管理活动过程中是否坚持依法行政所实施的监督，后者是指作为监督主体的行政机关在行政机关系统内部所实施的监督。

2. 畜牧兽医行政法制监督的方式

畜牧兽医行政法制监督主体的全面性特点决定了其监督方式的多样性。不同的监督主体基于其法律地位和权限具有不同的监督方式，如作为立法机关监督方式的审议、质询，作为司法机关监督方式的司法审查、法纪检查，作为行政机关监督方式的行政监察，作为公民监督方式的申诉、控告、检举等。

(三)畜牧兽医行政法制监督的内容

畜牧兽医行政法制监督的主要内容是畜牧兽医行政主体依法行使职权的行为和国家公务员遵纪守法的行为。前者包括对畜牧兽医行政行为合法性的监督和行政行为合理性的监督。《中华人民共和国行政诉讼法》(以下简称《行政诉讼法》)规定："公民、法人或者其他组织认为行政机关和行政机关工作人员的具体行政行为侵犯其合法权益，有权依照本法向人民法院提起诉讼。"畜牧兽医行政法制监督的内容主要有：对畜牧养殖管理的监督、对动物防疫工作的监督、对兽药管理的监督、对饲料和饲料添加剂管理的监督、对草原管理的监督、对有关监督管理部门的监督、对有关公职人员的行为的监督等。

【案例分析】

"地沟油"事件追责动物检疫人员的反思

近期，全国先后出现多起因"地沟油"而追究动物检疫人员"玩忽职守罪"的事件。追责的基本事实和理由大致为：没有严格依照相关法律法规等规定履行职责，未监督检查甲状腺、肾上腺和异常淋巴结的摘除，未做好宰后记录；未监督屠宰场对创伤性出血、淤血组织和淋巴组织、腺体等不可食用的生猪加工废弃物进行无害化处理。致使其流入市场被用于炼制有毒有害的用以食用的油，导致人民群众身体遭受严重危害，造成恶劣的社会影响。

然而这些追责事件中所列举的违法事实和理由均为《生猪屠宰管理条例》(以下简称《条例》)和《生猪屠宰产品品质检验规程》(以下简称《规程》)所调整的范畴，本来与动物检疫和动物检疫人员没有任何关联，但是承担法律责任的却是动物检疫人员。因此，这些追责事件发生后，在动物检疫人员中引起强烈反响，本文就追责的内容与检疫人员法定职责的相关性进行阐述，希望能够起到以正视听的作用。

（一）摘除“三腺”的法定主体

甲状腺、肾上腺和异常淋巴结的摘除，属于生猪屠宰活动中的品质检验行为，在《规程》中均有明确的规定。

《规程》分别从“三腺”的摘除，创伤性出血、淤血组织和淋巴组织、腺体等不可食用部分的修割处理，包括宰后记录、肉品品质检验等行为均属于生猪定点屠宰场（厂）的屠宰活动，其中摘除“三腺”的行为依法也应当为其法定义务。

（二）监督检查“三腺”摘除的主体

《规程》表明监督检查“三腺”摘除的主体，依法应当认定为屠宰企业的肉品品质检验人员，而非动物检疫人员。

（三）监督生猪加工废弃物无害化处理的主体

《条例》第十三条、第十四条表明创伤性出血、淤血组织和淋巴组织、腺体等不可食用的生猪加工废弃物，是在屠宰活动中因品质检验而产生的属于经肉品品质检验不合格的生猪产品。对此《条例》和相关法律已有明确规定，即应当在畜牧兽医行政主管部门或肉品品质检验人员的监督下，按国家有关规定处理。

由此可见，监督生猪屠宰过程所产生的废弃物无害化处理的主体依法应当是国务院畜牧兽医行政主管部门或肉品品质检验人员，而不是动物检疫人员。

（四）生猪屠宰活动的监管主体

《条例》第二十一条表明生猪屠宰活动的监管主体为国务院畜牧兽医行政主管部门，那么屠宰活动中的“三腺”摘除，创伤性出血、淤血组织和淋巴组织、腺体等不可食用部分的修割，以及品质检验等活动的监管均应当依法由畜牧兽医行政主管部门负责执行，其他任何部门或机构在上述活动中实施监管，均属于超越职权的行为。

（五）生猪屠宰无害化处理的监管主体

生猪定点屠宰厂（场）病害猪无害化处理的监管主体为国务院农业农村和野生动物保护主管部门。《动物防疫法》第五十七条规定，从事动物饲养、屠宰、经营、隔离以及动物产品生产、经营、加工、贮藏等活动的单位和个人，应当按照国家有关规定做好病死动物、病害动物产品的无害化处理，或者委托动物和动物产品无害化处理场所处理。

从事动物、动物产品运输的单位和个人，应当配合做好病死动物和病害动物产品的无害化处理，不得在中途擅自弃置和处理有关动物和动物产品。任何单位和个人不得买卖、加工、随意弃置病死动物和病害动物产品。

（六）生猪屠宰加工废弃物无序流出的原因浅析

据了解，因“地沟油”事件，而以“玩忽职守罪”追责动物检疫人员的地区，定点屠宰场（厂）一般均没有配备肉品品质检验人员。长期以来，经动物检疫合格后的生猪产品，经营者为追求产品卖相，还要进行他们认为必要的“修割”和“三腺”的摘除，由此产生了如甲状腺、肾上腺和异常淋巴结以及创伤性出血、淤血组织和淋巴组织、腺体等不可食用的生猪加工废弃物。这些因“修割”和“摘除”而产生的废弃物，经过经营者的所谓“回收利用”，就会流向社会。因此，生猪屠宰加工废弃物无序流出的主要原因，有可能是肉品品质检验员缺位或者法定主管部门缺乏有效监管。这些在屠宰活动中产生的不可食用的生猪加工废弃物，既不是动物检疫过程中产生的，又不是动物检疫人员监管范畴。

(七)动物检疫人员在生猪屠宰中履行的法定职责

根据《中华人民共和国动物防疫法》《动物检疫管理办法》《生猪屠宰检疫规程》的要求，动物卫生监督机构具体实施动物检疫的官方兽医人员，在生猪定点屠宰场的法定职责是：履行动物检疫职责，即在生猪屠宰过程中对检疫对象的生猪传染病和寄生虫病实施检疫，并对检出的染疫生猪产品依法监督货主进行无害化处理。

新的《生猪屠宰检疫规程》规定了口蹄疫、猪瘟、猪囊尾蚴病、高致病性猪蓝耳病等14种传染病和寄生虫病为生猪的检疫对象。动物卫生监督机构派驻在生猪定点屠宰场(厂)的官方兽医，即具体实施检疫的动物检疫人员，通过宰前和宰后检疫的方式，排除生猪产品携带检疫对象。经检疫合格的生猪产品由官方兽医出具检疫证明；经检疫不合格(这里仅指携带检疫对象)的生猪产品，监督屠宰场(厂)按照国家规定进行无害化处理。

依照动物防疫法律规范的规定，动物检疫行为既不包括监督检查“三腺”摘除和做好宰后记录，也不包括监督屠宰场对创伤性出血、淤血组织和淋巴组织、腺体等不可食用的生猪加工废弃物进行无害化处理。

(八)对动物检疫人员追责不当的反思

依照国家有关法律规范的相关规定和操作实践，生猪定点屠宰环节的“动物检疫”和“品质检验”职责是明晰的，动物检疫和品质检验的内容和范围也互不交叉。多年来，动物检疫由农业部门主管，肉品品质检验由商务部门监管。动物检疫人员和肉品品质检验人员各司其职、各负其责，形成了良好的履职循序。

按照《生猪定点屠宰厂(场)病害猪无害化处理管理办法》的规定，动物检疫人员只要在《病害猪产品无害化处理记录表》如实填写检疫不合格的生猪及其产品的数量、货主等信息，即为履行了职责。生猪屠宰加工过程中所产生的不可食用废弃物的无害化处理监管，依照生猪屠宰法律规范的规定，确实不属于动物检疫人员的职责。

动物检疫人员因没有监督检查致使不可食用的生猪加工废弃物流入市场而追究刑事责任的案件，虽然为个别事件，但也足以引起兽医主管部门、动物卫生监督机构和监督执法人员的反思。

最高人民法院和最高人民检察院发布的《关于办理危害食品安全刑事案件适用法律若干问题的解释》施行以来，各地司法机关加大了食品安全犯罪行为的打击力度。作为对动物源性食品安全负有一定监管职责的动物检疫人员，我们坚决拥护和支持国家对食品安全犯罪行为的打击与追究，动物检疫工作本身就为动物源性产品的卫生质量与消费安全起着保驾护航的重要作用。

如果动物检疫人员没有履行法定职责受到法律追究确实无可厚非，但是让动物检疫人员承担本不属于自己法定职责范围的法律责任，无疑会打击和伤害在一线从事动物检疫工作的动物检疫人员的积极性。兽医主管部门、动物卫生监督机构以及广大从事动物检疫的工作人员应当积极行动起来，做好动物防疫法律规范和动物检疫的宣传工作，协助和配合司法机关做好追究职务犯罪的各项工作，以维护法律的尊严。

依法履行法定职责的动物检疫人员，也需要法律保护其合法权益。

（该案例来自《中国动物检疫》杂志2014年第1期）

【知识链接】

行政的概念及特征，行政主体。

模块一
畜牧兽医行政执法

项目二　畜牧兽医行政执法

【学习目标】

了解畜牧兽医行政处理与强制执行、畜牧兽医行政处罚的概念和特征，掌握畜牧兽医行政处罚的种类和程序。

【学习内容】

执法是指国家机关执行和适用法律的活动。行政执法是指行政主管机关在行政管理活动中依法采取的具体的、直接影响相对人一方权利和义务的行为。

畜牧兽医行政执法是国家行政执法的组成部分，是指畜牧兽医行政主体在其职责范围之内为执行和适用畜牧兽医行政法规，依法对特定对象采取的直接产生法律效果的单方面的行政行为。畜牧兽医行政执法主要内容包括畜牧兽医行政处理、畜牧兽医行政处罚和畜牧兽医行政强制执行。

任务一　畜牧兽医行政处理

一、畜牧兽医行政处理概述

畜牧兽医行政处理是指畜牧兽医行政主体依照畜牧兽医法规，对具体的事件或特定的对象采取的单方面的能直接产生法律后果的具体行政行为。

畜牧兽医行政处理主要包括以下几方面：

1. 赋予权利

赋予权利是使管理相对人获得一种新的权利能力。如颁发资格证书、许可证等。

2. 依法履行义务

依法履行义务是指畜牧兽医行政主体为了社会和公众的利益，依法责令管理相对人为一定行为或不为一定行为的行政处理行为。

3. 免除义务

免除义务是指畜牧兽医行政主体对原来承担某种义务的管理相对人，由于某种特殊情况的出现而做出的免除其某种义务的行政处理行为。

二、畜牧兽医行政处理的表现形式

畜牧兽医行政处理的表现形式有命令、指示、审查、批准、拒绝、驳回、批复、许可、免除、赋予等。此外，还有其特殊表现形式：

1. 颁发证照、签发书证

颁发证照、签发书证是畜牧兽医行政主体依照法律、条例、规章的规定履行社会管理的一种职能行为。

2. 审查验收、监测评价

审查验收、监测评价是畜牧兽医行政主体对饲养、生产、经营动物、经营动物产品者，兽药生产、经营者，新建、改建、扩建工程者的审查验收，以及对种、乳用及其他经营者动物卫生标准、规程要求的执行情况所进行的监测、评价的行政处理行为。

3. 无偿采样、封存、留验

无偿采样、封存、留验是畜牧兽医行政主体为查明案件的真实情况，对假劣饲料、假劣兽药、染疫动物及动物产品等采取的行政处理措施。

4. 封锁、隔离、扑杀、无害化处理

封锁、隔离、扑杀、无害化处理是兽医行政主体对传染病或新发现的、危害大的传染病疫点、疫区所采取的行政处理行为。以控制、消灭传染病的传播、蔓延。有关法人、公民、其他组织必须服从，不得拒绝。

任务二　畜牧兽医行政处罚

一、畜牧兽医行政处罚概述

（一）畜牧兽医行政处罚的概念

畜牧兽医行政处罚是指依法享有行政处罚权的畜牧兽医行政主体，根据畜牧兽医法律法规的规定，依照法定程序，对违反畜牧兽医法律法规的单位或个人所实施的行政制裁。

（二）实施畜牧兽医行政处罚的条件

1. 必须违反了畜牧兽医法律法规

畜牧兽医行政处罚是以违反畜牧兽医法律法规规定为前提的，否则就不存在畜牧兽医行政处罚。

2. 必须由畜牧兽医行政主体执罚

必须由法定的畜牧兽医行政机关或委托机构根据畜牧兽医法律对其辖区范围内的违法行为进行处罚。

3. 处罚对象是管理相对人

处罚的对象是违反畜牧兽医法规的管理相对人（公民、法人或其他组织）。

（三）畜牧兽医行政处罚的特征

1. 双方法律地位不平等

畜牧兽医行政主体同管理相对人之间的法律地位是不平等的。畜牧兽医行政主体一方在这种法律关系中是行使权力的，该权力是由畜牧兽医法律法规所赋予的。它对违反畜牧兽医法律法规的当事人所做的处罚，是基于人民和国家整体的利益而采取的。

2. 单方意思表示

畜牧兽医行政主体对违反畜牧兽医法规的管理相对人进行处罚，无须征得管理相对人的同意，只要管理相对人有违法行为，就可依职权做出处罚决定。

3. 说服教育与处罚相结合

畜牧兽医行政法规的贯彻实施，应通过广泛的宣传教育，使义务者在自觉自愿的基础上履行其义务。只有在教育无效时，才予处罚。因此，畜牧兽医行政处罚以实现义务而不以惩戒为目的。

4. 拥有自由裁量权

畜牧兽医行政处罚是单方意思表示，不能调节或协商。畜牧兽医行政主体在行政处罚中，依法享有自由裁量权，包括处罚种类的确定、处罚幅度的确定、处罚的变更和处罚的撤销等。

二、违法行为的构成

1. 行为人违反畜牧兽医法律法规。
2. 违法行为破坏了畜牧兽医行政法律关系，扰乱了生产管理秩序。
3. 行为人的违法行为属主观故意和过失。
4. 行为人具有相应行为能力。

三、畜牧兽医行政处罚的种类

1. 警告

警告是对违反畜牧兽医法律法规所规定义务的管理相对人的谴责和警戒。它既具有教育性又有强制性，是一种经常使用的处罚形式，可以独立处罚，也可作为其他处罚的先行处罚。

2. 限期改进

限期改进是限定管理相对人在一定的期限内，必须依照畜牧兽医法律法规的规定承担改进的义务，是具有强制性的补救措施。

3. 扣留或吊销有关证照

扣留或吊销有关证照是对其活动或行为违反证照的内容和范围的行为人进行的处罚。吊销证照，就意味着行政机关取消了对行为人法律上的承认，剥夺了其实施某种行为的权利，是一种严厉的行为处罚。

4. 罚款

罚款是畜牧兽医行政主体对违反有关法律法规不履行法定义务的个人、组织所做的一种经济上的处罚。罚款时必须遵循一定的程序，并告知被罚款人有申诉和诉讼的权利。

5. 没收

没收是对违法者的非法所得和违禁物或违法行为工具进行没收的处罚。它是对生产、经营、保管、加工、运输、销售违禁物品或进行其他营利性违法行为的管理相对人所实施的一种经济上的处罚。

四、畜牧兽医行政处罚的程序

畜牧兽医行政处罚的程序是指畜牧兽医行政主体对违法的当事人实施处罚时所遵循的方式、方法和步骤。行政处罚的基本程序是由行政处罚的决定程序和行政处罚的执行程序 2 部分组成。行政处罚的决定程序是整个行政处罚程序的关键环节，是保障正确实施行政处罚的前提条件，包括简易程序和一般程序。行政处罚的执行程序，是指有关国家机关为保证行政处罚决定所确定的当事人的义务得以履行的程序，没有行政处罚的执行，行政处罚决定就会失去意义。

(一)简易程序

1. 简易程序的概念

简易程序也称当场处罚的程序，是指畜牧兽医行政执法人员在执行监督检查任务时，当场独立处理简单违法案件所遵循的法定程序。违法事实确凿并有法定依据，对公民处以 50 元以下、对法人或者其他组织处以 1 000 元以下罚款或者警告的行政处罚的，可以当场做出农业行政处罚决定。

2. 简易程序的内容

①表明身份。

②告知理由、权利。

③填写《行政处罚(当场)决定书》，并由执法人员签名、盖章。填好后应当现场交由当事人签收，并应当告知当事人有依法申请行政复议或者提起行政诉讼的权利。

④执行。行政处罚决定依法做出后，当事人应当在行政处罚决定的期限内，予以履行。不出具财政部门统一制发的罚款收据的，当事人有权拒绝缴纳罚款。

⑤备案。做好现场笔录，并由当事人、见证人签字后存档，执法人员当场做出的行政处罚决定，必须报所属行政机关备案。

(二)一般程序

一般程序又称普通程序，畜牧兽医行政执法主体处罚违法案件时通常使用一般程序。适用简易程序的违法案件并不等于必须适用简易程序，其中一部分案件也可适用一般程序的规定。

适用一般程序的范围有3方面：一是处罚较重的案件，二是情节复杂的案件，三是无法当场做出处罚的案件。

一般程序包括立案、调查取证、审查处理、送达、执行、结案等几个阶段。

1. 立案

立案是指畜牧兽医行政主体对控告、检举和揭发材料以及自己发现的违法行为，经过初步审查认为有违法事实，需要给予行政处罚或者有重大嫌疑的，决定进行调查处理的活动。

畜牧兽医行政执法人员发现公民、法人或者其他组织有依法应当给予行政处罚的，应当填写《行政处罚立案审批表》，符合下列条件的，应在7日内予以立案：有违法行为发生；违法行为依法应受行政处罚；属于本处罚机关管辖；属于一般程序适用范围。立案的案件，应指定两名以上执法人员负责办理，并建立办案案卷。

2. 调查取证

对案件进行全面调查，收集有关证据。

(1)调查　是指执法人员依照法定程序，向案件的知情人、见证人、当事人了解案件情况的活动。在进行调查或检查时，执法人员不得少于两人，并应当向当事人或者有关人员出示表明身份的证件。应当查明证人的身份，并告知其作证的义务。

当事人或证人有2个或者2个以上的，应当分别进行询问。询问当事人的主要内容包括违法行为发生的时间、地点、经过、结果以及承担责任的能力和态度等。询问证人的主要内容为案件发生的时间、地点、当事人、经过和结果等。在询问时应制作询问笔录，询问结束后应将询问笔录交由被询问人核对，允许被询问人提出补充或者更正。确认笔录无误，被询问人应当在笔录上签名或者盖章。被询问人拒绝签名或者盖章的，应在询问笔录上注明情况。调查笔录经查证属实之后，可以作为定案的依据。

(2)取证　是指执法人员提取和索取物证、书证等证据材料的活动。证据是指与案件事实有一定联系的各种证明材料和实物。畜牧兽医行政处罚的证据主要包括书证、物证、视听资料、证人证言、当事人的陈述、鉴定结论、勘验笔录和现场笔录。证据必须经法庭审查属实，才能作为定案的根据。

①书证：是指以文字、符号、图案等形式记载的，能证明案件事实的书面材料。

②物证：是指以其本身固有的形态、品质、规格而存在，并用来证明案件事实的物品或痕迹。

③视听资料：是指利用录音、录像、计算机存储等手段取得的，并用来证明案件事实的音响、图像材料和其他存储的数据材料。

④证人证言：是指当事人以外的其他人就其所了解的案件情况，向提取证据的工作人员所做的陈述。

⑤当事人的陈述：是指当事人所做的说明和表述。

⑥鉴定结论：是指由具有法定鉴定机构运用专门知识，利用专门的材料、设备和科学技术，对有关案件事实的专门技术性问题进行分析鉴别所做出的科学判断和结论。

⑦勘验笔录和现场笔录：勘验笔录是指人民法院或畜牧兽医行政主体对与案件有关的场所和物品进行勘查、检验所做的书面笔录。现场笔录是指畜牧兽医行政机关对有关管理活动的现场和情况当场所用的文字记载材料。二者的区别是：勘验笔录的制作主体可以是行政主

体，也可以是人民法院。而现场笔录的制作者只能是行政主体的工作人员；人民法院可以在行政机关做完笔录后，重新制作勘验笔录，而现场笔录必须当场做出，不可以后补。

提取和收集证据时，要做到以下几点：一是要及时，否则一些物证（如痕迹）就容易灭失，或者被违法行为人隐匿、毁弃；二是要细致，不能放过每一个与案件有关的物品与痕迹，必要时，可以采取特殊的、专门的技术手段，如提取实物、拍照、录音、录像等；三是手续要完备，需要开列清单的，应当一式两份，由执法人员、见证人和持有人签名盖章后，一份交持有人，一份归档备查，并应有当事人在场，当事人不在场或拒绝到场的，可邀请有关人员参加。

专门技术性问题应交法定鉴定部门进行鉴定；在证据可能灭失或者以后难以取得的情况下，经畜牧兽医行政主体负责人批准，可以先行登记保存。对先行登记保存的证据，应当在7日内及时做出检验或者鉴定、没收、退还当事人或依法移送有关部门处理。

3. 审查处理

（1）审查　审查证人是否如实提供证言、证人证言来源和真实性、调查笔录的制作是否符合要求，调查是否依法进行等。最后进行综合审查，以确定证据的可靠性及与其他证据对证是否相互印证等。审查证据的真伪、来源及其与案件之间的联系。

（2）处理　准确地界定行为人的违法责任，依照畜牧兽医行政法律规范的有关规定，提出公正、合理的处理意见。

认为案件事实基本清楚，主要证据充分，应当制作《案件处理意见书》，报畜牧兽医行政主体负责人审查。负责人审核后，认为应当给予行政处罚的，执法人员应当制作《违法行为处理通知书》，送达当事人，告知拟给予的行政处罚内容及事实、理由和依据，并告知当事人可以在收到通知书之日起3日内，进行陈述和申辩，符合听证条件的，可以要求畜牧兽医行政主体组织听证。

畜牧兽医行政主体负责人应当及时审查有关案件调查材料，当事人陈述和申辩材料，听证会笔录和听证会报告书，对违法事实清楚、证据确凿的案件，根据情节轻重，做出处罚决定。案情复杂或者有重大违法行为需要给予较重行政处罚的，应当由畜牧兽医行政主体负责人集体讨论决定。畜牧兽医行政主体做出行政处罚决定的，应当制作《行政处罚决定书》。

4. 送达

送达是指畜牧兽医行政主体依照法律规定的程序和方式，将处理或处罚决定书送交管理相对人的行政行为。送达必须按法定的程序和方法进行，才能产生预期的法律后果，保证案件正确、及时地解决。《行政处罚决定书》应当在宣告后当场交付被处罚人；被处罚人不在场的，应当在7日内送达被处罚人，并由被处罚人在《行政处罚文书送达回证》上签名或者盖章；被处罚人不在场的，可以由其成年家属或者所在单位的负责人代收，并在送达回证上签名或者盖章。被处罚人或者代收人拒绝接收、签名、盖章的，送达人可以邀请其邻居或者单位有关人员到场，说明情况，把《行政处罚决定书》留在其住处或者单位，并在送达回证上注明拒绝的事由、送达的日期，由送达人、见证人签名或者盖章，即视为送达。《行政处罚决定书》也可以通过邮寄或公告送达。

5. 执行

对依法给予20元以下罚款的或不当场收缴事后难以执行的案件，执法人员可以当场收缴罚款，并应出具省级财政部门统一制发的罚款收据。除此之外，畜牧兽医行政处罚机关不得自行收缴罚款，应当书面告知当事人向指定的银行缴纳罚款。

对生效的畜牧兽医行政处罚决定，当事人拒不履行的，可参照本项目任务三有关内容。

6.结案

对处理、处罚决定已经执行的，对行政复议决定已经执行的，对人民法院的一审判决或裁定在上诉期间内未上诉的，已经人民法院终审判决或裁定的，或由于管理相对人死亡和不可抗力等原因造成无法追究法律责任的案件，经畜牧兽医行政主体负责人核准，可以结案。结案后，案件调查人员应填写《行政处罚结案报告》，并将全部案件材料立卷归档。

任务三　畜牧兽医行政强制执行

一、畜牧兽医行政强制执行的概念

畜牧兽医行政强制执行是指在畜牧兽医行政管理活动中对不履行畜牧兽医行政法律法规规定的义务的管理相对人，由人民法院或畜牧兽医行政主体采用法定的强制手段，强制管理相对人履行义务的行政行为。

二、畜牧兽医行政强制执行的种类

1.对人的权利的强制

对人的权利的强制主要是指对管理相对人的权利和行为的强制执行。

2.对非人身的强制

对非人身的强制是指对物品和财产等的强制。如畜牧兽医行政主体依法在封锁区内强行扑杀、无害化处理患病动物。

三、畜牧兽医行政强制执行的程序

畜牧兽医行政处理与处罚决定一经做出，就必须执行。当事人不履行法定义务时，畜牧兽医行政主体可采取强制措施，其方法和程序有以下几种：

(一)间接强制

间接强制是指对不履行法定义务的管理相对人，不直接对其采取强制措施，而是通过其他方式强制其履行义务的行政措施。最常使用的是代执行和执行罚。

1.代执行

代执行是指管理相对人不履行法定义务而该项义务可由他人代为履行时，畜牧兽医行政主体有权将该项义务交由他人履行，待义务履行完毕后，应由不履行义务的管理相对人承担一切费用。代执行必须履行下列程序：

(1)通告　又称告诫。由畜牧兽医行政主体按法律规定，事前采用口头或书面等形式通知管理相对人限期履行义务，有时也以警告的形式进行通告。

(2)代执行　在当事人拒不改正或者仍不履行义务的情况下，畜牧兽医行政主体就可以指派他人实施代执行。

(3)收费　代执行的一切费用由畜牧兽医行政主体依法确定，并向管理相对人征收。管理相对人如不缴纳该项费用，则可申请人民法院强制执行。此外，在紧急情况下也可不经此程序，立即采取代执行措施。

2. 执行罚

执行罚是指当管理相对人不及时履行他人所不能代替履行的义务时，畜牧兽医行政主体对其采取财产上新的给付义务的措施，也就是再进行一定数量的罚款(到期不缴纳罚款的，每日按罚款数额的3%加处罚款)，直至履行义务为止。

(二)直接强制

直接强制是指畜牧兽医行政主体对管理相对人不履行义务，实行间接强制后仍未履行义务时，对管理相对人的财产加以直接强制措施，迫使管理相对人迅速而及时地履行义务。

直接强制的程序是告诫、执行、收费。

(三)申请人民法院强制执行

行政强制执行除由行政机关实施外，主要由人民法院依行政机关的申请而实施。对畜牧兽医行政主体采取其他措施未能执行的、管理相对人既不起诉也不履行义务的，畜牧兽医行政主体可以申请人民法院强制执行。管理相对人如非故意不履行，而是客观上不能履行时，畜牧兽医行政主体不应当强制执行。如管理相对人确有经济困难，需要延期或分期缴纳罚款时，经管理相对人申请和畜牧兽医行政主体批准，可以暂缓或者分期缴纳。

【知识拓展】

一、畜牧兽医行政执法的生效要件

畜牧兽医行政执法行为的生效要件是指使畜牧兽医行政执法行为产生法律效力的必要条件。这些要件又分实体要件和程序要件两大类。

(一)实体要件

(1)畜牧兽医行政执法行为的主体合法　必须具备3个条件，即法律法规授权、依法成立、能独立承担法律责任。

(2)畜牧兽医行政执法必须依法进行　畜牧兽医行政执法行为符合畜牧兽医行政法律规范的规定。

(3)畜牧兽医行政执法行为必须是畜牧兽医行政主体的真实意思表示　是指畜牧兽医行政执法人员不是在被胁迫、被欺诈及其他不正常的情况下所做的行为。

(4)管理相对人必须有权利能力和行为能力。

(二)程序要件

(1)畜牧兽医行政执法行为必须符合法定程序　畜牧兽医行政执法必须按照畜牧兽医法律法规规定的程序进行。

(2)畜牧兽医行政执法行为必须符合法定形式　畜牧兽医行政执法行为必须采取一定形式或履行一定程序。

二、畜牧兽医行政执法决定的效力

畜牧兽医行政执法具备了产生法律效力的必要条件后，其执法行为即具有法律效力。法律效力包括先定力、公定力、确定力、拘束力和执行力5方面。

(1)先定力　是指畜牧兽医行政行为的做出受行政主体单方面意思表示决定的效力。

(2)公定力　当事人超过提起行政复议、行政诉讼、行政申诉的时效后，畜牧兽医行政执法行为产生不可争力。行政行为一经做出，即在法律上被推定为合法有效，是要求任何人予以尊重的法律效力。

(3)确定力　行政行为有效成立后，非依法律不得随意变更与撤销。确定力就是具有不得再行更改的效力。

(4)拘束力　是指畜牧兽医行政行为成立生效后，其内容对有关对象产生法律上的约束力，有关对象必须遵守和服从。

(5)执行力　是指畜牧兽医行政行为成立生效后，行政主体依法有权采取强制手段使其行政行为的内容得以实现。

【案例分析】

某年6月28日，某县卫生局接到群众举报，称该县某镇的李某涉嫌销售病死猪肉。受理并调查后，县卫生局认为，该案根据《中华人民共和国行政处罚法》和《动物防疫法》的规定，应由县农业农村局处理，故于6月29日将案件移送县农业农村局，并附现场检查笔录1份、保存证据通知书1份、照片13张。县农业农村局收到县卫生局的移送函后，立即立案并做了进一步调查。执法人员对李某进行询问，制作了《询问笔录》，并调查了李某经营病死猪肉的时间、数量、来源和销售去向等事实。执法人员根据卫生局移送的现场检查笔录和证据保存通知书以及现场拍摄的照片等相关证据，对卫生局登记保存在冰柜内的病死猪肉进行了核实，当事人对其经营病死猪肉的所有违法事实和证据都予以承认。由于该案事实清楚，证据充分，县农业农村局按照《动物防疫法》第29条、第57条和第97条规定对李某违反《动物防疫法》的行为依照法定程序作出如下处罚：

(1)责令停止经营病死和死因不明的动物和动物产品。

(2)没收病死猪肉120 kg、死猪2头、死猪皮9张。

(3)罚款6万元。

县农业农村局组织有关人员在7月3日即对登记保存的病死猪肉进行了销毁处理，并对销毁处理的时间、地点、数量以及销毁方式等做了现场记录，拍摄了现场销毁照片，并由参加人员签字认可。案件处理完毕后，县农业农村局将该案的处理结果书面回复了县卫生局。

案例评析

本案主要涉及行政处罚案件的移送问题。在行政处罚实践中，经常会发生某一行政机关在受理或调查违法案件过程中，发现该案不属于本机关管辖的情况。根据《行政处罚法》和相关法律规定，在这种情况下，该行政机关应将案件依法移送具有管辖权的机关处理，具有管辖权的行政机关也应当依法接收案件。在农业行政执法实践中，对于案件移送和接收有几个问题值得注意：

第一，收到移送的行政机关应当及时对移送的案件进行审查。应当审查该案是否属于本机关管辖，如不属于本机关管辖，则应当与移送机关协商，协商不成的，应当报请共同的上一级行政机关指定管辖，但不宜拒绝接收。

第二，对确属本行政机关管辖的案件，应当审查移送机关受理该案的时间、程序以及相关证据的合法性。

第三，对接收的案件，接收机关必须按照《农业行政处罚程序规定》进行立案调查。农业行政机关进入调查程序后，应当根据案情决定是否全面调查或者进行必要的调查。对其他行政机关移送的有关调查材料和证据，要根据案件事实进行审查，对能够证明案件事实的，且具有客观真实性、合法性及关联性的证据予以保留。对证明案件事实的重要证据应当经过当事人的重新确认，并且签字或者签章认可。切不可将其他行政机关移送的证据和各种材料不经审查和确认而直接采用，实施行政处罚（曾有农业行政机关发生过此类情况，导致行政处罚被撤销）。行政处罚文书都应当使用农业行政处罚文书。

第四，对依法应当移送给其他机关处理的案件，应当尽快移送。按照《农业行政处罚程序规定》依法制作《案件移送函》，连同调取的有关证据一并移送。对经过初步调查，认为当事人的违法行为涉嫌构成犯罪的，必须依法移送司法机关，不得以行政处罚代替刑事责任，否则有关行政执法人员应当承担责任。本案中，某县卫生局在受理群众举报后，经调查发现该案不属本机关管辖，故按照《行政处罚法》的规定，依法移送该县农业农村局处理，该县农业农村局对卫生局移送的案件依法进行立案调查，对卫生局移送的有关证据，如登记保存的物证，进行了审查确认；对当事人依法进行询问，查证当事人的违法事实；对卫生局移送的现场笔录和现场拍摄的照片进行审查并予以保存，从而形成了一个完整的证据链，证明李某确有经营病死猪肉的行为。最后，县农业农村局按照《动物防疫法》的有关规定，对当事人给予了相应的行政处罚，对病死猪肉进行销毁处理。整个案件的处理从实体和程序上都符合有关法律的规定。

【知识链接】

《中华人民共和国行政处罚法》

《中华人民共和国行政强制法》

《中华人民共和国行政处罚法》　　《中华人民共和国行政强制法》

项目三 畜牧兽医行政司法

【学习目标】

了解畜牧兽医行政司法的主要内容;理解畜牧兽医行政复议、畜牧兽医行政裁决、畜牧兽医行政调解和畜牧兽医行政仲裁适用条件及其对象;掌握畜牧兽医行政调解的程序及畜牧兽医行政裁决与行政仲裁的区别。

【学习内容】

任务一 畜牧兽医行政司法基本知识

一、畜牧兽医行政司法的概念

畜牧兽医行政司法是指畜牧兽医行政主体作为裁判,按照司法程序,审理判定涉及畜牧兽医的民事争议和行政争议的案件,影响当事人之间的权利、义务关系,从而具有相应法律效力的行为,是一种特殊的具体行政行为。

二、畜牧兽医行政司法的分类

畜牧兽医行政司法主要是指畜牧兽医行政复议、畜牧兽医行政裁决、畜牧兽医行政调解和畜牧兽医行政仲裁。

三、畜牧兽医行政司法的原则

(1)简便原则　简便、高效地处理畜牧兽医行政争议和民事纠纷,是畜牧兽医行政司法的优势作用。

(2)公正原则　公正、平等是法律和法规的生命线,特别是在畜牧兽医行政复议中。畜牧兽医行政主体是争议的一方当事人,这就要求畜牧兽医行政复议机关不能有偏袒下级机关的行为,必须严格依法办事,维护正确的执法行为,纠正违法或不当的行为,保护双方当事人的合法权益。

(3)回避原则　与畜牧兽医行政司法案件有利害关系或者可能影响案件正确处理的人员应当回避。畜牧兽医行政复议案件的司法人员应当区别于行政执法人员。

四、畜牧兽医行政司法的特征

(1)从主体上看　畜牧兽医行政司法的主体是畜牧兽医行政机关。

（2）从对象上看　畜牧兽医行政司法只是对在畜牧兽医行政管理范围内发生的与畜牧兽医行政管理活动有关的行政争议、部分民事争议案件以及由法律和行政法规明确规定的特定争议案件进行调查处理。

（3）从程序上看　畜牧兽医行政司法程序不像司法裁判程序一样正规严格，体现了行政简易、高效的特点。

（4）从效力上看　畜牧兽医行政司法行为的效力要低于法院司法裁判行为的效力。一般来说，法律和行政法规有明确规定的除外，畜牧兽医行政司法行为在原则上不具有终局决定权。

任务二　畜牧兽医行政调解

一、畜牧兽医行政调解的概念

畜牧兽医行政调解是在畜牧兽医行政主体主持下，对涉及畜牧兽医的民事争议案件，以畜牧兽医行政法律、法规及其他有关法律、法规为依据，以双方当事人自愿参与调解为前提，在查明事实、分清是非、明确责任的基础上，以说服教育的方法，促成双方当事人友好协商、互谅互让、达成协议、消除纷争的行政活动。

凡民事争议案件均适用调解解决。根据调解主持者的不同，调解可分为人民调解、法庭调解和行政调解三种。建立以人民调解为基础，司法调解和行政调解为补充的调解机制。力求实现人民调解、行政调解、司法调解有机结合，把矛盾化解在基层、解决在萌芽状态。

行政调解同法院调解和人民调解一样，应在查明事实、分清是非、明确责任的基础上，说服当事人互谅互让，依照法律、法规及有关政策的规定，让双方当事人自愿达成协议解决争端。因此，合法和自愿是调解必须遵守的原则。另外，行政调解还必须坚持保护当事人诉讼权利的原则。

二、畜牧兽医行政调解的程序

（1）申请和受理　双方当事人向畜牧兽医行政主体申请调解后，畜牧兽医行政主体应及时进行审查，并根据审查情况决定受理。

（2）调查取证　畜牧兽医行政主体受理调解后，应指派工作人员调查取证，查明引发争议的事实依据。

（3）协商调解、达成协议　调查取证结束后，在畜牧兽医行政主体主持下，双方当事人共同参与，根据查明的事实和国家法律、政策，针对当事人争议的问题进行分析，共同对事实进行认定、分清是非、明确责任，通过主持者对双方当事人的说服教育，促成双方友好协商、相互谅解、达成协议。

（4）制作、送达调解书　经调解达成的协议，应由畜牧兽医行政主体制作调解书，一式三份，主持调解的畜牧兽医行政主体及双方当事人均应在调解书上签字，调解书制作好后应依法及时送达，随即产生法律效力，双方当事人应当履行。

三、畜牧兽医行政调解的法律效果

《中华人民共和国人民调解法》明确规定，经人民调解委员会调解达成的调解协议，具有法律约束力，当事人应当按照约定履行。行政机关应当对履行调解协议情况进行回访，督促调解协议的履行。达成调解协议后不履行的，当事人可向人民法院提起民事诉讼。除特定情况外，不能对同一事件再做行政处理。

任务三　畜牧兽医行政裁决

一、畜牧兽医行政裁决的概念

畜牧兽医行政裁决是指畜牧兽医行政主体对涉及畜牧兽医事务的畜牧兽医行政执法人员执行畜牧兽医行政法规的情况和畜牧兽医技术人员在工作中采取的技术措施、判定结果、技术争议、行政附带民事争议等案件进行裁决的行政司法活动。

二、畜牧兽医行政裁决的种类

根据其受理机关的不同，畜牧兽医行政裁决分为原裁决和复议裁决 2 种。

(1)原裁决　是指畜牧兽医行政主体所做的裁决，当事人不服的，可以向上一级畜牧兽医行政主体申请复议。

(2)复议裁决　是指上一级畜牧兽医行政主体对当事人不服原裁决而提出的申请进行复议后所做的裁决。当事人对复议裁决不服的，不得再进行复议，只能向人民法院提起诉讼。

三、畜牧兽医行政裁决的程序

畜牧兽医行政裁决的程序与行政复议程序基本相同。主要包括申请、受理、调查取证、审理、裁决和送达执行。

当事人对原裁决不服的，可以在接到裁决决定书之日起 15 日内，向上一级畜牧兽医行政机关申请复议。对复议不服的，可在接到复议裁决决定书之日起 15 日内向人民法院起诉。当事人对已经发生法律效力的裁决决定应当自动履行。一方逾期不履行的，另一方当事人可以申请人民法院强制执行。

任务四　畜牧兽医行政复议

一、畜牧兽医行政复议的概念

畜牧兽医行政复议是指管理相对人不服畜牧兽医行政主体做出的具体行政行为，依法在规定的期限内向做出决定机构的上一级畜牧兽医行政主体陈述理由，要求重新审议决定的申诉活动。畜牧兽医行政复议是畜牧兽医行政主体的特有活动，适用于解决涉及畜牧兽医的行政争议案件。以管理相对人认为畜牧兽医行政主体的具体行政行为侵犯了自己的合法权益，并向上一级畜牧兽医行政主体提出复议申请为前提，有管辖权的上一级畜牧兽医行政主体受理后才能进行。

二、畜牧兽医行政复议的基本制度

根据《中华人民共和国行政复议法》(以下简称《行政复议法》)的规定，行政复议制度主要有：

(1)一级复议制度　一级复议制度是指行政争议案件经过行政复议机关一次审理并做出决定之后，申请人即使不服也不得再向有关行政机关再次申请复议，而只能向人民法院提起行政诉讼的一种制度。

(2)书面复议制度　书面复议制度是指行政复议机关对行政复议申请人提出的申请、被申请人提交的答辩以及有关被申请人做出的具体行政行为的规范性文件和证据进行非公开对质性审查，并在此基础上做出行政复议决定的制度。

(3)复议不适用调解制度　一是指复议机关不能以调解作为复议的必经程序；二是指不能以调解作为复议的结案方式。

三、畜牧兽医行政复议的范围与管辖

(一)畜牧兽医复议管辖

畜牧兽医复议管辖是指畜牧兽医行政复议机关之间对受理畜牧兽医行政复议案件的权限与分工规定。畜牧兽医行政复议的管辖对象是管理相对人不服畜牧兽医行政机关做出的具体行政行为所引起的行政争议案件，畜牧兽医行政管理部门上级和下级之间存在层级关系，且分工明确。

(二)申请复议的范围

1.对具体行政行为申请复议的范围

依照《行政复议法》第六条的规定，畜牧兽医行政复议机关依法可以受理公民、法人或者其他组织就以下事项申请的行政复议：

①对行政机关做出的警告、罚款、没收违法所得、没收非法财物、责令停产停业、暂扣或者吊销执照、行政拘留等行政处罚决定不服的。

②对行政机关做出的限制人身自由或者查封、扣押、冻结财产等行政强制措施决定不服的。

③对行政机关做出的有关许可证、执照、资质证、资格证等证书变更、中止、撤销决定不服的。

④认为行政机关侵犯其合法的经营自主权的。

⑤认为行政机关违法集资、征收财物、摊派费用或者违法要求履行其他义务的。

⑥认为符合法定条件，申请行政机关颁发许可证、执照、资质证、资格证等证书，或者申请行政机关审批、登记有关事项，畜牧兽医行政主体没有依法办理的。

⑦认为行政机关的其他具体行政行为侵犯其合法权益的。

2.一并对抽象行政行为申请审查的范围

依照《行政复议法》的规定，公民、法人或者其他组织认为畜牧兽医行政主体的具体行政行为所依据的下列规定不合法，在对具体行政行为申请行政复议时，可以一并向行政复议机关提出对该规定的审查申请：

①国务院部门的规定。

②县级以上地方各级人民政府及其部门的规定。

③乡、镇人民政府的规定。

3.不属于行政复议范围的事项

依照《行政复议法》的规定，对下列事项不能申请行政复议，但可依照有关法律和行政法规规定的途径予以解决：

①不服行政机关做出的行政处分或者其他人事处理决定的，依照有关法律、行政法规的规定提出申诉。

②不服行政机关对民事纠纷做出的调解或者其他处理的，依法申请仲裁或者向人民法院提起诉讼。

(三)申请复议与提起诉讼的关系

公民、法人或其他组织对畜牧兽医行政机关的具体行政行为不服，可以先向上一级畜牧兽医行政机关或者法律法规规定的行政机关申请复议，也可以直接向人民法院提起诉讼。法律法规规定应当先向畜牧兽医行政机关申请复议的，必须先申请行政复议，而不能直接向人民法院提起行政诉讼，这就是所谓的复议前置原则，对复议不服的再向人民法院起诉。

四、畜牧兽医复议机构与复议参加人

(一)畜牧兽医复议机构

复议机构作为复议机关的一个组成部分，必须在复议机关的领导下工作。就其复议活动的性质来看，是通过审理复议案件代表政府或政府职能部门对下级行政主体实施的具体行政行为的监督。所以复议机构进行复议应当直接对复议机关的行政首长负责。考虑到复议机关行使复议权与政府法制工作有着密切的联系和政府工作精简、高效的要求，行政复议法规定，行政复议由行政机关负责法制工作的机构具体承担。

(二)畜牧兽医复议机构的职责

依照《行政复议法》的规定，行政复议机关负责法制工作的机构在具体办理行政复议事项中，应当履行下列职责：

①受理行政复议申请。

②向有关组织和人员调查取证，查阅文件和资料。

③审查申请行政复议的具体行政行为是否合法与适当，拟订行政复议决定。

④处理或者转送对《行政复议法》第七条所列有关规定的审查申请。

⑤对行政机关违反《行政复议法》规定的行为依照规定的权限和程序提出处理建议。

⑥办理因不服行政复议决定而提起行政诉讼的应诉事项。

⑦法律、法规规定的其他职责。

(三)复议参加人

复议参加人是指参加复议活动并保护自己合法权益的人,包括申请人、被申请人、复议第三人和复议代理人。

五、畜牧兽医行政复议程序

(一)申请

畜牧兽医行政复议的申请,也称行政复议的提起,是指公民、法人或其他行政组织依法向畜牧兽医行政复议机关提出请求,要求撤销或改变原具体行政行为,以保护其合法权益的行为。

1. 申请复议的条件

(1)必须有符合条件的申请人　申请人必须是认为具体行政行为直接侵犯其合法权益的公民、法人或者其他组织。

(2)必须有明确的被申请人　申请人在行政复议申请中必须指明被申请人,即做出行政处罚决定侵犯其合法权益的行政主体。

(3)必须有具体的复议请求和事实根据　复议请求是申请人申请复议所要达到的目的。它有三种情况:一是请求撤销违法的具体行政行为决定;二是请求变更不适当的具体行政行为;三是请求责令被申请人赔偿损失。同时,任何行政复议请求必须以一定的事实为基础。

(4)必须属于受理复议机关管辖　申请人必须向有管辖权的复议机关提出复议申请。

(5)其他条件　具备法律、法规规定的其他条件。

2. 复议申请期限

复议申请期限是指申请人必须在法定期限内提出复议申请。《行政复议法》第九条规定,公民、法人或者其他组织认为具体行政行为侵犯其合法权益的,可以自知道该具体行政行为之日起 60 日内提出行政复议申请。但法律规定的申请期限超过 60 日的除外。

3. 畜牧兽医行政复议的申请形式

申请行政复议,可以书面申请,也可以口头申请。

(1)书面申请　格式如下:

①文书名称(行政复议申请书)。

②申请人(是公民的,写明姓名、住址、联系电话;是法人或其他组织的,写明名称、地址、法定代表人或者主要负责人姓名、联系电话,代理人姓名、单位、电话)。

③被申请人(写明名称、地址、法定代表人姓名及职务)。

④行政复议请求。

⑤事实和理由。

⑥行政复议机关名称(如“此致××市动物卫生监督机构”或“此致××兽药监察所”)。

⑦申请人(签名或盖章)。

⑧申请日期(年、月、日)。

(2)口头申请　由行政复议接待工作人员当场用“口头申请记录”纸记录。包括：

①申请人的基本情况和联系途径。

②复议请求。

③主要事实和理由。

④被复议机关。

⑤具体行政行为发生的时间和地点。

记录完毕,申请人认为记录无误,签上自己的名字。

(二)受理

畜牧兽医行政复议机关收到行政复议申请后,应当在5日内进行审查,并做出如下处理：对符合复议申请条件,并且没有向人民法院起诉的复议申请予以受理;对不符合行政复议申请条件的复议申请,决定不予受理,并书面告知申请人;对不属于本机关受理的行政复议申请,告知申请人向有关行政复议机关提出。

申请人在受理阶段还享有一定的申诉权,即对复议机关不予受理的裁决不服的,可向复议机关的上一级行政机关反映情况,也可向人民法院提起诉讼。

(三)复议案件的审理

审理是复议机关对复议案件的事实、证据、法律适用及争论的焦点等进行审查的过程。它是行政复议程序的关键阶段。包括的主要内容是：

(1)审理方式　采取以书面审理为主、其他方式为辅的审理方式。书面审理较为简便,具有较高的效率,因而符合行政效率的要求。所谓“其他方式”,如开庭审理,这种审查方式适用于案件较为复杂、影响较大的行政复议案件。

(2)审理依据　行政复议机关审理复议案件,必须以法律、行政法规、地方性法规、规章以及上级行政机关依法制定和发布的具有普遍约束力的决定、命令为依据。

(四)行政复议决定

对复议案件进行审理后,行政复议机关可根据不同情况分别做出不同的决定：

(1)维持原决定　对被申请复议的行政处罚决定,复议机关认为事实清楚,适用法律、法规、规章适当和具有普遍约束力的决定、命令正确,符合法定程序和权限的,应当依法做出维持该行政处罚决定的复议决定。

(2)补正决定　对被申请复议的行政处罚决定,复议机关认为事实清楚,适用法律、法规、规章和具有普遍约束力的决定、命令,符合法定权限,但在程序上有欠缺的,应当依法做出补正的决定。

(3)履行决定　对应当作为而不作为的行政机关,在一定期限内履行决定。

(4)撤销决定　对被申请复议的行政处罚决定,经行政复议机关审查认为具有如下情形之一的,应当依法做出撤销决定,必要时,可以附带责令被申请人在一定期限内重新做出具体行政行为的决定：

①主要事实不清。

②适用法律、法规错误。

③违反法定程序影响申请人合法权益。

④超越职权或者滥用职权。

(5)变更决定 对被申请复议的行政处罚决定,经复议机关审查认为行政处罚决定明显不当的,应当依法做出变更决定。

(6)赔偿决定 申请人在申请行政复议时一并提出行政赔偿请求的,行政复议机关经审查,如认为符合《国家赔偿法》有关规定应予以赔偿的,应在做出决定的同时做出责令被申请人依法给予申请人赔偿的决定。申请人在申请行政复议时如果没有提出行政赔偿请求,行政复议机关在依法决定撤销或变更罚款、撤销违法集资、没收财物、征收财物、摊派费用以及对财产的查封、扣押、冻结等具体行政行为时,应当同时做出责令被申请人返还申请人财产,解除对申请人财产的查封、扣押、冻结措施或者赔偿相应价款的决定。

(五)复议决定的执行与提起诉讼

行政复议机关做出行政复议决定,应当制作行政复议决定书,并加盖印章后立即送达当事人,行政复议决定书一经送达,即发生法律效力,申请人和被申请人对复议决定都必须履行。申请人对行政复议决定不服的,除依法由行政机关最终裁决的行政复议决定外,可在收到行政复议决定书之日起 15 日内,依法向有管辖权的人民法院提起行政诉讼。申请人逾期不起诉又不履行行政复议决定的,或者不履行最终裁决的行政复议决定的,按照下列规定分别处理:

①维持具体行政行为的行政复议决定,由做出具体行政行为的行政机关依法强制执行,或者申请人民法院强制执行。

②变更具体行政行为的行政复议决定,由行政复议机关依法强制执行,或者申请人民法院强制执行。

【知识拓展】

一、行政裁决与行政仲裁的区别

行政裁决是指行政机关依法律、法规授权,对当事人之间发生的,与行政管理活动有关,与行政合同有关的民事纠纷进行审查,并做出裁决的行为。

行政仲裁是指纠纷双方当事人按事先或事后达成的协议,自愿将有关争议提交仲裁机构,仲裁机构以第三者的身份对争议的事实和权利义务做出判断和裁决,以解决争议,维护正当权益,当事人有义务履行裁决的一种制度。

行政仲裁与行政裁决的区别主要表现在如下几个方面:

1. 行使的机构不同

仲裁是仲裁机构根据当事人双方自愿订立的仲裁条款或达成的书面仲裁协议受理,并由仲裁庭对双方当事人的争议事项进行审理和裁决,而行政裁决则是由国家行政机关根据其行政管理职权做出的具体行政行为。

2. 受理的根据不同

仲裁机构受理案件是根据当事人双方达成的仲裁协议,其对案件管辖权的取得完全基于当事人双方的授权。而行政裁决则是行政机关根据其管辖权,在法律、法规授权下,行使行政管理职能，实施强制管辖。

3. 适用的法律不同

仲裁机构处理争议是根据事实、依据法律公平合理地处理纠纷，即在全面、深入、客观地查清与案件有关的事实的基础上，根据有关的法律规定确认双方当事人的权利和义务，当法律、法规未对有关争议做明确规定时，可以参照经济贸易惯例或者行业惯例来确认责任。而行政裁决则只能根据事实，依据法律、法规、行政规章来确认责任。

4. 效力不同

仲裁实行一裁终局。裁决一经做出即发生法律效力。行政裁决做出后，当事人不服的，可依法申请复议或向人民法院起诉。

5. 性质不同

仲裁是对平等主体的公民、法人或其他组织之间发生的合同纠纷和其他财产权益纠纷做出裁决。行政裁决则是由国家行政管理机关依其行政职权，以领导与被领导、管理与被管理之间的隶属关系进行的裁决。

二、行政仲裁与行政裁决的共同点

①都是行政机关以第三者的身份居间裁断。

②处理对象都是民事争议。

③都是行政机关运用行政权力的过程。

【案例分析】

某县某村林某饲养母猪多年，所产仔猪出售时均拒绝产地检疫和缴纳产地检疫费，在群众中造成很坏的影响。2021 年 5 月 2 日又在邻县某地出售未经产地检疫的仔猪一窝 12 头，重约 150 kg，收入 900 多元。县动物卫生监督机构接到举报后，依法立案处理。

1. 调查取证

执法人员到当地进行调查核实，林某出售的仔猪没有经过产地检疫。

2. 处理处罚

6 月 7 日，县动物卫生监督机构依照《中华人民共和国动物防疫法》第四十九条、第一百条的规定，照法定程序处理处罚：责令改正；没收违法所得；处同类检疫合格仔猪货值金额一倍以下的罚款。共计 2 800 元。

3. 复议与诉讼

《行政处罚决定书》送达后，林某不服，向县级人民政府申请复议，7 月 8 日，复议机关做出了维持县动物卫生监督机构行政处罚的复议决定。

林某对复议仍然不服，于 7 月 27 日向县级人民法院起诉，要求撤销县动物卫生监督机构对其的行政处罚。

4. 判决

县人民法院受理后，依法组成合议庭，公开开庭审理了本案，经法庭认真调查审理，原告与被告双方对上述事实并无争议，所争议的是被告县动物卫生监督机构的具体行政行为适应法律、法规是否正确，事实是否清楚，处理是否得当。针对争议的问题，进行了当庭举证、质证和辩论。

法院最终认为：被告县动物卫生监督机构依照《中华人民共和国动物防疫法》的有关规定，对林某责令改正；没收违法所得；处同类检疫合格仔猪货值金额一倍以下罚款，共计 2 800 元的具体行政行为事实清楚，程序合法，适应法律法规正确，应予维持。据此，依照《中华人民共和国行政诉讼法》第五十四条的规定，判决如下：维持被告县动物卫生监督机构 2021 年 6 月 7 日对原告林某做出的《行政处罚决定书》。案件受理费及其诉讼费 380 元由原告林某承担。原告林某未提出上诉请求，主动履行了法律义务，本案终结。

案件评析：

①动物卫生监督机构行政执法不管大小案件必须严格依照《中华人民共和国行政处罚法》的有关规定，做到事实清楚，证据确凿，办案程序规范，适用法律法规正确，确保执法工作程序化、规范化。

②动物卫生监督机构执法人员在做出处理处罚后，要向管理相对人告知主要的法律救济途径：畜牧兽医行政复议与畜牧兽医行政诉讼。

③法院在审查动物防疫执法案件中，对程序的合法性，法律文书的规范性，适用法律法规的正确性都有很严格的要求。

【知识链接】

《中华人民共和国行政复议法实施条例》

《中华人民共和国行政复议法实施条例》

项目四　畜牧兽医行政诉讼

【学习目标】

了解畜牧兽医行政诉讼的受案范围、证据的收集与保全、举证责任和举证时效、审理程序和畜牧兽医行政责任。

【学习内容】

畜牧兽医行政诉讼是指管理相对人认为畜牧兽医行政机关及其工作人员做出的具体行政行为侵犯其合法权益，依法向人民法院提起诉讼，由人民法院进行审理并做出裁决的一种司法活动。其基本原则是：人民法院依法独立行使审判权原则；以事实为根据，以法律为准绳原则；当事人法律地位平等原则；合议、回避、公开审判及两审终审原则；使用本民族语言文字进行诉讼原则；辩论原则；人民检察院监督原则。

任务一　畜牧兽医行政诉讼的受案范围及管辖

一、畜牧兽医行政诉讼的受案范围

(一)受案范围

根据《行政诉讼法》的规定，结合畜牧业法规，受案范围为：

①对畜牧兽医行政机关做出的警告、罚款、暂扣或吊销许可证、责令停产停业、没收财物等行政处罚不服的。

②对畜牧兽医行政机关对财产的查封、扣押动物或动物产品等行政强制措施不服的。

③认为畜牧兽医行政机关侵犯其经营自主权的。

④认为符合法定条件申请行政机关颁发或变更许可证、章、标志或有关审批手续，畜牧兽医行政机关拒绝颁发或者不予答复的。

⑤认为畜牧兽医行政机关违法集资、征收财物、摊派费用或违法要求履行其他义务的。

⑥认为行政机关侵犯其人身权、财产权的。

⑦其他认为动物防疫监督机构的具体行政行为侵犯其合法权益的。

(二)不受理的事项

①国防、外交等国家行为。

②行政法规、规章或者行政机关制定、发布的具有普遍约束力的决定、命令。

③行政机关对行政机关工作人员的奖惩、任免等决定。

④法律规定由行政机关最终裁决的具体行政行为。

二、行政诉讼管辖

行政诉讼管辖是人民法院系统内确定审判第一审行政案件的权限分工，明确当事人在哪一个人民法院起诉，由哪一个人民法院受理的法律制度。有利于保障行政相对方的起诉权、分配人民法院之间的权限和负担，增强人民法院依法办案的责任感。行政诉讼管辖包括级别管辖、地域管辖和裁定管辖。

(一)级别管辖

级别管辖是指划分由哪一级人民法院审理第一审行政案件。划分级别管辖的标准是行政案件的性质及其重大复杂程度。第一审行政案件原则上由基层人民法院管辖。特殊行政案件分别由中级、高级、最高人民法院管辖。根据《行政诉讼法》第十四条至二十四条规定 基层人民法院管辖第一审行政案件。中级人民法院管辖下列第一审行政案件:对国务院部门或者县级以上地方人民政府所做的行政行为提起诉讼的案件;海关处理的案件;本辖区内重大、复杂的案件。其他法律规定由中级人民法院管辖的案件。

高级人民法院管辖本辖区内重大、复杂的第一审行政案件。最高人民法院管辖全国范围内重大、复杂的第一审行政案件。行政案件由最初做出行政行为的行政机关所在地人民法院管辖。经复议的案件,也可以由复议机关所在地人民法院管辖。经最高人民法院批准,高级人民法院可以根据审判工作的实际情况,确定若干人民法院跨行政区域管辖行政案件。对限制人身自由的行政强制措施不服提起的诉讼,由被告所在地或者原告所在地人民法院管辖。因不动产提起的行政诉讼,由不动产所在地人民法院管辖。两个以上人民法院都有管辖权的案件,原告可以选择其中一个人民法院提起诉讼。原告向两个以上有管辖权的人民法院提起诉讼的,由最先立案的人民法院管辖。人民法院发现受理的案件不属于本院管辖的,应当移送有管辖权的人民法院,受移送的人民法院应当受理。受移送的人民法院认为受移送的案件按照规定不属于本院管辖的,应当报请上级人民法院指定管辖,不得再自行移送。有管辖权的人民法院由于特殊原因不能行使管辖权的,由上级人民法院指定管辖。人民法院对管辖权发生争议,由争议双方协商解决。协商不成的,报它们的共同上级人民法院指定管辖。上级人民法院有权审理下级人民法院管辖的第一审行政案件。下级人民法院对其管辖的第一审行政案件,认为需要由上级人民法院审理或者指定管辖的,可以报请上级人民法院决定。

(二)地域管辖

地域管辖是确定第一审行政案件在同级人民法院中,由哪一个人民法院管辖。可分为一般地域管辖与特殊地域管辖。

(1)一般地域管辖　凡未经复议或虽经复议但仍维持原具体行政行为的行政案件由最初做出行政行为的行政机关所在地的人民法院管辖,若复议机关改变原具体行政行为的,既可由最初做出行政行为所在地人民法院管辖,也可由复议机关所在地人民法院管辖。

(2)特殊地域管辖　有以下3种情况:对限制人身自由的强制措施决定不服的,由被告所在地或原告所在地人民法院管辖,原告有选择权;因不动产提起的行政诉讼,由不动产所在地人民法院管辖;2 个以上人民法院都有管辖权的案件,原告可以选择其中 1 个人民法院提起诉讼。原告向 2 个以上有管辖权的人民法院起诉的,由最先收到起诉状的人民法院管辖。

(三)裁定管辖

裁定管辖是指人民法院在某些特殊情况下,以裁定方式确定行政案件的管辖法院。包括移送管辖、指定管辖和管辖权的转移 3 种类型。

(1)移送管辖　是指人民法院将已受理的案件,移送给有管辖权的人民法院受理。

(2)指定管辖　是指上级人民法院以裁定方式指定某个下级人民法院管辖某一个行政案件。

(3)管辖权的转移　是指由上级人民法院决定或者同意将有管辖权的案件由下级人民法院移送上级人民法院或由上级人民法院移送下级人民法院。

任务二　行政诉讼参加人

行政诉讼参加人是指参加整个或部分行政诉讼过程中的行政活动,并与案件的审理结果有利害关系的人。行政诉讼参加人包括当事人和具有类似当事人诉讼地位的诉讼代理人。其中,当事人包括原告、被告、共同诉讼人、第三人;诉讼代理人包括法定代理人和委托代理人。

(一)原告

原告是指因认为畜牧兽医行政机关的具体行政行为侵犯了其合法权益,依照《行政诉讼法》向人民法院提起诉讼,请求人民法院对该行政行为的合法性进行审查,并受人民法院裁判拘束的公民、法人或者其他组织。

(二)被告

被告是指由原告起诉,经人民法院受理后通知其应诉的行政机关、组织、个人。行政诉讼法规定的被告有 5 种情况:

①公民、法人或者其他组织直接向人民法院提起诉讼的,做出具体行政行为的行政机关是被告。

②经复议的案件,复议机关决定维持原具体行政行为的,做出原具体行政行为的行政机关是被告;复议机关改变原具体行政行为的,复议机关是被告。

③2 个以上行政机关做出同一具体行政行为的,共同做出具体行政行为的行政机关是共同被告。

④由法律、法规授权的组织所做的具体行政行为,该组织是被告;由行政机关委托的组织所做的具体行政行为,委托的行政机关是被告。

⑤行政机关被撤销的,继续行使其职权的行政机关是被告。

(三)共同诉讼人

当事人一方或双方为 2 人以上,因同一具体行政行为发生的行政案件,或者因同样的具体行政行为发生的行政案件，人民法院认为可以合并审理的，为共同诉讼。共同诉讼的原告和被告统称为共同诉讼人。

（四）第三人

同提起诉讼的具体行政行为有利害关系的其他公民、法人或者其他组织，可以作为第三人申请参加诉讼，或者由人民法院通知参加诉讼。行政诉讼第三人有权提出与本案有关的诉讼请求，例如要求维持、撤销或变更具体行政行为；对人民法院的一审判决不服的，有上诉权。

（五）行政诉讼代理人

行政诉讼代理人是指根据法律规定或受当事人的委托，以当事人名义在代理权限内进行诉讼活动的人。分为法定代理人和委托代理人。没有诉讼行为能力的公民，其父母或养父母、配偶、子女或养子女、监护人等都可担任法定代理人。法定代理人互相推诿代理责任的，由人民法院指定其中一人代为诉讼。委托代理人是指受当事人或其法定代理人委托代理诉讼的人。一般可以委托一至二人代为诉讼。律师、社会团体、提起诉讼的公民的近亲属或者所在单位推荐的人，以及经人民法院许可的其他公民，都可以被委托为诉讼代理人。

任务三 证 据

证据是指与案件事实有一定联系的各种证明材料和实物。《行政诉讼法》第三十一条规定：证据包括书证、物证、视听资料、证人证言、当事人的陈述、鉴定结论、勘验笔录和现场笔录。证据必须经法庭审查属实，才能作为定案的根据。

一、证据的种类

1. 书证

书证是指以文字、符号、图案等形式记载的，能表达人的思想和行为，用来证明具体行政诉讼案件事实的物品。例如行政处理（罚）决定书、罚款收据、许可证、执照、公文信函、委托书、证明书等。

2. 物证

物证是指以其本身固有的形态、品质、规格而存在，并用来证明行政诉讼案件事实的物品或痕迹。例如被封存的假劣兽药、病害肉等。

3. 视听资料

视听资料是指利用录音、录像、计算机存储等手段取得的，并用来证明行政诉讼案件事实的音像、图像材料和其他存储的数据材料。包括照片、录像带、录音带、光盘、传真资料、电子计算机软盘等。

4. 证人证言

证人证言是指当事人以外的其他人就其所了解的案件情况，向人民法院或其他提取证据的人所做的陈述。

5. 当事人的陈述

当事人的陈述是指当事人在诉讼过程中向人民法院所做的说明和表述。

6. 鉴定结论

鉴定结论是指由具有法定专业鉴定权力的机构运用专业知识，利用专业的材料、设备和科学技术对有关案件事实的专门技术性问题进行分析鉴别所做出的科学判断和结论。例如鉴定证书、化验报告单等。

7. 勘验笔录和现场笔录

勘验笔录是对与案件有关的场所和物品进行勘查、检验所做的书面笔录。例如对屠宰场的勘验笔录。在勘验时，当事人或其成年家属应根据通知到现场，如果其拒绝到场，勘验正常进行。现场笔录是指行政机关的工作人员在执行职务的过程中对有关管理活动的现场和情况当场所做的书面笔录。必须由当事人核对无误并签名或盖章方为有效。勘验笔录的制作主体可以是行政主体，也可以是人民法院，而现场笔录的制作者只能是行政主体的工作人员。人民法院可以在行政机关做完笔录后，重新制作勘验笔录，而现场笔录必须当场做出，不可以后补。

二、证据的收集与保全

(一)证据的收集

提供证据是指进入诉讼程序后，畜牧兽医行政管理部门或动物防疫监督机构作为被告向法院提交有关证据的活动，是被告举证责任的要求和体现。收集证据是指畜牧兽医行政管理部门或动物防疫监督机构在日常的管理活动中或行政处罚实施过程中，向当事人、证人等调查有关事实取证的活动。

1. 收集证据的基本要求

(1)思路清晰，重点突出　在收集证据前，调查人员要深入细致地研究案情，制订可行的收集计划，确定收集工作的方向、范围、方法、步骤和方式，使证据收集工作有条不紊。

(2)全面收集，使证据充分　不能心存侥幸，勉强得出结论。

(3)主动、及时　收集证据时间性很强，有的证据错过时机往往很难取得。必须先取证，然后才能做出具体行政行为，这是行政程序的基本要求。

(4)不得收集证据的情况　我国《行政复议法》和《行政诉讼法》都规定，行政复议或行政诉讼过程中，被申请人、被告和代理律师不得向申请人、原告和证人收集证据。

2. 证据的收集途径

当事人提供或补充，人民法院自行调取，人民法院交由或指定鉴定部门进行鉴定。在收集证据的过程中，人民法院只能围绕证明具体行政行为是否合法来收集、调取证据，贯彻当事人举证原则即被告举证也是行政诉讼的一大特征。

(二)证据的保全

证据的保全是指在证据可能灭失或者以后难以取得的情况下，人民法院依诉讼参加人的申请或者依司法职权对诉讼证据采取的保护措施。例如证人病危可能死亡或因出国等原因可能找不到证人;肉类尸体等可能变质、变形;物证可能被转移、藏匿等。证据保全首先要由人民法院做出证据保全决定,可以是由诉讼参加人提出申请,也可以由人民法院依职权主动采取保全措施。证据保全的措施有:对有可能死亡、出国或以后难以找到的证人及时询问,并做好证人证言笔录或进行现场录音;对有可能转移、藏匿的证据及时提取、搜查;对有可能毁损、变质并推动证明作用的证据,可采取绘图、照片、录像、特别保管以及其他科学方法予以固定等。

三、举证责任和举证时效

举证责任是指当事人对有利于自己的主张或者根据法律规定;有向法院举出证据加以证明的责任,否则将承担不利的法律后果。我国《行政诉讼法》根据行政诉讼的特点,突破了民事诉讼、刑事诉讼制度的举证责任模式,确立了行政诉讼特有的举证责任模式,即被告对做出的具体行政行为负有举证的责任,应当提供做出该具体行政行为的证据和所依据的规范性文件。

举证时效是指举证的有效期,即负有举证责任的行政机关在法定举证期限内没有提供或者超期提供证据,即使是真实的,法院也不予以采信。这是畜牧兽医行政机关应该注意的。举证时应注意:

①被告应当在收到起诉状副本之日起 10 日内向法院提交答辩状,并提供做出具体行政行为时的证据、依据;被告不提供或者无正当理由逾期提供的,应当认定该具体行政行为没有证据、依据。

②下列证据不能作为被诉具体行政行为合法的根据:

- 被告及其诉讼代理人在做出具体行政行为后自行收集的证据。
- 被告严重违反法定程序收集的其他证据。

③未经法庭质证的证据不能作为人民法院裁判的根据。复议机关在复议过程中收集和补充的证据,不能作为人民法院维持原具体行政行为的根据。被告在二审过程中向法院提交在一审过程中没有提交的证据,不能作为二审法院撤销或者变更一审裁判的根据。

任务四　行政诉讼审理程序

行政诉讼审理程序分为第一审程序、第二审程序和审判监督程序三大部分,第一审程序是所有行政案件的必经程序,而第二审程序和审判监督程序不是所有行政案件都会经历的。

一、第一审程序

(一)起诉

起诉是原告的单方诉讼行为,是指当公民、法人或其他组织认为行政机关的具体行政行为侵犯了其合法权益时,依法请示人民法院行使司法审判权,对其合法权益予以保护的诉讼行为。

1. 起诉的条件

《行政诉讼法》第四十九条规定,提起诉讼应当符合下列条件:

①原告是具体行政行为侵犯其合法权益的公民、法人或者其他组织。

②有明确的被告。

③有具体的诉讼请求和事实根据。

④属于人民法院受案范围和受诉人民法院管辖。

2. 起诉的期限

①公民、法人或者其他组织向行政机关申请复议的，复议机关应当在收到申请书之日起2个月内做出决定。

②申请人不服复议决定的，可以在收到复议决定书之日起15日内向人民法院提起诉讼。复议机关逾期不做决定的，申请人可以在复议期满之日起15日内向人民法院提起诉讼。

③公民、法人或者其他组织直接向人民法院提起诉讼的，应当在知道做出具体行政行为之日起6个月内提起诉讼。

④公民、法人或者其他组织因不可抗力(如战争、洪水或地震等)或者其他特殊情况(如生病、法定代理人突然变动等)耽误法定期限的，在障碍消除后的10日内，可以申请延长期限，是否准许由人民法院决定。

(二)受理

受理是指人民法院通过审查原告的起诉，认为符合法律规定的起诉条件，决定立案审理的行为，是决定行政诉讼程序能否开始并继续下去的关键。

人民法院接到原告起诉后，要审查起诉是否符合起诉条件，对符合起诉条件的，人民法院应当在接到起诉状之日起7日内立案受理，认为不符合条件的应做出不予受理的裁定。当事人不服，可以上诉。

(三)审理

1. 审理前的准备

(1)确定审判人员，组成合议庭 《行政诉讼法》第六十八条规定，人民法院审理行政案件，由审判员组成合议庭，或者由审判员、陪审员组成合议庭。合议庭的成员，应当是3人以上的单数。合议庭中由一名审判员担任审判长。

(2)通知被告应诉，送达诉状副本 人民法院在立案之日起5日内，将起诉状的副本送给被告。被告应当在收到起诉状副本之日起10日内向人民法院提交做出具体行政行为的有关证据材料，并提出答辩状。人民法院应当在收到答辩状之日起5日内，将答辩状的副本送给原告，被告不提出答辩状的，不影响人民法院对案件的受理。

(3)审查诉讼材料，调查收集证据 审查原告的起诉状、被告的答辩状和双方提交的各种证据。审查确定当事人的资格，决定和通知第三人参加诉讼。通过对诉讼材料的审查，人民法院可以了解原告的诉讼请求和理由、了解被告的答辩理由，从而确定案件的焦点。人民法院可根据审判需要决定是否调查和收集有关证据，决定是否要求当事人补充证据，是否合并审理，是否停止被诉具体行政行为的执行，是否需要采取证据保全措施，是否公开审理等。

2. 开庭审理

开庭审理是指在合议庭主持下，依法定程序对当事人之间的行政争议案件进行审查，并做出裁判的活动。开庭审理有公开审理和不公开审理两种方式，除涉及国家秘密、个人隐私和法律另有规定的以外，行政案件都应公开审理。人民法院在开庭审理前3日，应当将案由、开庭日期、时间和地点等通知当事人和其他诉讼参与人。公开审理的案件，应当在开庭审理3日前向社会公告。一般行政案件的开庭审理分为预备阶段、审理阶段、合议庭评议阶段和公开审判阶段。

(1)预备阶段　由书记员完成。

①查明当事人和其他诉讼参与人是否到庭，如果当事人未到庭，由合议庭决定是否延期、按撤诉处理或者缺席审判等。核对当事人身份，审查双方诉讼代理人的授权委托书和代理权限。

②宣布法庭纪律。

(2)审理阶段

①宣布案由。

②宣布合议庭组成和工作人员名单。

③告知当事人的诉讼权利和义务，询问当事人是否申请回避。

④法庭调查。先由原告宣读起诉状，由被告宣读被诉具体行政行为和答辩状，如果有第三人参加诉讼的，要询问第三人的诉讼意见和理由。然后双方当事人陈述。原告陈述时主要说明其合法权益受到具体行政行为侵害的事实和过程；被告陈述时主要是提出相应具体行政行为的事实根据和法律规范依据，以证明其合法性。接下来是传证人到庭作证，或由当事人宣读证人证言。出示书证、物证和视听资料，宣读鉴定结论、勘验笔录和现场笔录，并由当事人进行质证。最后审判长询问双方当事人及其诉讼代理人有无补充意见，宣布法庭调查结束。

⑤法庭辩论，是指在审判人员的主持下，当事人及其代理人就案件的事实、证据等进行辩论，阐述自己的观点和主张、反驳他方的观点和主张的诉讼活动。法庭辩论一般的顺序是：原告及其诉讼代理人发言；被告及其诉讼代理人答辩；第三人及其诉讼代理人发言或答辩；双方互相辩论。法庭辩论终结后，由审判长征询各方最后意见。

(3)合议庭评议阶段　法庭辩论结束后，审判长宣布休庭，由合议庭进行合议。根据经过法庭审查认定的证据，确认案件事实，适用相关法律规范，最终形成人民法院对案件的裁定和判决。合议坚持少数服从多数的原则。

(4)公开宣判阶段　无论案件是否公开审理，都应公开宣判。可当庭宣判，也可定期宣判。宣告判决时，应告知诉讼当事人的上诉权利、上诉期限和上诉人民法院。

《行政诉讼法》第八十一条规定，人民法院应当在立案之日起6个月内做出第一审判决。有特殊情况需要延长的，由高级人民法院批准，高级人民法院审理第一审案件需要延长的，由最高人民法院批准。

3. 一审判决与裁定

判决是指人民法院对审理终结的行政诉讼案件做出的实体裁决。它主要包括维持判决、撤销判决、变更判决和限期履行法定义务等。裁定是指人民法院对行政诉讼程序问题做出的裁决，它与判决一样具有法律效力。裁定的种类有：裁定不予受理、裁定驳回起诉、裁定诉讼期间停止行政行为的执行或驳回停止执行申请、裁定财产保全和先予执行、裁定准许撤诉或不准许撤诉、裁定中止或终止、终结诉讼、裁定补正判决书中的笔误、裁定中止或终结执行、裁定重审或再审和裁定其他事项。

另外，人民法院对诉讼中遇到的问题，做出相应的裁决称为行政决定。例如确定回避、确定不公开审理、指定鉴定、确定延期审判等。

二、第二审程序

在我国，人民法院审判案件，实行两审终审制，即除最高人民法院审理的第一审案件以外，一个行政案件经过两级人民法院审判即告终结的制度。它有利于保证办案质量，提高办案效率。第二审程序是指基于当事人的上诉，上级人民法院对第一审人民法院做出的未生效的判决、裁定，依法进行审理的程序。并不是每个案件都必须经历第二审程序。如果一个案件经过第一审，当事人没有异议，或者在法定期限内不提起上诉，就不会引起第二审程序的发生。

(一)上诉的提起与受理

上诉是指当事人不服第一审人民法院的判决或裁定，在法定期限内提出上诉状，请求上一级人民法院进行审判的诉讼行为。上诉是法律赋予当事人的一项诉讼权利，无论第一审裁判是否正确，只要当事人依法提起上诉，就必然引起第二审程序。

1. 提起上诉的条件

①必须是法定的上诉人和本上诉人。第一审中的当事人，包括原告、被告、第三人、法定代理人、法定代表人都有资格提起上诉。

②必须是针对第一审人民法院做出的尚未发生法律效力的裁定、判决而提起。

③上诉必须在法定期限内提起。《行政诉讼法》第八十五条规定，当事人不服人民法院第一审判决的，有权在判决书送达之日起 15 日内向上一级人民法院提起上诉。当事人不服人民法院第一审裁定的，有权在裁定书送达之日起 10 日内向上一级人民法院提起上诉。逾期不提起上诉的，人民法院的第一审裁定、判决即发生法律效力。

④上诉必须递交上诉状和交纳上诉费。上诉状应通过原审法院提出。当事人直接向上级人民法院提起上诉的，上级人民法院应在 5 日内将上诉状交原审法院。

2. 上诉的受理

第一审人民法院收到上诉后，应在 5 日内将上诉状副本送达对方当事人，对方当事人在收到上诉状副本后应当在 10 日内提出答辩状。被上诉人不提交答辩状的，不影响案件的审理。同时第一审人民法院要审查上诉是否符合条件，对于符合上诉条件的，应将上诉状、答辩状连同第一审案卷及证据材料报送第二审法院。

(二)上诉的撤回

上诉人在第二审人民法院受理上诉至做出第二审裁判之前，可以向第二审人民法院申请撤回上诉。撤回上诉应当递交撤诉状。是否允许撤回上诉，由二审人民法院裁定。

有下列情形时不准撤诉：

①原审人民法院的裁判确有错误，应予以纠正或者发回重审的。

②发现行政机关对上诉人有胁迫的情况或者行政机关对上诉人做了违法让步的。

③双方当事人都提出上诉，而只有一方当事人提出撤回上诉的。

第二审人民法院做出的准予撤回上诉或不准予撤回上诉的裁定，应制作裁定书，准许撤诉的，上诉人不得再提出上诉；第一审裁判立即发生法律效力。

(三)第二审案件的审理

第二审是在第一审的基础上进行的。第二审与第一审在审理程序上基本相同,但也有许多独特之处。审理方式有开庭审理和书面审理两种形式。

(1)开庭审理　程序与第一审程序相同。开庭审理主要适用于当事人对第一审人民法院认定事实有争议或者认为第一审人民法院认定事实不清、证据不足的案件。第二审的内容不受第一审裁判与当事人上诉范围的限制,人民法院应对案件进行全面审查。即对一审法院认定的事实是否清楚、适用法律法规是否正确、审理是否符合法定程序等进行审查,以保证行政审判的正确性、公正性,并对下级法院实施有效的监督。

(2)书面审理　人民法院对上诉案件,认为事实清楚的,可以实行书面审理。书面审理的过程是合议庭成员共同阅卷共同审查的过程,在此基础上再进行合议庭评议。这种审理方式既有利于提高结案效率,又能保证办案质量。

(四)第二审案件的裁判

根据《行政诉讼法》规定,人民法院审理上诉案件,可采取四种裁判形式。

(1)维持原判　原判决认定事实清楚,适用法律、法规正确的,判决驳回上诉,维持原判。

(2)依法改判　原判决认定事实清楚,适用法律、法规正确的,判决驳回原判决认定事实清楚,但是适用法律、法规错误的,依法改判。

(3)发回重审　由于违反法定程序可能影响案件正确判决的,裁定撤销原判,发回原审人民法院重审。

(4)自行改判　原判决认定事实不清,证据不足,查清事实后改判。

三、审判监督程序

各级人民法院院长对本院已经发生法律效力的判决、裁定,发现违反法律、法规规定认为需要再审的,应当提交审判委员会决定是否再审。上级人民法院对下级人民法院已经发生法律效力的判决、裁定,发现违反法律、法规规定的,有权提审或者指令下级人民法院再审。也就是说审判监督程序是指人民法院对已经发生法律效力的判决、裁定发现其违反法律法规,依法对案件再次审理的程序。该程序提起诉讼的主体必须是本级人民法院或上级人民法院及人民检察院。但当事人的申诉可以作为审判监督程序的案件来源。提起诉讼的理由是发现判决、裁定违反了法律法规的规定。

审判监督程序可分为再审和提审两种程序。

(1)再审　是指人民法院为了纠正已经发生法律效力的判决、裁定的错误,依照法定程序对案件再次审判的活动,分为上级人民法院的指令再审和本院审判委员会决定的自行再审。再审一般程序是:

①做出再审裁定,同时中止原判决裁定的执行。

②审理。依法组成合议庭,对只经过第一审程序的案件,适用于第一审程序,必须开庭审理。适用第一审程序的再审判决、裁定,当事人不服,可以上诉;对经过第二审程序的案件,适用于第二审程序。其判决、裁定是终审判决、裁定,当事人不服不得上诉。

(2)提审　是指上级人民法院对下级人民法院已发生法律效力的判决、裁定认为确有错误的,自行审理的活动。提审的一般程序是:

①做出提审裁定,同时中止原判决、裁定的执行。

②审理。依法组成合议庭,适用第二审程序。其判决、裁定,是终审判决、裁定,当事人不服,不得上诉。

(3)裁判　同二审裁判。

四、如何应诉

(一)弄清案情

畜牧兽医行政机构在收到法院转来的起诉状后,应尽快组织有关人员将案情讨论清楚。包括相对人的行为、证据的种类及数量、实施调查的人员及人数、执法过程中是否出具了相应的文书、告知的内容、实施某个行为的动机、是否履行必需的程序等详细过程,做到心中有数。对罚款数额较大、有较大影响或案情比较复杂以及第一次接触的缺乏应诉经验且胜诉把握不大的起诉,应及时向上级有关部门报告。

(二)近期提交答辩状及证据

行政诉讼答辩状是行政诉讼中的被告或被上诉人,针对原告的起诉状或上诉人的上诉状做出回答和进行辩驳的诉讼文书。被告应在收到起诉状副本之日起 10 日内向法院提交答辩状。答辩状一般应围绕自身具体行政行为是否合法等问题,就原告起诉状中陈述的争议焦点,摆事实,讲道理,证明其具体行政行为合法。

(三)庭审前的准备

提交答辩状后,要做好充分的准备出庭应诉。

1. 确定 1～2 名诉讼代理人

诉讼代理人可以是本单位人员,也可以聘请律师,聘请的律师负责法律方面的答辩,本单位人员负责事实方面的答辩。聘请诉讼代理人的,应在开庭前向法庭提交授权委托书,注明委托的事项和权限。出庭时,法定代表人可以不出庭,最多 3 人出庭。

2. 制定答辩策略

估计可能出现的审判结果,尤其是不利的结果,要做到换位思考,充分考虑对方可能提出的问题,对涉及赔偿诉讼的,还要准备相关赔偿法及民法通则等知识。做到有的放矢,心中有数。对我方存在的不足,也应心中有数。再者,对涉及国家秘密、商业秘密、个人隐私的案件,在开庭前要向法院提交不公开审理申请书,在该申请书中,要说明不公开审理的理由。

(四)庭审中应注意的事项

①按时出庭。

②未经法庭准许中途不能退庭。

③遵守法庭纪律。

④发言的语气要平和，原告提起诉讼，是法律赋予的权利，双方的诉讼地位平等，因此不要使用指责性语言。

⑤发言要言简意赅，主题突出，有针对性。不要长篇大论，词不达意，意思模糊或无主题。

⑥阅读庭审笔录，并签字。

(五)提交代理词

庭审结束后，对没有阐述清楚的问题或有必要强调的问题，代理人可以以代理人自己的名义向法院提交代理词。

行政诉讼法和行政复议法均规定，在行政诉讼和行政复议期间，除特殊情况外，不停止具体行政行为的执行。

任务五 执 行

一、执行的概念

执行是指人民法院按照法定程序，在负有义务的一方当事人拒不履行已生效的判决、裁定所确定的义务时，强制其履行义务的活动。执行的特征是：执行的主体是人民法院；执行的根据是人民法院已经生效的判决、裁定，义务人拒绝履行法定义务；申请执行人可以是行政机关，也可能是行政相对人。

二、执行的程序

1. 执行的提起与审查

执行的提起包括申请执行和移交执行。申请执行是指根据生效法律文书享有申请权利的行政机关或行政管理相对方，在义务人拒绝履行义务时，于法定期限内向人民法院申请强制执行的诉讼行为。申请执行的期限为3个月。移交执行是指人民法院的审判人员，依职权主动将发生法律效力的法律文书交付给执行人员予以执行的诉讼行为。人民法院在接到执行申请书后，应当在10日内了解案情，进行审查，不符合执行条件的，在10日内告知当事人不予执行。符合条件的，以书面意见报院长审查，由当地法院或上级法院或异地法院准备强制执行。

2. 强制执行

为了保证强制执行的顺利进行，应先做好充分的准备，制定执行方案。对公民、法人或其他组织的强制执行措施包括：裁定冻结、划拨被执行人的存款；扣留、提取被执行人的劳动收入；裁定查封、扣押、冻结、拍卖、变卖被执行人的财产；强制被执行人迁出房屋、拆除违章建筑、退出土地等。对行政机关的强制执行措施有：对应当归还的罚款或者应当给付的赔偿金，通知银行从该行政机关的账号内划拨；在规定期限内不履行的，从期满之日起，对该行政机关按日处50元至100元的罚款；向该行政机关的上一级行政机关或者监察、人事机关提出司法建议，接受司法建议的机关，根据有关规定进行处理，并将处理情况告知人民法院；对拒不履行判决、裁定，情节严重构成犯罪的，依法追究主管人员和直接责任人员的刑事责任。

任务六　畜牧兽医行政责任及侵权赔偿

一、畜牧兽医行政责任

畜牧兽医行政责任是畜牧兽医行政法律责任的简称，指畜牧兽医行政机关或其工作人员违反有关行政管理的法律、法规的规定，但尚未构成犯罪的行为所依法应当承担的法律后果。

行政责任分为行政处分和行政处罚。

(1)行政处分　是对国家工作人员及由国家机关委派到企业、事业单位任职的人员的行政违法行为，给予的一种制裁性处理。行政处分的种类包括警告、记过、降级、降职、撤职、开除等。

(2)行政处罚　是指国家行政机关及其他依法可以实施行政处罚权的组织，对违反行政法律、法规、规章，尚不构成犯罪的公民、法人及其他组织实施的一种制裁行为。是追究行政责任的主要方式，是行政责任中适用最广的一种责任形式。

根据《行政处罚法》的规定，行政处罚主要有警告、罚款、没收违法所得、没收非法财物、责令停产停业、暂扣或者吊销许可证、暂扣或者吊销执照、行政拘留及法律、法规规定的其他行政处罚。

二、畜牧兽医侵权赔偿

畜牧兽医行政侵权赔偿是指畜牧兽医行政机关及其工作人员违法行使职权，侵犯公民、法人和其他组织的合法权益造成的损害，而引起的国家赔偿。

(一)畜牧兽医行政赔偿的范围

1.对侵犯人身权的赔偿

①非法拘禁或者以其他方法非法剥夺公民人身自由的。

②以殴打等暴力行为或者唆使他人以殴打等暴力行为造成公民身体伤害或者死亡的。

③造成公民身体伤害或者死亡的其他违法行为。

2.对侵犯财产权的赔偿

①违法实施罚款、吊销许可证和执照、责令停产停业、没收财物等行政处罚的。

②违法对财产采取查封、扣押、冻结等行政强制措施的。

③违反国家规定征收财物、摊派费用的。

④造成财产损害的其他违法行为。

3.国家不予赔偿的情形

①行政机关工作人员与行使职权无关的个人行为。

②法律规定的其他情形。

(二)赔偿请求人

法律规定,赔偿请求人包括:

(1)受害的公民、法人或者其他组织有权要求赔偿。

(2)受害的公民死亡,其继承人和其他有扶养关系的亲属有权要求赔偿。

(3)受害的法人或者其他组织终止,承受其权利的法人或者其他组织有权要求赔偿。

(三)赔偿义务机关

畜牧兽医行政机关及其工作人员行使行政职权侵犯公民、法人和其他组织的合法权益造成损害的,该行政机关为赔偿义务机关。赔偿机关撤销的,继续行使其职权的机关为赔偿义务机关。

经复议机关复议的,最初造成侵权行为的行政机关为赔偿义务机关,但复议机关的复议决定加重损害的,复议机关对加重的部分履行赔偿义务。

两个以上行政机关共同行使行政职权时侵犯公民、法人和其他组织的合法权益造成损害的,共同行使行政职权的行政机关为共同赔偿义务机关。这主要是联合执法过程中出现的问题。

受行政机关委托的组织或者个人在行使受委托的行政权力时侵犯公民、法人和其他组织的合法权益造成损害的,委托的行政机关为赔偿义务机关。例如有委托检疫权的动物检疫机关侵犯公民、法人和其他组织的合法权益的,委托的行政机关为赔偿机关。

(四)赔偿程序

1.赔偿请求的提出

请求人提交申请书。提出行政赔偿可能有以下几种程序:

①受害人提出赔偿请求的,应当首先向赔偿义务机关提出,赔偿义务机关不予赔偿或者赔偿请求人对赔偿数额有异议的,赔偿请求人才可以向法院起诉。通常适用于争议双方对行为的违法性没有争议,但赔偿问题达不成协议;争议双方对行为的违法性有争议,但该行为已被行政复议、法院等机关确认为违法或已被撤销、变更。

②一并提出赔偿请求,是指赔偿请求人在申请行政复议或提起行政诉讼时,将确认具体行政行为违法与要求赔偿一并提出。这种情况在赔偿争议中占大多数。复议机关或人民法院首先要确认具体行政行为的合法性,然后再决定是否赔偿。

③赔偿请求人可以向共同赔偿机关中的任何一个赔偿义务机关要求赔偿,该赔偿机关应当先赔偿,然后再要求其他赔偿义务机关负担相应赔偿费用。

④根据受到的损害不同,受害人可以同时提出数项相应的赔偿请求。

2.赔偿的受理与处理

赔偿义务机关应当自收到申请之日起 2 个月内,审查核实,认为赔偿申请符合条件的,给予赔偿;逾期不予赔偿或者赔偿请求人对赔偿数额有异议的,赔偿请求人可以自期限届满之日起 30 日内向其上一级机关申请复议。复议机关应当自收到申请之日起 2 个月内做出决定。赔偿请求人不服复议决定的,可以在收到复议决定之日起 30 日内向复议机关所在地的同级人民法院赔偿委员会申请做出赔偿决定；复议机关逾期不做决定的，赔偿请求人可以自期间届满之日起 30 日内向复议机关所在地的同级人民法院赔偿委员会申请做出赔偿决定。

3. 行政赔偿诉讼程序

行政赔偿诉讼是法院根据赔偿请求人的诉讼请求，依照行政诉讼和国家赔偿的基本原则裁判赔偿争议的活动。行政赔偿诉讼可以运用调解手段，依法促使当事人互谅互让，达成调解协议。在举证责任方面，不同于行政诉讼，实行当事人分担原则，即赔偿请求人对其诉讼请求举证，赔偿义务机关对其具体行政行为是否合法进行举证。中级以上的人民法院设立赔偿委员会，由人民法院 3～7 名审判员组成。赔偿委员会做出赔偿决定，实行少数服从多数的原则。赔偿委员会做出的赔偿决定，是发生法律效力的决定，必须执行。行政赔偿诉讼案件的裁判有驳回原告的诉讼请求和判决被告承担赔偿责任两种。国家赔偿包括支付赔偿金、返还财产和恢复原状，以支付赔偿金为主要方式。能够返还财产或者恢复原状的，予以返还财产或者恢复原状。

4. 行政追偿程序

就是畜牧兽医赔偿义务机关赔偿损失后，依法责令有故意或重大过失的工作人员或受委托的组织或个人，承担部分或全部赔偿费用。

（五）赔偿方式和计算标准

(1)侵犯公民、法人和其他组织的财产权造成损害的　按照下列规定处理：

①处罚款、罚金、追缴、没收财产或者违反国家规定征收财物、摊派费用的，返还财产。

②查封、扣押、冻结财产的，解除对财产的查封、扣押、冻结，造成财产损坏或者灭失的，依照本条第③、④项的规定赔偿。

③应当返还的财产损坏的，能够恢复原状的恢复原状，不能恢复原状的，按照损害程度给付相应的赔偿金。

④应当返还的财产灭失的，给付相应的赔偿金。

⑤财产已经拍卖的，给付拍卖所得的价款。

⑥吊销许可证和执照、责令停产停业的，赔偿停产停业期间必要的经常性费用开支。

⑦对财产权造成其他损害的，按照直接损失给予赔偿。

(2)侵犯公民人身自由的　每日的赔偿金按照国家上年度职工日平均工资计算。

(3)侵犯公民生命健康权的　赔偿金按照《国家赔偿法》第二十七条规定计算。

（六）赔偿请求时效

赔偿请求人请求国家赔偿的时效为 2 年，自国家机关及其工作人员行使职权时的行为被依法确认为违法之日起计算，但被羁押期间不计算在内。

赔偿请求人在赔偿请求时效的最后 6 个月内，因不可抗力或者其他障碍不能行使请求权的，时效中止。从中止时效的原因消除之日起，赔偿请求时效期间继续计算。

【知识拓展】

一、答辩状的格式

答 辩 状

就×××对我所某年某月某日做出的第×××号行政处罚决定不服，提起行政诉讼一案答辩如下：

（正文）

此致

×××人民法院

答辩人：××动物卫生监督机构　　年　月　日（加盖公章）

附：（1）答辩状副本　　份

（2）证据　　份

（3）法律依据　　份

二、答辩状的内容

视案情不同，答辩内容也相应不同。

（1）首先审查是否有以下特殊情况

①原告不符合法定条件的，直接答辩起诉人不具备原告资格，请示法院裁定驳回起诉。

②被诉具体行政行为非本行政机关所为，请示法院驳回起诉。例如，联合执法时，其他单位的处罚行为，因未出具执法文书或未履行告知义务，相对人错误起诉的。

③对不属于行政诉讼受案范围的，明确提出，请求法院驳回起诉。例如，当事人对撤销其动物检疫员资格不服而起诉的，应写明此为内部行政行为，属于行政机关对工作人员的任免，不属于行政诉讼受案范围，请示法院驳回起诉。又例如，当事人对动物防疫监督机构强制扑杀疫畜的行为没有异议，但对国家补贴款有异议而提起国家赔偿诉讼的，就可以答辩称其为单纯的补贴问题，不属于国家赔偿诉讼范围。

④当事人超过法定期限且无正当理由起诉的，应写明并做出答辩。

⑤对受理本案的人民法院无管辖权的，应阐明。

（2）一般答辩状内容

①阐明我方具备实施相应具体行政行为的主体资格。因为法院首先要审查被告的行政主体资格，所以答辩状首先根据法律法规的有关规定阐明我方具备实施相应具体行政行为的行政主体资格。根据法律法规有关条款说明。

②论证当事人的违法事实清楚、证据确凿。主要写明法律法规的具体条款（主要是义务性、禁止性规范）对相对人的行为是如何规定的，当事人是如何作为的，有何主要证据佐证，当事人的违法事实清楚，证据确凿。针对原告起诉状中提出的事实和理由要有的放矢地进行反驳，充分运用证据证明当事人违法事实存在，用法律、法规对当事人的诉讼理由加以反驳，证明其违法性。

③我方做出具体行政行为适用依据正确。写明法律法规的具体法条对当事人的违法行为是如何规定其法律责任的，我方根据具体案情是如何做出具体行政行为的。对情节严重才能实施的处罚种类，要写明情节严重的具体事实。

④我方实施具体行政行为符合法定程序。我方是如何操作的，例如在执法过程中出示了证件，表明了身份，调查符合法律要求，有告知书等证明我方告知了对方的违法事实、处罚理由及依据，并听取了当事人的陈述和申辩，在处罚决定书中也告知了当事人的行政复议和行政诉讼权利。

若当事人有行为违法，但我方在实施处理处罚时，也存在违反法定程序等问题，可以在答辩状中承认我方执法程序有问题，请求法院判令我方重新做出具体行政行为。

⑤结束语。提出自己的答辩主张：综上所述，请求贵院维持我方处罚决定（或请求贵院依法裁判）。

【知识链接】

《中华人民共和国行政诉讼法》

《中华人民共和国行政诉讼法》

模块二
畜牧兽医法规

项目五　畜牧管理

【学习目标】

了解畜禽养殖管理、草原管理的主要内容及畜禽产品无公害认证管理办法；理解畜禽品种的审定制度；掌握奶牛场、养猪场的管理。

【学习内容】

任务一　《中华人民共和国畜牧法》概述

2005年12月29日第十届全国人民代表大会常务委员会第十九次会议通过《中华人民共和国畜牧法》(以下简称《畜牧法》)，于2006年7月1日起施行。2015年4月24日第十二届全国人民代表大会常务委员会第十四次会议进行了修正。2022年10月30日第十三届全国人民代表大会常务委员会第三十七次会议再次修订，自2023年3月1日起施行。

一、《畜牧法》调整的对象

《畜牧法》规定:本法所称畜禽遗传资源，是指畜禽及其卵子(蛋)、胚胎、精液、基因物质等遗传材料。本法所称种畜禽，是指经过选育、具有种用价值、适于繁殖后代的畜禽及其卵子(蛋)、胚胎、精液等。蜂、蚕也是其列入调整的对象，在总则中明确，蜂、蚕的资源保护利用和生产经营，适用本法有关规定。

二、《畜牧法》适用的范围

《畜牧法》适用的范围是在中华人民共和国境内从事畜禽以及蜂、蚕的遗传资源保护利用、繁育、饲养、经营、运输等活动。考虑到蜂、蚕管理的特殊性，畜牧法对养蜂业的管理只做出了一些原则规定，对于蚕种的资源保护、新品种选育、生产经营和推广，授权国务院农业行政主管部门制定具体管理办法。

三、《畜牧法》的主要内容

《畜牧法》共八章七十三条，按照畜牧业的生产过程涵盖了畜禽遗传资源保护、种畜禽品种选育与生产经营、畜禽养殖、畜禽交易与运输、质量安全保障等内容。主要内容包括：

①明确了畜禽遗传资源保护制度。

②确立了种畜禽生产经营许可制度。

③确定了种畜禽质量监督管理的内容。

④对规模化饲养和传统的农户散养实行分类指导，引导畜禽养殖方式逐步向规模化养殖转变。

⑤对协调推进草原保护与草原畜牧业发展，坚持生态优先、生产生态有机结合，提高草原可持续发展能力，筑牢生态安全屏障，推进牧区生产生活生态协同发展等方面做出相应规定。

任务二　畜禽养殖管理

国务院畜牧行政主管部门负责全国畜牧业的监督管理工作。县级以上地方人民政府畜牧行政主管部门负责本行政区域内的畜牧业监督管理工作。县级以上人民政府有关主管部门在各自的职责范围内，负责有关促进畜牧业发展的工作。国务院畜牧行政主管部门指导畜牧业生产经营者改善畜禽繁育、饲养、运输的条件和环境。

一、种畜禽品种选育

种畜禽是畜牧业发展的重要物质基础。对于加快现代畜牧业建设、保障畜产品有效供给和促进农民增收具有十分重要的意义。近年来，我国种畜禽产业蓬勃发展，法律法规不断完善，政策支持力度不断加大，良种繁育体系进一步完善，良种供种能力显著增强，为现代畜牧业发展奠定了坚实的基础。但是，当前我国种畜禽生产经营管理现状与新时期现代畜牧业发展的需要相比仍有不少差距，种畜禽场量多、面广，但与之相配套的监管机制还不健全，个别地区配套法规不健全，执法力量薄弱，缺乏有效执法手段，种畜禽生产经营秩序不规范，假劣种畜禽坑农害农事件时有发生。加强种畜禽生产经营管理，对于规范市场经营秩序，维护生产者和经营者的合法权益，提高种畜禽质量安全水平十分必要。我国对种畜禽管理一直非常重视，制定了一系列的法律法规，如《中华人民共和国动物防疫法》《种畜禽管理条例》《种畜禽管理条例实施细则》等都有相应的规定，《畜牧法》对种畜禽的生产经营也做了全面规定。

种畜禽是指种用的家畜家禽，包括家养的猪、牛、羊、马、驴、驼、兔、犬、鸡、鸭、鹅、鸽、鹌鹑等及其卵、精液、胚胎等遗传材料。

（一）种畜禽品种的选育

国家良种繁育体系规划是由各级畜牧行政主管部门制定的。国务院和省级畜牧行政主管部门分别负责制定全国和本地区的良种繁育体系规划。国家支持企业、院校、科研机构和技术推广单位开展联合育种，建立畜禽良种繁育体系。

(二)种畜禽品种的审定

1. 种畜禽新品种审定

畜禽新品种、配套系和新发现的畜禽遗传资源在推广前，应当通过国家畜禽遗传资源委员会审定或者鉴定，并由国务院畜牧兽医行政主管部门公告。

2. 种畜禽新品种管理

培育新的畜禽品种、配套系进行中间试验，应当经试验所在地省级人民政府畜牧兽医行政主管部门批准。畜禽新品种、配套系培育者的合法权益受法律保护。

畜禽新品种、品系及配套系一经公布命名，任何单位、组织和个人不得擅自改动其名称，经过评审并批准的畜禽品种，方可推广。

二、种畜禽生产经营管理

(一)种畜禽场的基本条件

从事种畜禽生产经营或者生产商品代仔畜、雏禽的单位和个人，应当取得种畜禽生产经营许可证。申请人持种畜禽生产经营许可证依法办理工商登记，取得营业执照后，方可从事生产经营活动。申请取得种畜禽生产经营许可证，应当具备下列条件：

①生产经营的种畜禽必须是通过国家畜禽遗传资源委员会审定或者鉴定的品种、配套系，或者是经批准引进的境外品种、配套系。

②有与生产经营规模相适应的畜牧兽医技术人员。

③有与生产经营规模相适应的繁育设施设备。

④具备法律、行政法规和国务院畜牧兽医行政主管部门规定的种畜禽防疫条件。

⑤有完善的质量管理和育种记录制度。

⑥具备法律、行政法规规定的其他条件。

(二)生产家畜卵子、冷冻精液、胚胎等遗传材料企业必备的基本条件

除应当符合(一)所列条件外，还应当具备下列条件：

①符合国务院畜牧兽医行政主管部门规定的实验室、保存和运输条件。

②符合国务院畜牧兽医行政主管部门规定的种畜数量和质量要求。

③体外授精取得的胚胎、使用的卵子来源明确，供体畜符合国家规定的种畜健康和质量要求。

④符合国务院畜牧兽医行政主管部门规定的其他技术要求。

(三)种畜禽生产经营许可证的管理

种畜禽生产经营许可制度，是国家对种畜禽行业实行行政管理的重要措施，也是保障畜禽质量的关键环节。

1. 申请取得生产家畜卵子、冷冻精液、胚胎等遗传材料的生产经营许可证

应当向省级人民政府畜牧行政主管部门提出申请生产经营许可证，受理申请的畜牧行政

主管部门应当自收到申请之日起30个工作日内完成审核，并报国务院畜牧行政主管部门审批。国务院畜牧行政主管部门应当自收到申请之日起60个工作日内依法决定是否发给种畜禽生产经营许可证。

2. 申请其他种畜禽的生产经营许可证

县级以上地方人民政府畜牧行政主管部门申请，经审核发放。具体审核发放办法由省级人民政府规定。

种畜禽生产经营许可证样式由国务院畜牧行政主管部门制定，上面注明生产经营者名称、场（厂）址、生产经营范围及许可证有效期的起止日期等，有效期为3年。企业凭《种畜禽生产经营许可证》到工商行政管理机关办理营业执照。

3. 农户自繁自养和互助配种的

农户饲养的种畜禽用于自繁自养和有少量剩余仔畜、雏禽出售的，农户饲养种公畜进行互助配种的，不需要办理《种畜禽生产经营许可证》。

（四）种畜禽场管理

1. 技术人员的基本条件

专门从事家畜人工授精、胚胎移植等繁殖工作的人员，应当取得相应的国家职业资格证书。

2. 种公畜的条件

销售的种畜禽和家畜配种站（点）使用的种公畜，必须符合种用标准。

3. 对种畜禽场销售种畜禽的要求

①销售种畜禽时，应当具备以下材料：销售种畜禽时，种畜禽场应出具种畜禽合格证明、检疫合格证明以及种畜的家族系谱。

②生产家畜卵子、冷冻精液、胚胎等遗传材料，应当有完整的采集、销售、移植等记录，记录应当保存2年。

此做法充分保障了广大农牧民的利益，也是畜产品质量责任追究制度的保障之一。

③销售种畜禽，不得有下列行为：

- 以其他畜禽品种、配套系冒充所销售的种畜禽品种、配套系。
- 以低代别种畜禽冒充高代别种畜禽。
- 以不符合种用标准的畜禽冒充种畜禽。
- 销售未经批准进口的种畜禽。
- 销售未附有种畜禽合格证明、检疫合格证明的种畜禽或者未附有家族系谱的种畜。
- 销售未经审定或者鉴定的种畜禽品种、配套系。

4. 对种畜禽场和孵化场（厂）销售商品代仔畜、雏禽的要求

企业应向购买者提供以下材料：

①其销售的商品代仔畜、雏禽的主要生产性能指标、免疫情况、饲养技术要求。

②有关咨询服务。

③附有动物卫生监督机构出具的检疫合格证明。

因质量问题给畜禽养殖者造成损失的，应当依法赔偿损失。

任务三　畜禽养殖场和养殖小区的管理

《畜牧法》规定：各级政府要加强畜牧业基础设施建设，鼓励和扶持发展规模化养殖，推进畜牧产业化经营，提高畜牧业综合生产能力，发展优质、高效、生态、安全的畜牧业。帮助和扶持少数民族地区、贫困地区畜牧业的发展，保护和合理利用草原，改善畜牧业生产条件。支持草原牧区开展草原围栏、草原水利、草原改良、饲草饲料基地等基本建设，优化畜群结构，改良牲畜品种，转变生产方式，发展舍饲圈养、划区轮牧，逐步实现畜草平衡，改善草原生态环境。

国家支持农村集体经济组织、农民和畜牧业合作经济组织建立畜禽养殖场、养殖小区，发展规模化、标准化养殖。乡（镇）土地利用总体规划应当根据本地实际情况安排畜禽养殖用地。农村集体经济组织、农民、畜牧业合作经济组织按照乡（镇）土地利用总体规划建立的畜禽养殖场、养殖小区用地按农业用地管理。

一、畜禽养殖场、养殖小区必备条件

①有与其饲养规模相适应的生产场所和配套的生产设施。

②有相应的畜牧兽医技术人员。

③具备法律、行政法规和国务院畜牧兽医行政主管部门规定的防疫条件。

④有对畜禽粪便、废水和其他固体废弃物进行综合利用的沼气池等设施或者其他无害化处理设施。

⑤具备法律、行政法规规定的其他条件。

养殖场、养殖小区兴办者应当将养殖场、养殖小区的名称、养殖地址、畜禽品种和养殖规模，向养殖场、养殖小区所在地县级人民政府畜牧兽医行政主管部门备案，取得畜禽标识代码。省级人民政府根据本行政区域畜牧业发展状况制定畜禽养殖场、养殖小区的规模标准和备案程序。

禁止在生活饮用水的水源保护区、风景名胜区、自然保护区的核心区和缓冲区、城镇居民区、文化教育科学研究区等人口集中区域以及法律、法规规定的其他禁养区域建设养殖场和养殖小区。

二、畜禽养殖场和养殖小区的管理

①畜禽养殖场应建立养殖档案，并按有关法规规定记录。

②畜禽养殖场应当为其饲养的畜禽提供适当的繁殖条件和生存、生长环境。

③从事畜禽养殖，不得有下列行为：

- 违反法律、行政法规的规定和国家技术规范的强制性要求使用饲料、饲料添加剂、兽药。
- 使用未经高温处理的餐馆、食堂的泔水饲喂家畜。
- 在垃圾场或者使用垃圾场中的物质饲养畜禽。
- 法律、行政法规和国务院畜牧兽医行政主管部门规定的危害人和畜禽健康的其他行为。

④依照《中华人民共和国动物防疫法》的规定,做好畜禽疫病的防治工作。

⑤畜禽养殖者在应当加施标识的畜禽的指定部位加施标识。畜禽标识不得重复使用。

⑥保证畜禽粪便、废水及其他固体废弃物综合利用或者无害化处理设施的正常运转,保证污染物达标排放,防止污染环境。因违法排放造成环境污染危害的,应当排除危害,并依法赔偿损失。

三、畜禽标志和养殖档案管理

为规范畜牧业生产经营行为,加强畜禽标识和养殖档案管理。通过建立养殖档案管理,建立和完善动物标识,落实畜禽产品质量责任追究制度,是保障畜禽产品质量以及疫病可追溯体系的基本手段。

建立畜禽及畜禽产品可追溯制度,有效防控重大动物疫病,保障畜禽及畜禽产品质量安全,2006 年 6 月 26 日农业部颁布 67 号令《畜禽标识和养殖档案管理办法》,自 2006 年 7 月 1 日起施行。

农业农村部负责全国畜禽标志和养殖档案的监督管理工作。县级以上地方人民政府畜牧兽医行政主管部门负责本行政区域内畜禽标识和养殖档案的监督管理工作。

(一)畜禽标志的概念

畜禽标志是指经农业农村部批准使用的耳标、电子标签、脚环以及其他承载畜禽信息的标识物。任何单位和个人不得销售、收购、运输、屠宰应当加施标识而没有标志的畜禽。农业农村部和省级人民政府畜牧兽医行政主管部门分别建立国家畜禽标志信息中央数据库和省级畜禽标识信息数据库,实现畜禽及畜禽产品的可追溯性。

(二)畜禽标志的管理

畜禽标志制度应当坚持统一规划、分类指导、分步实施、稳步推进的原则。畜禽标志实行一畜一标,编码具有唯一性。

畜禽标志编码由畜禽种类代码、县级行政区域代码、标志顺序号共 15 位数字及专用条码组成。猪、牛、羊的畜禽种类代码分别为 1、2、3。

畜禽标志由省级动物疫病预防控制机构统一采购,逐级供应。畜禽养殖者向当地县级动物疫病预防控制机构申领畜禽标志,并按照下列规定对畜禽加施畜禽标志:

①新出生畜禽,在出生后 30 d 内加施畜禽标志;30 d 内离开饲养地的,在离开饲养地前加施畜禽标志;从国外引进畜禽,在畜禽到达目的地 10 d 内加施畜禽标志。

②猪、牛、羊在左耳中部加施畜禽标志,需要再次加施畜禽标识的,在右耳中部加施。

③畜禽标识严重磨损、破损、脱落后,应当及时加施新的标志,并在养殖档案中记录新标识编码。

④动物卫生监督机构实施产地检疫时,应当查验畜禽标志。没有加施畜禽标志的,不得出具检疫合格证明。

⑤动物卫生监督机构应当在畜禽屠宰前,查验、登记畜禽标志。畜禽屠宰经营者应当在畜禽屠宰时回收畜禽标志,由动物卫生监督机构保存、销毁。畜禽经屠宰检疫合格后,动物卫生监督机构应当在畜禽产品检疫标志中注明畜禽标识编码。畜禽标志不得重复使用。

(三)畜禽养殖档案管理

畜禽养殖档案包括以下内容：

①畜禽的品种、数量、繁殖记录、标识情况、来源和进出场日期。

②饲料、饲料添加剂等投入品和兽药的来源、名称、使用对象、时间和用量等有关情况。

③检疫、免疫、监测、消毒情况。

④畜禽发病、诊疗、死亡和无害化处理情况。

⑤畜禽养殖代码及农业部规定的其他内容。

饲养种畜应当建立个体养殖档案，注明标识编码、性别、出生日期、父系和母系品种类型、母本的标识编码等信息。

种畜调运时应当在个体养殖档案上注明调出和调入地，个体养殖档案应当随同调运。

(四)畜禽防疫档案管理

县级动物疫病预防控制机构应当建立畜禽防疫档案，载明以下内容：

①畜禽养殖场名称、地址、畜禽种类、数量、免疫日期、疫苗名称、畜禽养殖代码、畜禽标识顺序号、免疫人员及用药记录等。

②畜禽散养户户主姓名、地址、畜禽种类、数量、免疫日期、疫苗名称、畜禽标识顺序号、免疫人员及用药记录等。

养殖档案和防疫档案保存时间：商品猪、禽为 2 年，牛为 20 年，羊为 10 年，种畜禽长期保存。

(五)养殖代码管理

畜禽养殖场、养殖小区应当依法向所在地县级人民政府畜牧兽医行政主管部门备案，取得畜禽养殖代码。畜禽养殖代码由县级人民政府畜牧兽医行政主管部门按照备案顺序统一编号，每个畜禽养殖场、养殖小区只有一个畜禽养殖代码。畜禽养殖代码由 6 位县级行政区域代码和 4 位顺序号组成。

(六)畜禽标识和养殖档案的监督管理

有下列情形之一的，应当对畜禽、畜禽产品实施追溯：

①标识与畜禽、畜禽产品不符的。

②畜禽、畜禽产品染疫的。

③畜禽、畜禽产品没有检疫证明的。

④违规使用兽药及其他有毒、有害物质的。

⑤发生重大动物卫生安全事件。

⑥其他应当实施追溯的情形。

县级以上人民政府畜牧兽医行政主管部门应当根据畜禽标志、养殖档案等信息对畜禽及畜禽产品实施追溯和处理。由国外引进的畜禽在国内发生重大动物疫情，由农业农村部会同有关部门进行追溯。

四、奶牛场管理

国家标准《奶牛场卫生及检疫规范》规定了奶牛场的环境设计与设施、饲草料及饮水、饲养管理、挤乳人员、生产工艺、鲜乳贮藏及运输的卫生和防疫、检疫的要求。该标准适用于国有、集体和中外合资、中外合作经营、外商独资奶牛场。个体户也应参照执行。

(一)奶牛场的环境设计与设施的卫生

1.场址要求

奶牛场应建立在交通方便,水质良好,地势高燥,环境幽静,无有害气体、烟雾、有毒及其他污染的地区,并且远离学校、公共场所、居民住宅区。

2.场区的布局与设施要求

场内的饲养区、生活区布置在场区的上风、干燥处,兽医室、产房、隔离病房、贮粪场和污水处理池应布置在场区的下风、较低处。道路硬化、平坦、无积水。牛舍、运动场、道路以外地带应绿化。牛舍应坐北朝南,坚固耐用,宽敞明亮,排水通畅,通风良好,能有效地排出潮湿和污浊的空气,夏季应增设电风扇通风降温。饲养区门口通道地面设 3.8 m×3 m×0.1 m 的消毒池,人行通道除设地面消毒池外,增设紫外线消毒灯。

场区内应设有牛粪尿处理设施,还必须设有更衣室、厕所、淋浴室、休息室。更衣室内应按人数配备衣柜,厕所内应有冲水装置、非手动开关的洗手设施和洗手用的清洗剂。

场内必须设有与生产能力相适应的微生物和产品质量检验室,并配备工作所需的仪器设备和经专业培训、考核合格的检验人员。

场内设置专用危险品库房、橱柜,存放有毒有害物品,并贴有醒目的“有害”标记。在使用危险品时需经专门管理部门核准并在指定人员的严格监督下使用。

3.场区的供、排水系统

场区内应有足够的生产用水,水压和水温均应满足生产需要,水质应符合《生活饮用水卫生标准》(GB 5749—2006)的规定。如需配备贮水设施,应有防污染措施,并定期清洗、消毒。应具有能承受足够大负荷的排水系统,并不得污染供水系统。

(二)饲草及饲养管理

各种饲草应干净、无杂质、无霉烂变质。各种饲料收购和贮藏应符合《饲料卫生标准》(GB 13078—2017)的规定。饮水卫生应符合《生活饮用水卫生标准》(GB 5749—2006)的规定。饮水池应定期清洗、换水。

饲喂前饲草应铡短,扬弃泥土,清除异物,防止污染;块根、块茎类饲料需清洗、切碎,冬季防冷冻。每天应清洗牛舍槽道、地面、墙壁,除去褥草、污物、粪便。清洗工作结束后应及时将粪便及污物运送到贮粪场。运动场牛粪派专人每天清扫,集中到贮粪场。

场区内应定期或在必要时进行除虫灭害,清除杂草,防止害虫滋生,但药液不得直接触及牛体和盛乳用具。

场区内不得饲养其他畜禽,并防止其进入场区。

(三)工作人员的健康与卫生要求

饲养、挤乳人员每年进行健康检查,在取得健康合格证后方可上岗工作。有关部门应建立职工健康档案。患有痢疾、伤寒、弯杆菌病、病毒性肝炎等消化道传染病(包括病原携带者)、活动性肺结核、布鲁氏菌病、化脓性或渗出性皮肤病及其他有碍食品卫生、人兽共患的疾病者不得从事饲草、饲料收购、加工、饲养和挤乳工作;挤乳员手部受刀伤和其他开放性外伤,未愈前不能挤乳。

饲养员和挤乳员工作时必须穿戴工作服、工作帽和工作鞋(靴)。工作帽、工作服、工作鞋(靴)应经常清洗、消毒;挤乳员工作时不得佩戴饰物和涂抹化妆品,并经常修剪指甲。对更衣室、淋浴室、休息室、厕所等公共场所要经常清扫、清洗和消毒。

(四)生产工艺

1. 手工挤乳

奶牛进牛舍后必须先冲洗、刨刷牛体,然后再饲喂挤乳。应先挤健康牛、再挤病牛。病牛的乳,尤其是患乳腺炎病牛的乳应单独存放,另行处理。挤乳前应先清除牛床上粪便,固定牛尾,使用 40～45 ℃温水清洗、按摩、擦干乳房。一牛一条毛巾,一牛一桶水,乳头严禁涂布润滑油脂。挤乳开始第一、二把乳应弃去。挤乳时,若遇牛排尿或排粪应及时避让。挤乳后应对奶牛乳头逐个进行药浴消毒。盛乳用具使用前、后必须彻底清洗消毒。

2. 机器挤乳

机器挤乳机在使用时应保持性能良好,送乳管和贮乳缸使用后应及时清洗、消毒。挤乳开始前逐一对每头牛每个乳区做乳腺炎的检查,阳性牛改为手工挤乳。挤乳前用温水清洗乳房和乳头,并用一次性纸巾擦干。挤乳后用消毒液喷淋乳头消毒。

(五)鲜乳盛装、贮藏与运输卫生

鲜乳必须由过滤器或多层纱布进行过滤才能装入容器贮藏,2 h 内应冷却到 4 ℃以下。必须使用密闭的、清洁的、经消毒的乳槽车或桶装运。设单间存放,与牛舍隔离,并且有防尘、防蝇、防鼠的设施。鲜乳从挤出至加工前应防止污染,质量应符合国标相关规定。

(六)防疫

进出车辆与人员要严格消毒。场内应建立必要的消毒制度。牛槽每周消毒一次,牛舍每月消毒一次,每季度全场消毒一次。初生牛犊 7 d 内,每天应饮足母牛的初乳,第一次饮乳时间应在出生后 1 h 之内。每年 3、4 月间,全群进行无毒炭疽芽孢苗的防疫注射,密度不得低于 95%。

(七)检疫

每年春季或秋季对全群进行布鲁氏菌病和结核病的实验室检验,密度不得低于 90%。在健康牛群中检出的阳性牛应将其扑杀、深埋或火化;非健康牛群的阳性牛、可疑阴性牛可隔离分群饲养,逐步淘汰净化。

对口蹄疫、蓝舌病、牛白血病、副结核病、牛肺疫、传染性鼻气管炎和黏膜病等进行临床检查,必要时作实验室检验。多雨年份的秋季应做肝片吸虫的检验。

五、养猪场管理

为了预防、控制或消灭猪疫病,以保护猪生产和人民身体健康,根据《动物防疫法》的有关规定,我国颁布了国家标准《中、小型集约化养猪场兽医防疫工作规程》。该标准规定了中、小型集约化养猪场的建筑规模和对建筑设施的技术要求,确定了猪场建设的基本原则,适用于新建、改(扩)建的中、小型集约化自繁自养的综合性商品肉猪生产场。其他种类的养猪场建设可参照该标准。

(一)猪场建设的防疫要求

猪场场址应选择地势高、干燥、背风向阳、水源充足、水质良好、排水方便、无污染、排废方便、供电和交通方便的地方。离铁路、公路、城镇、居民区和公共场所 500 m 以上,离屠宰场、畜产品加工厂、垃圾及泔水处理场所、风景旅游区 2 000 m 以上。周围筑有围墙或防疫沟、并建立绿化带。

猪场要做到生产区与生活区、行政区严格分开,并保持一定的距离。

猪场大门入口处要设置宽同大门相同、长等于进场大型机动车车轮一周半长的水泥结构的消毒池。生产区门口设有更衣室、消毒室或淋浴室。猪场入口处要设置长 1 m 的消毒池或设置消毒盆以供进入人员消毒。外来车辆不得进入猪场。

根据防疫要求,在猪场的下风向 50 m 处设消毒室、兽医室、隔离舍、病死猪无害化处理间等。场内道路布局合理,进料和出粪严格分开,防止交叉污染。

猪场要有专门的堆粪场,粪尿及污水处理设施要符合环境保护要求,防止污染环境。

(二)管理要求和卫生制度

1. 场长的职责

①制订兽医防疫卫生计划、规划和各部门的防疫卫生岗位责任制。

②淘汰病猪、疑似传染性病猪、隐性感染猪及无经济价值的猪。

2. 兽医技术人员的职责

①制订防疫、消毒、检疫、驱虫工作计划;配合畜牧技术人员加强猪群的饲养管理、生产性能及生理健康监测。

②有条件的猪场应开展主要传染病的免疫监测工作。

③定期检查饮水卫生及饲料的加工、贮运是否符合卫生要求。定期检查猪舍、用具、隔离舍、粪尿处理、猪场环境卫生和消毒情况。

④负责防疫、病猪诊治、淘汰、死猪剖检及其无害化处理。

⑤建立疫苗领用、保管、免疫注射、消毒、检疫、抗体监测、疾病治疗、淘汰、剖检等业务档案。

3. 具体要求

要坚持自繁自养的原则。必须引进种猪时,在引进前,必须调查产地是否为非疫区,并有产地检疫证明。引入后，隔离饲养至少30 d，在此期间进行观察、检疫、确认为健康方可并群饲养。及时注射猪瘟疫苗。

猪场要建立有一定诊断和治疗条件的兽医室，建立健全免疫接种、诊断和病理剖检记录。

猪场严禁饲养禽、犬、猫及其他动物。猪场食堂不得外购猪肉。外来参观者洗澡后，更换场区工作服和工作鞋，并遵守场内一切防疫制度。场内不准带入可能染疫的畜产品或其他物品。

场内兽医人员不准对外诊疗猪及其他动物的疾病。猪场配种员不准对外开展猪的配种工作。

生产人员进入生产区时，应洗手，穿工作服和胶靴，戴工作帽，或沐浴后更换衣鞋。工作服应保持清洁，定期消毒。饲养员严禁相互串栋。饲养员应认真执行饲养管理制度，细致观察饲料有无变质。注意观察猪采食和健康状态，排粪有无异常等，发现不正常现象，及时向兽医报告。每个消毒池要经常更换消毒液，并保持其有效浓度。猪场内的道路和环境要保持清洁卫生，因地制宜地选用高效低毒、广谱的消毒药品，定期进行消毒。

禁止饲喂不清洁、发霉或变质的饲料。不得使用未经无害化处理的泔水以及其他畜禽副产品。每天坚持打扫猪舍卫生，保持料槽、水槽、用具干净，地面清洁，舍内要定期进行消毒，每月1～2次。猪舍转群时要进行消毒。

每批猪调出后，猪舍要进行清扫、冲洗和严格消毒，并空圈5～7 d。猪群周转执行“全进全出”制。猪及其产品出场，应由猪场提供疫情监测和免疫证明。

产房要严格消毒，有条件的可进行消毒效果检测，母猪进入产房前进行体表清洗和消毒，母猪用0.1%高锰酸钾溶液对外阴和乳房清洗消毒。仔猪断脐带要严格消毒。

定期驱除猪的体内、外寄生虫。搞好灭鼠、灭蝇和消灭吸血昆虫等工作。

根据本地区疫病发生的种类，确定免疫接种的内容、方法和适宜的免疫程序。

制订常见蠕虫和外寄生虫控制程序和综合防治方案。一般常用药物为阿维菌素、伊维菌素和道拉菌素。首次执行寄生虫控制程序的猪场应对全场进行彻底驱虫。怀孕母猪于产前1～4周内用药1次；公猪每年至少用药2次，对外寄生虫感染严重的猪场每年用药4～6次；仔猪在转群时用药1次；后备母猪于配种前用药1次；新进猪驱虫2次（每次间隔10～14 d），隔离饲养30 d后并群。猪场发生传染病或疑似传染病时，兽医应及时进行诊断，调查疫源，并向当地防疫机构报告疫情，根据疫病种类做好封锁、隔离、消毒、紧急防疫、治疗和淘汰等工作，做到早发现、早确诊、早处理，把疫情控制在最小范围内。发生人畜共患病时，须同时报告卫生部门，共同采取扑灭措施；在最后1头病猪死亡或痊愈后，须经该传染病最长潜伏期的观察，不再出现新病例，并经严格消毒后，方可撤销或申请解除封锁。封锁期间严禁出售、加工染疫病死和检疫不合格的猪及产品，染疫病死的猪按国家有关规定处理。

【知识拓展】

一、食品动物及产品生产质量安全管理

食品动物及产品质量安全管理是指国家有关行政管理部门对食品动物及产品的生产经营单位和个人遵守有关法规的行为所进行的监督管理。它主要包括食品动物及产品的认证管理和标志管理两个方面。

(一)产品认证管理和标志管理

产品认证是指依据产品标准和相应技术要求,经认证机构确认并通过颁发认证证书和认证标志来证明某一产品符合相应标准和相应技术要求的活动。

认证标志是指证明产品、服务、管理体系通过认证的专有符号、图案或者符号、图案及文字的组合。认证标志包括产品认证标志、服务认证标志和管理体系认证标志。

1.无公害畜禽产品认证和标志管理

无公害农(畜禽)产品是指产地环境、生产过程和产品质量符合国家有关标准和规范的要求,经认证合格获得认证证书并允许使用无公害农(畜禽)产品标志的未经加工或者初加工的食用农畜(禽)产品。我们的食品均应符合这种食品的要求,所以无公害食品是指无污染、无毒害、安全的食品。

无公害畜禽产品认证是由认证机构依据严格的规则和程序,按照无公害农产品的质量安全标准,对未经加工或初加工的畜禽产品的产地环境、生产过程和产品质量等环节进行审查验证。经审查合格的畜禽产品,颁发"无公害农产品认证证书",并允许使用全国统一的无公害农产品标志(图 5-1)。无公害畜禽产品认证分为产地认定和产品认证,产地认定工作由省级农业行政主管部门根据《无公害农产品管理办法》的规定组织实施。产品认证由农业农村部农产品质量安全中心具体负责组织实施。无公害畜禽产品产地认定证书和产品认证证书有效期为 3 年。

获得无公害畜禽产品认证的单位和个人,应当主动申请使用无公害农产品认证标志。无公害农产品标志是加施于获得无公害农产品认证的产品或者其包装上的证明性标记,仅限获得无公害农产品认证证书的单位和个人使用。无公害农产品标志应当在认证的品种、数量等范围内使用。使用无公害农产品标志应当指定专人保管,建立出入库登记制度、出入库时登记台账,存档保存 5 年。任何单位和个人不得将无公害农产品标志使用权转让给其他单位和个人,也不得用于未经批准的其他产品。

2.绿色畜禽产品认证和标志管理

绿色食品是指遵循可持续发展原则,按照特定生产方式生产,经专门机构认定,许可使用绿色食品标志,无污染的安全、优质、营养类食品。绿色畜禽产品认证分为产地认定和产品认证,是获得绿色食品标志的重要步骤之一。《绿色食品标志管理办法》规定产品或产品原料的产地必须符合绿色食品的生态环境标准,畜禽饲养必须符合绿色食品的生产操作规程,产品必须符合绿色食品的质量与卫生标准。目前,绿色食品标准分为两个技术等级,即 AA 级绿色食品标准和 A 级绿色食品标准。AA 级是指在生态环境质量符合规定标准的产地,生产过程中不使用任何有害化学合成物质,按特定的生产操作规程生产、加工,产品质量及包装经检测、检查符合特定标准,并经专门机构认定,许可使用 AA 级绿色食品标志(图 5-2)的产品。A 级是指在生态环境质量符合规定标准的产地,生产过程中允许限量使用限定的化学合成物质,按特定的生产操作规程生产、加工,产品质量及包装经检测、检查符合特定标准,并经专门机构认定,许可使用 A 级绿色食品标志的产品。绿色畜禽产品认证是获得绿色食品标志使用权的重要条件。

图 5-1 无公害农产品标志

图 5-2 AA 级绿色食品标志

标志管理。使用绿色食品标志的单位和个人须严格履行“绿色食品标志使用协议”。制作绿色食品标志的企业，改变其生产条件、工艺、产品标准及注册商标前，须报经中国绿色食品发展中心批准；由于不可抗拒的因素暂时丧失绿色食品生产条件的，生产者应在 1 个月内报告省、部两级绿色食品管理机构，暂时中止使用绿色食品标志，待条件恢复后，经中国绿色食品发展中心审核批准，方可恢复使用；绿色食品标志编号的使用权，以核准使用产品为限；未经中国绿色食品发展中心批准，不得将绿色食品标志及其编号转让给其他单位或个人；绿色食品标志使用权自批准之日起 3 年有效。

3. 有机畜禽产品认证和标志管理

有机食品是指来自有机生产体系，根据有机认证标准生产、加工，并经具有资质的独立的认证机构认证的一切农副产品；有机畜禽产品包括未加工的畜禽以及未加工的畜禽产品、用于人类消费的畜禽的加工产品、水产养殖及其产品、蜜蜂和蜂产品等。有机产品认证是指由经过授权的认证机构依据其相关的法规或条例，以有机产品认证证书的文件形式予以确认的某一明确定义的生产或加工体系。申请有机认证的产品必须接受认证机构对其整个生产过程的有机认证检查，认证过程持续到其产品完成最终包装或标志。认证以规范化的检查为基础，包括实地检查、质量保证体系的审核和终产品的检测。中国有机产品认证标志标有中文“中国有机产品”字样和相应英文（ORGANIC）（图 5-3）。在有机产品转换期内生产的产品或者以转换期内生产的产品为原料的加工产品，应当使用中国有机转换产品认证标志。该标志标有中文“中国有机转换产品”字样和相应英文（CONVERSION TO ORGANIC）（图 5-4）。

图 5-3 中国有机产品认证标志

图 5-4 中国有机转换产品认证标志

标志管理。建立标志使用和管理制度，对标志的使用情况如实记录存档；保证使用标志的产品符合认证要求；只在证书所限定的产品上加贴标志；在广告、产品介绍等宣传材料中正确使用认证标志，不得利用认证标志误导、欺诈消费者。

(二)食品生产许可制度

《食品生产许可管理办法》规定，设立食品生产企业，应当在工商部门预先核准名称后，依照食品安全法律法规和本办法有关要求取得食品生产许可。自2003年起，我国开始实行食品质量安全市场准入制度，因其申请流程与ISO等认证体系类似，被简称为QS认证(QS是质量安全 quality safety 的英文缩写)。

1.食品质量安全市场准入制度的主要内容

(1)对食品生产企业实施生产许可证制度　对于具备基本生产条件、能够保证食品质量安全的企业，发放食品生产许可证，准予生产获证范围内的产品，未取得食品生产许可证的企业不得从事食品生产加工。

(2)对企业生产的食品实施强制检验制度　未经检验或经检验不合格的食品不准出厂销售。对于不具备自检条件的生产企业强令实行委托检验。

(3)对实施食品生产许可制度的产品实行市场准入标志制度　对检验合格的食品要加印(贴)市场准入标志——QS标志(图5-5)，没有加贴QS标志的食品不准进入市场销售。

图5-5　食品质量安全市场准入标志

2.认证程序

(1)申请阶段　从事食品生产加工的企业(含个体经营者)，应按规定程序获取生产许可证。新建和新转产的食品企业，应当及时向质量技监部门申请食品生产许可证。省级、市(地)级质量技监部门在接到企业申请材料后，在15个工作日内组成审查组，完成对申请书和资料等文件的审查。企业材料符合要求后，发给《食品生产许可证受理通知书》。企业申报材料不符合要求的，企业自接到质量技监部门的通知起，在20个工作日内补正，逾期未补正的，视为撤回申请。

(2)审查阶段　书面材料合格后，企业要按照食品生产许可证审查规则，在40个工作日内接受审查组对企业必备条件和出厂检验能力的现场审查。现场审查合格的企业，由审查组现场抽封样品。

审查组或申请取证企业应当在10个工作日内(有特殊规定的除外)，将样品送达指定的检验机构进行检验。

经必备条件审查和发证检验合格而符合发证条件的，地方质量技监部门在10个工作日内对审查报告进行审核，确认无误后，将统一汇总材料在规定时间内报送国家质量监督检验检疫总局(以下简称国家质检总局)。

省级质量技监部门在送出汇总材料后，保证国家质检总局在10个工作日内能够收到该材料。

国家质检总局收到省级质量技监部门上报的符合发证条件的企业材料，在10个工作日内审核批准。

(3)发证阶段　经国家质检总局审核批准后，省级质量技监部门在15个工作日内，向符合发证条件的生产企业发放食品生产许可证及其副本。

食品生产许可证的有效期为3年。在食品生产许可证有效期满前6个月内，企业应向原受理食品生产许可证申请的质量技术监督部门提出换证申请。质量技术监督部门应当按规定程序进行审查换证。

国家对食品生产许可证实行年审制度。食品生产加工企业在食品原材料、生产工艺、生产设备等生产条件发生重大变化、开发生产新种类食品的、变更名称的，应当在变化发生后的3个月内，向原受理食品生产许可证申请的质量技术监督部门提出食品生产许可证变更申请。

二、草原管理

(一)草原管理概述

1985年6月18日，第六届全国人民代表大会常务委员会第十一次会议通过了《中华人民共和国草原法》，并于2002年12月28日、2013年6月29日、2021年4月29日进行了三次修订。2006年1月12日农业部颁布《草种管理办法》，并于2013年12月31日、2014年4月25日进行了修订。这两部法律、法规的颁布和实施，对进一步健全和完善草原保护、建设和合理利用，充分调动牧民保护和合理利用草原的积极性，改善草原生态环境，维护生物多样性，实现草原的永续利用和畜牧业的可持续发展，起到了重要的推动作用。

1. 草原的概念

草原是指天然草原和人工草地。

天然草原是指一种土地类型，它是草本和木本饲用植物与其所着生的土地构成的具有多种功能的自然综合体。包括草地、草山和草坡。人工草地是指选择适宜的草种，通过人工措施而建植或改良的草地。包括改良草地和退耕还草，不包括城镇草地。

2. 草原监督管理

国务院草原行政主管部门主管全国草原监督管理工作，县级以上人民政府草原行政主管部门主管本行政区域内草原监督管理工作，乡(镇)人民政府应加强对本行政区域内草原保护、建设和利用情况的监督检查，根据需要可以设专职或者兼职人员负责具体监督检查工作。

3. 草原权属

草原属国家所有，由法律规定属集体所有的除外。国家所有的草原，由国务院代表国家行使所有权。任何单位或者个人不得侵占、买卖或者以其他形式非法转让。

①国有草原，可以依法确定给全民所有制单位、集体经济组织等使用。使用的单位，应当履行保护、建设和合理利用草原的义务。

②依法确定给全民所有制单位、集体经济组织等使用的国有草原，由县级以上人民政府登记，核发使用权证，确认草原使用权。未确定使用权的国家所有草原，由县级以上人民政府登记造册，并负责保护管理。集体所有的草原，由县级人民政府登记，核发所有权证，确认草原所有权。依法改变草原权属的，应当办理草原权属变更登记手续。

③依法登记的草原所有权和使用权受法律保护，任何单位或者个人不得侵犯。

④集体所有的草原或者依法确定给集体经济组织使用的国家所有的草原，可以由本集体经济组织内的家庭或者联户承包经营。

在草原承包经营期内，不得对承包经营者使用的草原进行调整；个别确需适当调整的，必须经本集体经济组织成员的村（牧）民会议 2/3 以上成员或者 2/3 以上村（牧）民代表的同意，并报乡（镇）人民政府和县级人民政府草原行政主管部门批准。

集体所有的草原或者依法确定给集体经济组织使用的国家所有的草原由本集体经济组织以外的单位或者个人承包经营的，必须经本集体经济组织成员的村（牧）民会议 2/3 以上成员或者 2/3 以上村（牧）民代表的同意，并报乡（镇）人民政府批准。

⑤承包经营草原，发包方和承包方应当签订书面合同。草原承包合同的内容应当包括双方的权利和义务，承包草原四至界限、面积和等级，承包期和起止日期，承包草原用途和违约责任等。承包期届满，原承包经营者在同等条件下享有优先承包权。

承包经营草原的单位和个人，应当履行保护、建设和按照承包合同约定的用途合理利用草原的义务。

⑥草原承包经营权受法律保护，可以按照自愿、有偿的原则依法转让。

草原承包经营权转让的受让方必须具有从事畜牧业生产的能力，并应当履行保护、建设和按照承包合同约定的用途合理利用草原的义务。草原承包经营权转让应当经发包方同意。承包方与受让方在转让合同中约定的转让期限，不得超过原承包合同剩余的期限。

（二）草原规划与建设

1.草原规划管理

（1）草原规划　我国对草原保护、建设、利用实行统一规划制度。国务院草原行政主管部门会同国务院有关部门编制全国草原保护、建设、利用规划，报国务院批准后实施。县级以上地方人民政府草原行政主管部门会同同级有关部门编制本行政区域的草原保护、建设、利用规划，报本级人民政府批准后实施。

草原保护、建设、利用规划包括草原保护、建设、利用的目标和措施，草原功能分区和各项建设的总体部署、各项专业规划等。草原保护、建设、利用规划应当与土地利用总体规划相衔接，与环境保护规划、水土保持规划、防沙治沙规划、水资源规划、林业长远规划、城市总体规划、村庄和集镇规划以及其他有关规划相协调。

（2）国家建立草原调查制度　县级以上人民政府草原行政主管部门和同级有关部门定期进行草原调查；草原所有者或者使用者应当支持、配合调查，并提供有关资料。国务院草原行政主管部门会同国务院有关部门制定全国草原等级评定标准。县级人民政府草原行政主管部门根据草原调查结果、草原的质量，依据草原等级评定标准，对草原进行评等定级。

（3）国家建立草原统计制度　县级以上人民政府草原行政主管部门和同级统计部门共同制订草原统计调查办法，对草原的面积、等级、产草量、载畜量等进行统计，定期发布草原统计资料。草原统计资料是各级人民政府编制草原保护、建设、利用规划的依据。

（4）草原生产、生态监测预警系统　县级以上人民政府草原行政主管部门对草原的面积、等级、植被构成、生产能力、自然灾害、生物灾害等草原基本状况实行动态监测，为本级政府和有关部门提供动态监测和预警信息服务。

2.草原建设管理

（1）增加草原建设投入　县级以上人民政府应当增加草原建设的投入，支持草原建设。县级以上人民政府应当根据草原保护、建设、利用规划，在本级国民经济和社会发展计划中安排资金用于草原改良、人工种草和草种生产，任何单位或者个人不得截留、挪用；县级以上人民政府财政部门和审计部门应当加强监督管理。国家鼓励单位和个人投资建设草原，按照谁投资、谁受益的原则保护草原投资建设者的合法权益。

（2）鼓励和支持草原配套基础设施建设　国家鼓励与支持人工草地建设、天然草原改良和饲草饲料基地建设，稳定和提高草原生产能力。

县级以上人民政府应当支持、鼓励和引导农牧民开展草原围栏、饲草饲料储备，牲畜圈舍、牧民定居点等生产生活设施的建设。

县级以上地方人民政府应当支持草原水利设施建设，发展草原节水灌溉，改善人畜饮水条件。

县级以上人民政府应当有计划地进行火情监测、防火物资储备、防火隔离带等草原设施的建设，确保防火需要。

（3）加强优良草品种的选育、引进与推广　县级以上人民政府应当按照草原保护、建设、利用规划加强草种基地建设，鼓励选育、引进、推广优良草品种。

新草品种必须经全国草品种审定委员会审定，由国务院草原行政主管部门公告后方可推广。从境外引进草种必须依法进行审批。

县级以上人民政府草原行政主管部门应当依法加强对草种生产、加工、检疫、检验的监督管理，保证草种质量。

（4）推进草原综合治理建设　对退化、沙化、盐碱化、石漠化和水土流失的草原，地方各级人民政府应当按照草原保护、建设、利用规划，划定治理区，组织专项治理。大规模的草原综合治理，列入国家国土整治计划。

（三）草原的利用和保护

1. 草原的利用

（1）保持草畜平衡　草原承包经营者应当合理利用草原，不得超过草原行政主管部门核定的载畜量；采取种植和储备饲草饲料、增加饲草饲料供应量、调剂牲畜量、优化畜群结构、提高出栏率等措施，保持草畜平衡。

（2）划区轮牧　牧区的草原承包经营者应当实行划区轮牧，合理配置畜群，均衡利用草原。

（3）鼓励圈养　国家提倡在农区、半农半牧区和有条件的牧区实行牲畜圈养。草原承包经营者应当按照饲养牲畜的种类和数量，调剂、储备饲草饲料，采用青贮和饲草饲料加工等。利用新技术，逐步改变依赖天然草地放牧的生产方式。在草原禁牧、休牧、轮牧区，国家对实行舍饲圈养的给予粮食和资金补助。

（4）轮割轮采　县级以上地方人民政府草原行政主管部门对割草场和野生草种基地规定合理的割草期、采种期以及留茬高度和采割强度，实行轮割轮采。

（5）禁止非法征用和占用草原

①进行矿藏开采和工程建设，应当不占或者少占草原；确需征用或者使用草原的，必须经省级以上人民政府草原行政主管部门审核同意后，依照有关土地管理的法律、行政法规办理建设用地审批手续。

②因建设征用集体所有的草原的，应当给予补偿；因建设使用国家所有的草原的，应当对草原承包经营者给予补偿。因建设征用或者使用草原的，应当交纳草原植被恢复费。草原植被恢复费专款专用，由草原行政主管部门按照规定用于恢复草原植被。

③需要临时占用草原的，应当经县级以上地方人民政府草原行政主管部门审核同意。临时占用草原的期限不得超过 2 年，不得在临时占用的草原上修建永久性建筑物。占用期满，用

地单位必须恢复草原植被并及时退还。

④在草原上修建生产、贮存草种和饲草饲料的设施、牲畜圈舍、配种点、剪毛点、药池、人畜饮水设施、科研、试验、示范基地、草原防火和灌溉设施等直接为草原保护和畜牧生产服务的工程设施,需要使用草原的,由县级以上人民政府草原行政主管部门批准;修建其他工程,需要将草原转为非畜牧业生产用地的,必须依法办理建设用地审批手续。

2.草原的保护

(1)基本草原保护制度　国家实行基本草原保护制度,实施严格管理。任何单位和个人不得擅自征用、占用基本草地或改变其用途。

基本草原包括:重要放牧场,割草地,用于畜牧业生产的人工草地,退耕还草地以及改良草地,草种基地,对调节气候、涵养水源、保持水土、防风固沙具有特殊作用的草原,作为国家重点保护野生动植物生存环境的草原,草原科研、教学试验基地和国务院规定应当划为基本草原的其他草原。

(2)建立草原自然保护区　国务院草原行政主管部门或省级人民政府可以按照自然保护区管理的有关规定,在具有代表性的草原、珍稀濒危野生动植物分布区和具有重要生态功能和经济科研价值的草原建立草原自然保护区。

(3)以草定畜、草畜平衡　国务院草原行政主管部门制定草原载畜量标准,县级以上地方人民政府草原行政主管部门定期核定草原载畜量。采取有效措施防止超载过牧。

(4)退耕还草　禁止开垦草原。对水土流失严重、有沙化趋势、需要改善生态环境的已垦草原,应当有计划、有步骤地退耕还草;已造成沙化、盐碱化、石漠化的,应当限期治理。

对在国务院批准规划范围内实施退耕还草的农牧民,按照国家规定给予粮食、现金、草种费补助。退耕还草完成后,由县级以上人民政府草原行政主管部门核实登记,依法履行土地用途变更手续,发放草原权属证书。

(5)休牧和禁牧　国家支持依法实行禁牧、休牧。对严重退化、沙化、盐碱化、石漠化的草原和生态脆弱区的草原,实行禁牧、休牧制度。

(6)其他保护措施

①县级以上人民政府应当依法加强对草原珍稀濒危野生植物和种质资源的保护、管理。

②禁止在荒漠、半荒漠和严重退化、沙化、盐碱化、石漠化、水土流失的草原以及生态脆弱的草原上采挖植物和从事破坏草原植被等活动。

在草原上从事采土、采砂、采石等作业活动,应当报县级人民政府草原行政主管部门批准;开采矿产资源的,应当依法办理有关手续。

经批准在草原上从事本条上述活动的,应当在规定的时间、区域内,按照准许的采挖方式作业,并采取保护草原植被的措施。在他人使用的草原上从事上述活动的,还应事先征得草原使用者的同意。

③在草原上种植牧草或者饲料作物,应当符合草原保护、建设、利用规划;县级以上人民政府草原行政主管部门应当加强监督管理,防止草原沙化和水土流失。

④在草原上开展经营性旅游活动,应当符合有关草原保护、建设、利用规划,并事先征得县级以上地方人民政府草原行政主管部门的同意,方可办理有关手续。在草原上开展经营性旅游活动,不得侵犯草原所有者、使用者和承包经营者的合法权益,不得破坏草原植被。

⑤草原防火工作以预防为主、防消结合的方针。各级人民政府应当建立草原防火责任制,规定草原防火期,制订草原防火扑火预案,切实做好草原火灾的预防和扑救工作。

⑥县级以上地方人民政府应当做好草原鼠害、病虫害和毒害草防治的组织管理工作。县级以上地方人民政府草原行政主管部门应当采取措施，加强草原鼠害、病虫害和毒害草监测预警、调查以及防治工作，组织研究和推广综合防治的办法。

禁止在草原上使用剧毒、高残留以及可能导致二次中毒的农药。

⑦除抢险救灾和牧民搬迁的机动车辆外，禁止机动车辆离开道路在草原上行驶，破坏草原植被；因从事地质勘探、科学考察等活动确需离开道路在草原上行驶的，应当向县级人民政府草原行政主管部门提交行驶区域和行驶路线方案，经确认后执行。

3.草种管理

为了规范和加强草种管理，提高草种质量，维护草品种选育者和草种生产者、经营者、使用者的合法权益，促进草业健康发展，农业部于 2006 年 1 月 12 日农业部令第 56 号公布，2013 年 12 月 31 日农业部令 2013 年第 5 号、2014 年 4 月 25 日农业部令 2014 年第 3 号、修订了《草种管理办法》，对草种的保护、选育、审定、生产、经营、质量与流通进行了法律规范。

农业农村部主管全国草种管理工作。县级以上地方人民政府草原行政主管部门主管本行政区域内的草种管理工作。

(1)草种质资源保护　农业部组织有关单位建立草种质资源库和草种质资源保护区或者保护地，并定期公布可供利用的草种质资源名录。

禁止采集、采挖国家重点保护的天然草种质资源。确因科研等特殊情况需要采集、采挖的，应当经省级人民政府草原行政主管部门审核，报农业部审批。

从境外引进的草种质资源，应当依法进行检疫。

(2)草种选育与审定　国家实行新草品种审定制度。新草品种未经审定通过的，不得发布广告，不得经营、推广。

农业农村部设立全国草品种审定委员会，负责新草品种审定工作。审定通过的新草品种，由全国草品种审定委员会颁发证书，农业部公告。

(3)草种生产与经营　主要草种的商品生产实行许可制度。具备《草种管理办法》规定条件的单位和个人，持全部材料到所在地省级人民政府草原行政主管部门进行申请，审批机关应当自受理申请之日起 20 d 内完成审查，合格的发给生产许可证。

(4)草种质量检验与流通　用于种子基地繁育和作为商品流通的草种，必须经所在地区草原行政部门委托的草种质量检验机构的检验，草种质量检验机构按照《牧草种子检验规程》进行检验，在检验结束后要填写《草种质量检验报告》，标明草种名称、抽样日期、被检草种的数量、种子批号、检验结果等有关内容。

草种检验员必须符合规定条件，并经过专门培训，经考核合格后取得检验员证书，方可工作。商品草种的流通必须持有质量合格证、经营许可证，对于进出口草种还要经过相关部门的审批。种子包装应合格、统一，价格合理。

(四)草原的监督检查

国务院草原行政主管部门和草原面积较大的省、自治区的县级以上地方人民政府草原行政主管部门设立草原监督管理机构，负责草原法律、法规执行情况的监督检查，对违反草原法律、法规的行为进行查处。有关单位和个人对草原监督检查人员的监督检查工作应当给予支持、配合，不得拒绝或阻碍草原监督检查人员依法执行职务。

国务院草原行政主管部门和省级人民政府草原行政主管部门，应当加强对草原监督检查人员的培训和考核。草原监督检查人员应当忠于职守、秉公执法，在履行监督检查职责时，应当向被检查单位和个人出示执法证件，并有权采取下列措施：

①要求被检查单位或者个人提供有关草原权属的文件和资料，进行查阅或者复制。

②要求被检查单位或者个人对草原权属等问题做出说明。

③进入违法现场进行拍照、摄像和勘测。

④责令被检查单位或者个人停止违反草原法律、法规的行为，履行法定义务。

对违反草原法律、法规的行为，应当依法做出行政处理，有关草原行政主管部门不做出行政处理决定的，上级草原行政主管部门有权责令有关草原行政主管部门做出行政处理决定或者直接做出行政处理决定。

【案例分析】

某养猪场私自从外地购买杜洛克和长大种猪，在未取得《种畜禽生产经营许可证》的情况下，对外销售种猪。市农业农村局兽医执法大队接到养殖户举报后决定立案查处。执法人员到现场进行调查取证后，认为该养猪场违反了《畜牧法》第二十四条、第二十七条和第八十二条，决定处罚如下：

(1)立即纠正违法行为，其生产的猪不能作为种猪销售。

(2)没收违法所得10万元，并处罚金25万元。

案例分析

根据《畜牧法》第二十四条规定："从事种畜禽生产经营或者生产商品代仔畜、雏禽的单位、个人，应当取得种畜禽生产经营许可证。申请人持种畜禽生产经营许可证依法办理工商登记，取得营业执照后，方可从事生产经营活动。"第二十七条规定："种畜禽生产经营许可证应当注明生产经营者名称、场(厂)址、生产经营范围及许可证有效期的起止日期等。禁止无种畜禽生产经营许可证或者违反种畜禽生产经营许可证的规定生产经营种畜禽或者商品代仔畜、雏禽。禁止伪造、变造、转让、租借种畜禽生产经营许可证。"第八十二条规定："违反本法规定，无种畜禽生产经营许可证或者违反种畜禽生产经营许可证规定生产经营，或者伪造、变造、转让、租借种畜禽生产经营许可证的，由县级以上地方人民政府农业农村主管部门责令停止违法行为，收缴伪造、变造的种畜禽生产经营许可证，没收种畜禽、商品代仔畜、雏禽和违法所得；违法所得在三万元以上的，并处违法所得一倍以上三倍以下罚款；没有违法所得或者违法所得不足三万元的，并处三千元以上三万元以下罚款。违反种畜禽生产经营许可证的规定生产经营或者转让、租借种畜禽生产经营许可证，情节严重的，并处吊销种畜禽生产经营许可证。"

【知识链接】

《种畜禽管理条例实施细则》

《畜禽标识和养殖档案管理办法》

种畜禽管理条例实施细则

畜禽标识和养殖档案管理办法

项目六　兽医管理

【学习目标】

了解《动物防疫法》、动物检疫管理和国际动物卫生管理，掌握动物疫病的预防、控制、扑灭和动物诊疗管理。

【学习内容】

任务一　《动物防疫法》概述

《动物防疫法》是我国关于动物防疫活动的法律，是动物防疫管理活动的根本依据。现行的《动物防疫法》为2021年1月22日第十三届全国人民代表大会常务委员会第二十五次会议通过，自2021年5月1日起施行。

一、《动物防疫法》的适用范围

1. 本法适用的地域范围

本法适用的地域范围是中华人民共和国领域内，即中华人民共和国主权所及的全部领域内，包括我国的领陆、领水和领空以及本国驻外国的使、领馆和航行于公海或停泊于外国港口的本国的船舶和飞机。需要指出的是，香港特别行政区与澳门特别行政区，由于我国对这两个区域实行"一国两制"，根据特区基本法的规定，本法不适用于我国香港和澳门两个特别行政区。

2. 本法对人的适用效力范围

本法适用的人是我国领域内的单位和个人。单位包括机关法人、事业法人、企业法人、社团法人，还包括未取得法人资格的其他组织；个人包括我国公民，即具有中国国籍的人，还包括进入我国国境的外国人、无国籍人。本法适用的人的行为即动物防疫及对动物防疫的监督管理活动。

动物防疫包括有关单位和个人在动物饲养、经营、屠宰、加工、贮藏、运输等环节中预防、控制、扑灭动物疫病的各种活动。动物防疫涉及社会生产、生活的各个方面，决定了本法所调整的动物防疫活动的广泛性和综合性。

动物防疫监督管理包括兽医主管部门、动物卫生监督机构和动物疫病预防控制机构在其职责范围对在动物诊疗、动物疫病预防、控制、扑灭及动物、动物产品检疫等进行的管理活动。

3. 进出境动物、动物产品的检疫

进出境动物、动物产品的检疫适用《中华人民共和国进出境动植物检疫法》。《中华人民共和国进出境动植物检疫法》第二条规定："进出境的动植物、动植物产品和其他检疫物，装载动植物、动植物产品和其他检疫物的装载容器、包装物，以及来自动植物疫区的运输工具，依照本法规定实施检疫。"因此，进出境（包括过境）动物、动物产品的检疫不适用本法，而适用《中华人民共和国进出境动植物检疫法》。

二、《动物防疫法》的调整对象

《动物防疫法》的调整对象包括动物、动物产品、动物疫病和动物防疫。

1. 动物

《动物防疫法》所称的"动物"与日常所说的"动物"概念不同，是指家畜、家禽和人工饲养、合法捕获的其他动物。家畜包括猪、牛、羊、马、驴、骡、骆驼、鹿、兔、犬等；家禽包括鸡、鸭、鹅、鸽等；人工饲养、合法捕获的其他动物包括各种实验动物、特种经济动物、观赏动物、演艺动物、伴侣动物、水生动物以及人工驯养繁殖的野生动物。

2. 动物产品

本法所指的动物产品是指动物的肉、生皮、原毛、绒、脏器、脂、血液、精液、卵、胚胎、骨、蹄、头、角、筋及可能传播动物疫病的奶、蛋等。本法所称动物产品，是指供人食用、饲料用、药用、农用或工业用的动物源性产品。

肉、奶、蛋是人的主要动物源性食品。除此之外，人们的动物源性食品还包括动物脏器、脂、血液、蹄、头、筋等产品。这些动物源性产品在生产、加工、贮藏、运输和交易等过程中均有传播动物疫病的风险，从而会给养殖业发展、人体健康和公共卫生安全带来威胁。因此，依法加强对动物源性产品及其生产、经营活动的监管，也是预防、控制动物疫病的重要手段。

蛋和奶仅以"可能传播动物疫病"为限，即只对可能传播动物疫病的蛋和奶施行监管，对经过高温或其他加工方法，确实杀灭致病微生物的奶和蛋，则不在本法调整范围。

除生皮、原毛、绒、骨、角等工业用动物源性产品外，动物的脏器、脂、血液、骨、蹄、头、角等动物产品还是饲料、药用的原料。这些动物产品在生产、加工等过程中也有传播动物疫病的风险，本法也将其列为调整对象。如生皮、原毛、绒等产品在运输加工前，尚须采取严格的消毒等措施，以杀灭致病微生物。

精液、卵、胚胎等繁殖材料，在动物繁殖中可能会引起动物疫病垂直传播的风险，因此也被列入调整对象。这里的卵是指除种蛋以外的其他动物的卵子。繁殖材料必须来源于健康的种用动物，即供体必须符合国家规定的种用动物健康标准。

3. 动物疫病

动物疫病是指动物传染病、寄生虫病。动物传染病是指感染病原体，使动物产生具有一定潜伏期和临床症状并具有传播性的动物疫病。例如口蹄疫、高致病性禽流感、炭疽、布鲁氏菌病、狂犬病、猪链球菌病、高致病性蓝耳病等。寄生虫病是指由动物性寄生物（统称寄生虫）引起的动物疾病。例如猪囊虫病、旋毛虫病、钩端螺旋体病、血吸虫病和疥螨等。

4. 动物防疫

动物防疫是指动物疫病的预防、控制、诊疗、净化、消灭和动物、动物产品的检疫，以及病死动物、病害动物产品的无害化处理。动物防疫是综合运用多种手段，发动全社会力量，依照动物疫病发生、发展和消亡的科学规律，对动物从引种、饲养、经营、销售、运输、屠宰到动物产品加工、经营、贮藏、运输、销售等各个环节严格实施预防、控制、扑灭和检疫措施，保障动物健康及其产品安全的一项系统性工作。

三、《动物防疫法》的主要内容

《动物防疫法》的主要内容有：

①对动物防疫立法目的、调整对象、政府责任、动物防疫管理体制、动物防疫科学技术研究和表彰奖励等做出了具体规定。

②对动物疫病风险评估、动物强制免疫、动物疫病监测、动物疫情预警、养殖者经营者防疫责任、动物防疫条件许可、动物疫病区域化管理、动物和动物产品无害化处理、病原微生物管理以及禁止经营的动物、动物产品等做出了明确规定。

③动物疫情报告、动物疫情认定、动物疫情通报、动物疫情公布等做出了明确规定。

④对发生一类、二类、三类动物疫病，以及二类、三类动物疫情呈暴发性流行和发生重大动物疫情时应当采取的控制、扑灭措施。

⑤对实施检疫主体、检疫程序、野生动物检疫和跨省引进种用乳用动物检疫，以及经检疫不合格的动物、动物产品的处理等做出了明确规定。

⑥对动物诊疗许可、动物诊疗活动、执业兽医资格考试、执业兽医从业要求和乡村兽医服务人员管理等做出了明确规定。

⑦对实施动物防疫监督管理的主体，监督管理的措施，监督管理机构及其执法人员的要求，检疫证明的要求等做出了明确规定。

⑧对动物防疫经费投入、基层动物防疫体系建设、动物防疫物质储备、动物防疫补偿和动物防疫卫生防护措施等动物防疫的保障措施做出了明确规定。

⑨对违反动物防疫法律的各种违法行为规定了严厉的处罚措施。强化了政府部门和饲养者、经营者的法律责任，加大了对各种违法行为的处罚力度，提高了法律威慑力。

《动物防疫法》在动物疫病的预防，动物疫情的报告、认定和公布，建立健全官方兽医和职业兽医制度，规范动物诊疗活动等方面做出了明确规定。进一步加强了动物产品的检疫制度，理顺了动物防疫工作体制，更适应我国动物防疫工作面临新形势的需要。

任务二　动物疫病预防

动物疫病的预防主要是指对动物采取免疫接种、驱虫、药浴、疫病监测和对动物饲养场所采取消毒、生物安全控制、动物疫病的区域化管理等一系列综合性措施，防止动物疫病的发生。我国对动物疫病实行预防为主的方针。

一、动物防疫工作的行政管理

1. 政府机构

县级以上人民政府统一领导动物防疫工作。

2. 兽医行政主管部门

国务院兽医主管部门主管全国的动物防疫工作。县级以上地方人民政府兽医主管部门主管本行政区域内的动物防疫工作。军队和武装警察部队动物卫生监督职能部门分别负责军队和武装警察部队现役动物及饲养自用动物的防疫工作。

3. 动物卫生监督机构

县级以上地方人民政府设立的动物卫生监督机构依照《动物防疫法》规定，负责动物、动物产品的检疫工作和其他有关动物防疫的监督管理的执法工作。

4. 动物疫病预防控制机构

县级以上人民政府建立动物疫病预防控制机构，承担动物疫病的监测、检测、诊断、流行病学调查、疫情报告以及其他预防、控制等技术工作。

二、动物疫病的分类

世界绝大多数国家对动物疫病采取分类管理的办法。动物疫病的危害程度不同，动物疫病自身的特点也不相同，采取的预防、控制和扑灭措施也是不同的，因此必须对动物疫病实行分类管理。动物疫病的分类管理是动物防疫工作的基础，有利于制定动物疫病总体防治规划，有利于制定某种动物疫病扑灭计划和应急预案，有利于集中人力、物力、财力迅速控制和扑灭动物疫情。

我国对动物疫病实行分类管理。根据动物疫病对养殖业生产和人体健康的危害程度，将动物疫病分为一、二、三类，具体病种名录由国务院兽医主管部门制定并公布。农业农村部对原《一、二、三类动物疫病病种名录》（农业部第 1905 号公告）进行了修订，2022 年 6 月 23 日重新发布了《一、二、三类动物疫病病种名录》（农业农村部第 573 号公告），公告发布的一、二、三类动物疫病共 174 种。

一类动物疫病（11 种）

口蹄疫、猪水疱病、非洲猪瘟、尼帕病毒性脑炎、非洲马瘟、牛海绵状脑病、牛瘟、牛传染性胸膜肺炎、痒病、小反刍兽疫、高致病性禽流感

二类动物疫病（37 种）

多种动物共患病（7 种）：狂犬病、布鲁氏菌病、炭疽、蓝舌病、日本脑炎、棘球蚴病、日本血吸虫病

牛病（3 种）：牛结节性皮肤病、牛传染性鼻气管炎（传染性脓疱外阴阴道炎）、牛结核病

绵羊和山羊病（2 种）：绵羊痘和山羊痘、山羊传染性胸膜肺炎

马病（2 种）：马传染性贫血、马鼻疽

猪病（3 种）：猪瘟、猪繁殖与呼吸综合征、猪流行性腹泻

禽病（3 种）：新城疫、鸭瘟、小鹅瘟

兔病（1 种）：兔出血症

蜜蜂病(2 种):美洲蜜蜂幼虫腐臭病、欧洲蜜蜂幼虫腐臭病

鱼类病(11 种):鲤春病毒血症、草鱼出血病、传染性脾肾坏死病、锦鲤疱疹病毒病、刺激隐核虫病、淡水鱼细菌性败血症、病毒性神经坏死病、传染性造血器官坏死病、流行性溃疡综合征、鲫造血器官坏死病、鲤浮肿病

甲壳类病(3 种):白斑综合征、十足目虹彩病毒病、虾肝肠胞虫病

三类动物疫病(126 种)

多种动物共患病(25 种):伪狂犬病、轮状病毒感染、产气荚膜梭菌病、大肠杆菌病、巴氏杆菌病、沙门氏菌病、李氏杆菌病、链球菌病、溶血性曼氏杆菌病、副结核病、类鼻疽、支原体病、衣原体病、附红细胞体病、Q 热、钩端螺旋体病、东毕吸虫病、华支睾吸虫病、囊尾蚴病、片形吸虫病、旋毛虫病、血矛线虫病、弓形虫病、伊氏锥虫病、隐孢子虫病

牛病(10 种):牛病毒性腹泻、牛恶性卡他热、地方流行性牛白血病、牛流行热、牛冠状病毒感染、牛赤羽病、牛生殖道弯曲杆菌病、毛滴虫病、牛梨形虫病、牛无浆体病

绵羊和山羊病(7 种):山羊关节炎/脑炎、梅迪一维斯纳病、绵羊肺腺瘤病、羊传染性脓疱皮炎、干酪性淋巴结炎、羊梨形虫病、羊无浆体病

马病(8 种):马流行性淋巴管炎、马流感、马腺疫、马鼻肺炎、马病毒性动脉炎、马传染性子宫炎、马媾疫、马梨形虫病

猪病(13 种):猪细小病毒感染、猪丹毒、猪传染性胸膜肺炎、猪波氏菌病、猪圆环病毒病、格拉瑟病、猪传染性胃肠炎、猪流感、猪丁型冠状病毒感染、猪塞内卡病毒感染、仔猪红痢、猪痢疾、猪增生性肠病

禽病(21 种):禽传染性喉气管炎、禽传染性支气管炎、禽白血病、传染性法氏囊病、马立克病、禽痘、鸭病毒性肝炎、鸭浆膜炎、鸡球虫病、低致病性禽流感、禽网状内皮组织增殖病、鸡病毒性关节炎、禽传染性脑脊髓炎、鸡传染性鼻炎、禽坦布苏病毒感染、禽腺病毒感染、鸡传染性贫血、禽偏肺病毒感染、鸡红螨病、鸡坏死性肠炎、鸭呼肠孤病毒感染

兔病(2 种):兔波氏菌病、兔球虫病

蚕、蜂病(8 种):蚕多角体病、蚕白僵病、蚕微粒子病、蜂螨病、瓦螨病、亮热厉螨病、蜜蜂孢子虫病、白垩病

犬猫等动物病(10 种):水貂阿留申病、水貂病毒性肠炎、犬瘟热、犬细小病毒病、犬传染性肝炎、猫泛白细胞减少症、猫嵌杯病毒感染、猫传染性腹膜炎、犬巴贝斯虫病、利什曼原虫病

鱼类病(11 种):真鲷虹彩病毒病、传染性胰脏坏死病、牙鲆弹状病毒病、鱼爱德华氏菌病、链球菌病、细菌性肾病、杀鲑气单胞菌病、小瓜虫病、粘孢子虫病、三代虫病、指环虫病

甲壳类病(5 种):黄头病、桃拉综合征、传染性皮下和造血组织坏死病、急性肝胰腺坏死病、河蟹螺原体病

贝类病(3 种):鲍疱疹病毒病、奥尔森派琴虫病、牡蛎疱疹病毒病

两栖与爬行类病(3 种):两栖类蛙虹彩病毒病、鳖腮腺炎病、蛙脑膜炎败血症

三、动物疫病的预防

(一)动物疫病状况风险评估和动物疫病预防、控制技术规范的规定

1. 动物疫病状况风险评估

动物疫病状况风险评估包含动物疫病"发生"的风险和动物疫病"发展"的风险。国家需要从动物疫病客观实际情况出发,综合考虑经济社会各项因素,对动物疫病风险进行评价和估计,以动物疫病状况风险评估为基础,确定国家预防和控制动物疫病的策略、措施,主要包括:动物疫病防治规划和计划、预防控制技术规范、应急预案及其实施方案等。

农业农村部兽医局组织实施动物疫病状况风险评估工作,成立专家委员会,根据需要定期或及时开展评估工作。国家对动物疫病状况的风险评估是一个定期或为应对突发情况而不断进行的过程,因而相关预防、控制措施也应不断根据评估结果进行调整。

2. 动物疫病预防、控制技术规范

规范主要包括动物疫病的描述、诊断、监测、疫情报告、疫情处理、预防与控制等内容。国家制定动物疫病预防、控制技术规范是十分必要的,这是贯彻预防为主方针的基础性工作,也是我国动物防疫技术标准化体系建设的重要内容。对指导养殖生产者和兽医工作者落实国家防疫政策和措施至关重要。

动物疫病预防、控制技术规范要根据 2 方面需要及时进行制定:一是国内外动物疫情动态,二是保护养殖业和人体健康的需要。另外,随着科学技术进步和新技术、新产品的应用,动物疫病的免疫预防和消毒技术、诊断监测技术和标准等都不断完善,也需要及时对原有预防技术规范内容进行充实和修订。

3. 我国已制定和公布的规范

我国已制定和公布的规范可分为 2 类,一是单项技术规范,如诊断技术、免疫技术、检疫技术、消毒技术、疫情判定等规范,如《高致病性禽流感疫情判定及扑灭技术规范》《高致病性禽流感无害化处理技术规范》《高致病性禽流感消毒技术规范》《高致病性禽流感人员防护技术规范》《高致病性禽流感免疫技术规范》《高致病性禽流感流行病学调查技术规范》《口蹄疫诊断技术》《牛海绵状脑病诊断技术》;二是综合性技术规范,如农业农村部颁布的《高致病性禽流感防治技术规范》《口蹄疫防治技术规范》《布鲁氏菌病防治技术规范》等 14 个动物疫病防治技术规范。

(二)国家实施强制免疫制度

强制免疫是指国家对严重危害养殖业生产和人体健康的动物疫病,采取制定强制免疫计划,确定免疫用生物制品和免疫程序,以及对免疫效果进行监测等一系列预防控制动物疫病的强制性措施,以达到有计划分步骤地预防、控制、扑灭动物疫病的目的。

对严重危害养殖业生产和人体健康的动物疫病病种,国务院兽医主管部门在风险评估的基础上,有权做出采取实施强制免疫的决策,以最大限度地控制疫情危害。其实施经费列入公共财政计划,在疫苗统一生产、调拨供应、免疫接种等方面予以必要的支持,因此,国务院财政部门要会同兽医主管部门共同制订强制免疫计划。

省、自治区、直辖市人民政府兽医主管部门要根据本行政区域内的疫情情况，以国家政策为指导，在国家强制免疫计划框架内，提出执行计划，即本地区强制免疫计划，在同级人民政府批准后组织实施，并报国务院主管部门备案。

地方人民政府兽医主管部门要严格按照国家和本地区的强制免疫计划，负责组织做好实施工作。要建立动物强制免疫工作目标管理责任制，层层落实责任，明确岗位分工，乡镇人民政府和城市街道办事处应当发挥其在动物疫病强制免疫工作中的作用，组织饲养、经营动物的单位和个人按照国家和本地防疫政策和计划要求及时开展动物免疫接种工作。

(三)建立免疫档案和实施畜禽标识可追溯管理制度

为切实保证强制免疫计划的落实，国家实施以畜禽标识和免疫档案为基础的可追溯管理(《畜禽标识和养殖档案管理办法》中华人民共和国农业部令 2006 年第 67 号)。这一措施对于动物疫病的风险评估和疫情控制，准确掌握动物群体和个体的免疫、监测和移动状况有着十分重要的流行病学意义。动物个体标识和追溯系统的建立，能及时进行全程疫病净化，迅速实现查源灭源，消除风险，使养殖者和消费者民众恢复信心，保护养殖业健康稳步发展。

有关单位和个人对经强制免疫的动物，都应当建立免疫档案，以进行追溯核查。县级动物疫病预防控制机构应当建立畜禽防疫档案，载明畜禽养殖场(户)名称、地址、畜禽种类、数量、免疫日期、疫苗名称、畜禽养殖场代码、畜禽标识顺序号、免疫人员以及用药记录等内容。

畜禽标识实行一畜一标，即每个动物个体身份使用唯一编码。按照建设方案，全国动物标识和疫病可追溯体系由动物标识申领发放系统、动物检疫全程监管系统和动物产品可追溯管理系统三部分组成。

(四)加强动物疫情监测

动物疫病监测是动物疫病防治工作中最重要的技术手段，是预防、控制直至根除动物疫病的基础性工作。只有通过长期、连续、可靠地监测，才能及时准确地掌握动物疫病的发生状况和流行趋势，才能有效地实施国家动物疫病控制、消灭计划，才能为动物疫病区域化管理(建立无疫区)提供有力的数据支持。在未消灭某种疫病的阶段，监测的实质意义就是净化和逐步消灭疫病；在宣布根除某种疫病后的阶段，监测的实质意义就是监视和验证疫病消灭状况，继续维持无该疫病的状况。

动物疫情监测网络由中央、省、地(市)、县四级动物疫病预防控制机构组成。即中国动物疫病预防控制中心、中国动物卫生与流行病学中心及其分中心和国家兽医参考实验室，省、地(市)和县级动物疫病预防控制中心和边境动物疫情监测站。国务院兽医主管部门应当制定国家动物疫病监测计划。省、自治区、直辖市人民政府兽医主管部门疫情监测计划应当严格按照国家计划，结合本地区动物疫病的流行情况和特点，制订本地动物疫病监测计划并组织实施。各级动物疫病预防控制机构负责具体实施国家动物疫情监测计划，其监测工作是一种强制性技术活动，有关管理相对人必须配合做好有关监测工作，不得拒绝和阻碍。

(五)动物疫情预警制度

国务院兽医主管部门和省、自治区、直辖市人民政府兽医主管部门负责根据疫情动态和监测信息，按照动物疫情发生、发展规律和特点，对其危害程度、发展趋势进行分析预测，及时做出相应的预警，并采取相应措施。

根据《国家突发重大动物疫情应急预案》，依突发重大动物疫情的性质、危害程度、涉及范围，将突发重大动物疫情划分为特别重大（Ⅰ级）、重大（Ⅱ级）、较大（Ⅲ级）和一般（Ⅳ）4 级。相应级别的疫情预警依次用红色、橙色、黄色和蓝色表示特别严重、严重、较重和一般 4 个预警级别。发生突发重大动物疫情时，事发地的县级、市（地）级、省级人民政府及其有关部门按照分级响应的原则做出应急响应。

（六）做好免疫、消毒等动物疫病预防工作

免疫和消毒是有效预防动物疫病发生和控制其传播的两项关键性技术手段，通过免疫接种可使易感动物群体获得特异性保护，通过消毒可及时杀灭环境中的动物疫病病原体。这里所称的免疫，既包括国家和省级规定的强制免疫，又包括针对其他动物疫病的常规预防免疫。消毒是各类相关场所均须采取的防疫措施，应建立消毒制度，并安排专人负责，药品、器具要常备且充足。消毒，指用物理的（包括清扫和清洗）、化学的和生物的方法扑杀染疫畜禽及杀灭其环境中的病原体，其目的是预防和防止动物疫病的传播和蔓延。预防消毒，又称定期消毒，是为了预防动物疫病的发生，对畜禽舍、畜禽场环境、用具、饮水等进行的常规的定期消毒工作。紧急防疫消毒，一般在疫情发生后，对养殖场所、畜禽排泄物、分泌物及其污染的场所、用具等及时进行的防疫消毒措施，其目的是消灭由传染源（染疫畜禽）排泄在外界环境中的病原体，切断传播途径，防止动物疫病的扩散蔓延，把传染病控制在最小范围并就地消灭。终末消毒，是指在发生重大动物疫情后，全部染疫动物及疫区范围内所有可疑易感动物经无害化处理后，经过一个潜伏期监测，没有新病例发生，在疫区解除封锁之前，为消灭疫区内可能残留的病原体所进行的全面彻底的消毒。

（七）种用、乳用动物的定期检测

种畜、种禽和乳用动物的用途特殊，其饲养存栏时间长、对当地养殖业生产和人体健康影响大，宠物与人接触密切，且流动性强，因此其疫病的防治尤为重要，必须保证其符合健康标准。

动物健康标准应包括两方面内容：一是未感染国家规定的动物疫病，二是按照免疫程序进行了强制免疫且抗体检测水平达到规定的标准。

饲养种用、乳用动物和宠物的单位和个人应当按照国家有关规定，保证动物符合国家规定的健康标准，接受当地动物疫病预防控制机构的检测，对于经检测未达到健康标准的动物，应按照规定进行相应的处理。动物疫病预防控制机构要做好对种用和乳用动物进行定期检测计划安排，对辖区内种用、乳用动物和宠物是否达到国家规定的健康合格标准进行检测认定，对不合格的，要坚决依法予以处理。

四、动物防疫条件

农业农村部主管全国动物防疫条件审查和监督管理工作。县级以上地方人民政府兽医主管部门主管本行政区域内的动物防疫条件审查和监督管理工作。县级以上地方人民政府设立的动物卫生监督机构负责本行政区域内的动物防疫条件监督执法工作。

动物饲养场、养殖小区、动物隔离场所、动物屠宰加工场所以及动物和动物产品无害化处

理场所，应当符合农业部《动物防疫条件审查办法》(中华人民共和国农业部令 2010 年第 7 号)规定的动物防疫条件，并取得《动物防疫条件合格证》。《动物防疫条件合格证》的申请及审批程序如下：

1. 申请

动物饲养场、养殖小区、动物屠宰加工场所、动物隔离场所、动物和动物产品无害化处理场所，应当按照《动物防疫条件审查办法》规定进行选址、工程设计和施工。建设竣工后，应当向所在地县级地方人民政府兽医主管部门提出申请，并附具相关材料。

2. 审核

县级地方人民政府兽医主管部门应当自收到申请之日起 20 个工作日内完成材料和现场审查，审查合格的，颁发《动物防疫条件合格证》；审查不合格的，应当书面通知申请人，并说明理由。动物防疫条件合格证应当载明申请人的名称、场(厂)址等事项。

取得《动物防疫条件合格证》需要办理工商登记的，申请人凭动物防疫条件合格证向工商行政管理部门申请办理登记注册手续。

经营动物、动物产品的集贸市场不需要取得《动物防疫条件合格证》，但应当具备国务院兽医主管部门规定的动物防疫条件，并接受动物卫生监督机构的监督检查。

五、动物疫情的报告、通报和公布

动物疫情是指动物疫病发生、发展的情况。重大动物疫情是指高致病性禽流感等发病率或者死亡率高的动物疫病突然发生，迅速传播，给养殖业生产安全造成严重威胁、危害，以及可能对公众身体健康与生命安全造成危害的情形，包括特别重大动物疫情。

(一)动物疫情报告

1. 动物疫情报告的义务主体

从事动物疫情监测、检验检疫、疫病研究与诊疗以及动物饲养、屠宰、经营、隔离、运输等活动的单位和个人，发现动物染疫或者疑似染疫的，应当立即向当地动物防疫监督机构报告。

从事动物饲养、经营及动物产品生产、经营和从事动物防疫科研、教学、诊疗及进出境动物检疫等单位和个人，应当建立本单位疫情统计、登记制度，并定期向当地动物防疫监督机构报告。

2. 接受动物疫情报告的主体

当地的兽医主管部门、动物卫生监督机构或者动物疫病预防控制机构报告动物疫情。各级动物疫病预防控制机构实施辖区内动物疫情报告工作。县、地(市)、省动物疫病预防控制机构、中国动物疫病预防控制中心建立四级疫情报告系统。动物疫情实行逐级报告制度。国务院兽医主管部门在全国布设的动物疫情测报点直接向中国动物疫病预防控制中心报告。

3. 动物疫情报告形式

动物疫情报告实行快报、月报和年报制度。疫情报告以报表形式上报。需要文字说明的，要同时报告文字材料。中国动物疫病预防控制中心统一制定动物疫情快报、月报、年报报表。

(1)快报　县级动物疫病预防控制机构和国家测报点确认发现发生一类或者疑似一类动

物疫病，二类、三类或者其他动物疫病呈暴发性流行，新发现的动物疫情，已经消灭又发生的动物疫病等动物疫情后，应在 24 h 快报中国动物疫病预防控制中心。中国动物疫病预防控制中心应在 12 h 内报国务院兽医主管部门。重大动物疫情发生后，省、自治区、直辖市人民政府和国务院兽医主管部门应当在 4 h 内向国务院报告。

(2)月报　县级动物疫病预防控制机构对辖区内当月发生的动物疫情，于下一个月 5 日前将疫情报告地级动物疫病预防控制机构；地级动物疫病预防控制机构每月 10 日前报省级动物疫病预防控制机构；省级动物疫病预防控制机构于每月 15 日前报中国动物疫病预防控制中心；中国动物疫病预防控制中心将汇总分析结果于每月 20 日前报国务院兽医主管部门。

(3)年报　县级动物疫病预防控制机构每年应将辖区内上一年的动物疫情在 1 月 10 日前报地(市)级动物疫病预防控制机构；地(市)级动物疫病预防控制机构应当在 1 月 20 日前报省级动物疫病预防控制机构；省级动物疫病预防控制机构应当在 1 月 30 日前报中国动物疫病预防控制中心；中国动物疫病预防控制中心将汇总分析结果于 2 月 10 日前报国务院兽医主管部门。

各级动物疫病预防控制机构和国家测报点在快报、月报、年报动物疫情时，必须同时报当地畜牧兽医行政管理部门。省级动物疫病预防控制机构和国家测报点报告疫情时，须同时报国务院兽医主管部门，并抄送中国动物卫生与流行病学中心进行分析研究。

4.动物疫情的认定主体

动物疫情由县级以上人民政府兽医主管部门认定；其中重大动物疫情由省、自治区、直辖市人民政府兽医主管部门认定。

违反《动物疫情报告管理办法》规定，瞒报、谎报或者阻碍他人报告动物疫情的，按《中华人民共和国动物防疫法》及有关规定给予处罚，对负有直接责任的主管人员和其他直接责任人员，依法给予行政处分。

违反《动物疫情报告管理办法》规定，引起重大动物疫情，造成重大经济损失，构成犯罪的，移交司法机关处理。

(二)动物疫情通报

(1)重大动物疫情的通报　国务院兽医主管部门应当及时向国务院有关部门和军队有关部门以及省、自治区、直辖市人民政府兽医主管部门通报重大动物疫情的发生和处理情况。

(2)人畜共患病的通报　发生人畜共患传染病的，县级以上人民政府兽医主管部门与同级卫生主管部门应当及时相互通报。

(三)动物疫情公布

国务院兽医主管部门负责向社会及时公布全国动物疫情。

六、动物疫情的控制和扑灭

动物疫病的控制包含 2 方面内容：一是发生动物疫病时，采取隔离、扑杀、消毒等措施，防止其扩散蔓延，做到有疫不流行；二是对已经存在的动物疫病，采取监测、淘汰等措施，逐步净化直至达到消灭该动物疫病。

动物疫病的扑灭一般是指发生重大动物疫情时采取的措施，即是指发生对人畜危害严重，可能造成重大经济损失的动物疫病时，需要采取紧急、严厉、综合的“封锁、隔离、销毁、消毒和无害化处理等”强制措施，迅速扑灭疫情。对动物疫病的扑灭应当采取早、快、严、小的原则。“早”，即严格执行疫情报告制度，及早发现和及时报告动物疫情，以便兽医行政主管部门能够及时地掌握动物疫情动态，采取扑灭措施；“快”，即迅速采取各项措施，防止疫情扩散；“严”，即严格执行疫区内各项严厉的处置措施，在限期内扑灭疫情；“小”，即把动物疫情控制在最小范围之内，使动物疫情造成的损失降低到最低程度。

（一）一类动物疫病的控制和扑灭措施

（1）划定疫点、疫区和受威胁区　县级以上地方人民政府兽医主管部门划定。

（2）发布封锁令　当地县级以上人民政府实行封锁。

（3）控制、扑灭措施　县级以上地方人民政府应当立即组织有关部门和单位采取措施。

（4）封锁措施　在封锁期间，禁止染疫、疑似染疫和易感染的动物、动物产品流出疫区，禁止非疫区的易感染动物进入疫区。

（二）二类动物疫病的控制和扑灭措施

（1）划定疫点、疫区和受威胁区　当地县级以上地方人民政府兽医主管部门应当划定。

（2）控制措施和扑灭措施　县级以上地方人民政府采取隔离、扑杀、销毁、消毒措施。

（三）封锁令的解除

由原决定机关决定并宣布。

（四）二类、三类疫病呈暴发性流行时处理

二类、三类动物疫病呈暴发性流行时，按照一类动物疫病处理。

七、重大动物疫情应急条例

《重大动物疫情应急条例》于 2005 年 11 月 16 日经国务院第 113 次常务会议通过，自 2005 年 11 月 18 日起施行。2017 年 10 月 7 日国务院令第 687 号《国务院关于修改部分行政法规的决定》修订。

（一）概述

1. 重大动物疫情的定义

重大动物疫情是指高致病性禽流感等发病率或者死亡率高的动物疫病突然发生，迅速传播，给养殖业生产安全造成严重威胁、危害，以及可能对公众身体健康与生命安全造成危害的情形，包括特别重大动物疫情。

2. 重大动物疫情应急工作的指导方针和应急工作原则

（1）指导方针　重大动物疫情应急工作应当坚持“加强领导、密切配合、依靠科学、依法防治、群防群控、果断处置”的 24 字方针。

（2）工作原则　重大动物疫情应急工作应当遵循“及时发现、快速反应、严格处理、减少损

失”的16字原则。

3.重大动物疫情应急工作的行政管理

兽医主管部门及其他有关部门的职责：县级以上人民政府兽医主管部门具体负责组织重大动物疫情的监测、调查、控制、扑灭等应急工作。县级以上人民政府其他有关部门在各自的职责范围内，做好重大动物疫情的应急工作。

陆生野生动物疫源疫病的监测：县级以上人民政府林业主管部门、兽医主管部门按照职责分工，加强对陆生野生动物疫源疫病的监测。

(二)应急准备

1.应急预案制度

国务院兽医主管部门应当制定全国重大动物疫情应急预案，报国务院批准，并按照不同动物疫病病种及其流行特点和危害程度，分别制定实施方案，报国务院备案。

县级以上地方人民政府根据本地区的实际情况，制定本行政区域的重大动物疫情应急预案，报上一级人民政府兽医主管部门备案。县级以上地方人民政府兽医主管部门，应当按照不同动物疫病病种及其流行特点和危害程度，分别制定实施方案。

重大动物疫情应急预案及其实施方案应当根据疫情的发展变化和实施情况，及时修改、完善。

2.重大动物疫情应急预案的内容

重大动物疫情应急预案主要包括下列内容：①应急指挥部的职责、组成以及成员单位的分工；②重大动物疫情的监测、信息收集、报告和通报；③动物疫病的确认、重大动物疫情的分级和相应的应急处理工作方案；④重大动物疫情疫源的追踪和流行病学调查分析；⑤预防、控制、扑灭重大动物疫情所需资金的来源、物资和技术的储备与调度；⑥重大动物疫情应急处理设施和专业队伍建设。

3.重大动物疫情报告制度

(1)重大动物疫情的报告义务人　从事动物隔离、疫情监测、疫病研究与诊疗、检验检疫以及动物饲养、屠宰加工、运输、经营等活动的有关单位和个人，是重大动物疫情的报告义务人。

(2)重大动物疫情的报告时机　重大动物疫情报告义务人发现动物出现群体发病或者死亡的，应当立即向所在地的县(市)动物疫病预防控制机构报告。

(3)接受重大动物疫情报告的主体　疫情所在地的县(市)动物疫病预防控制机构。

(4)重大动物疫情的逐级报告制度　县(市)动物疫病预防控制机构接到报告后，应当立即赶赴现场调查核实。初步认为属于重大动物疫情的，应当在2 h内将情况逐级报省、自治区、直辖市动物疫病预防控制机构，并同时报所在地人民政府兽医主管部门；兽医主管部门应当及时通报同级卫生主管部门。

省、自治区、直辖市动物疫病预防控制机构应当在接到报告后1 h内，向省、自治区、直辖市人民政府兽医主管部门和国务院兽医主管部门所属的动物疫病预防控制机构报告。

省、自治区、直辖市人民政府兽医主管部门应当在接到报告后1 h内报本级人民政府和国务院兽医主管部门。

重大动物疫情发生后，省、自治区、直辖市人民政府和国务院兽医主管部门应当在4 h内向国务院报告。

(5)重大动物疫情报告内容　包括下列内容:①疫情发生的时间、地点;②染疫、疑似染疫动物种类和数量、同群动物数量、免疫情况、死亡数量、临床症状、病理变化、诊断情况;③流行病学和疫源追踪情况;④已采取的控制措施;⑤疫情报告的单位、负责人、报告人及联系方式。

(6)重大动物疫情报告期间的临时性控制措施　在重大动物疫情报告期间,有关动物防疫监督机构应当立即采取临时隔离控制措施;必要时,当地县级以上地方人民政府可以做出封锁决定并采取扑杀、销毁等措施。有关单位和个人应当执行。

4.重大动物疫情的认定权限

重大动物疫情由省、自治区、直辖市人民政府兽医主管部门认定;必要时,由国务院兽医主管部门认定。

5.重大动物疫情的公布

重大疫情由国务院兽医主管部门按照国家规定的程序,及时准确公布。

6.重大动物疫病病原管理制度

重大动物疫病应当由动物防疫监督机构采集病料,未经国务院兽医主管部门或者省、自治区、直辖市人民政府兽医主管部门批准,其他单位和个人不得擅自采集病料。

7.人民政府及有关单位和人员在重大动物疫情发生后的责任

(1)县级以上人民政府的主要职责　第一,根据兽医主管部门的建议,决定启动重大动物疫情应急指挥系统、应急预案和对疫区实施封锁。第二,重大动物疫情发生地的人民政府和毗邻地区的人民政府应当通力合作,相互配合,做好重大动物疫情的控制、扑灭工作。

(2)县级以上地方人民政府兽医主管部门的主要职责　重大动物疫情发生后,县级以上地方人民政府兽医主管部门应当立即划定疫点、疫区和受威胁区,调查疫源,向本级人民政府提出启动重大动物疫情应急指挥系统、应急预案和对疫区实行封锁的建议。

(3)饲养、经营动物和生产、经营动物产品有关单位和个人的义务　饲养、经营动物和生产、经营动物产品的有关单位和个人必须服从重大动物疫情应急指挥部在重大动物疫情应急处理中做出的采取隔离、扑杀、销毁、消毒、紧急免疫接种等控制、扑灭措施的决定;拒不服从的,由公安机关协助执行。

8.应急处理措施

(1)对疫点采取的措施　对疫点应当采取下列措施:①扑杀并销毁染疫动物和易感染的动物及其产品;②对病死的动物、动物排泄物、被污染饲料、垫料、污水进行无害化处理;③对被污染的物品、用具、动物圈舍、场地进行严格消毒。

(2)对疫区采取的措施　对疫区应当采取下列措施:①在疫区周围设置警示标志,在出入疫区的交通路口设置临时动物检疫消毒站,对出入的人员和车辆进行消毒;②扑杀并销毁染疫和疑似染疫动物及其同群动物,销毁染疫和疑似染疫的动物产品,对其他易感染的动物实行圈养或者在指定地点放养,役用动物限制在疫区内使役;③对易感染的动物进行监测,并按照国务院兽医主管部门的规定实施紧急免疫接种,必要时对易感染的动物进行扑杀;④关闭动物及动物产品交易市场,禁止动物进出疫区和动物产品运出疫区;⑤对动物圈舍、动物排泄物、垫料、污水和其他可能受污染的物品、场地,进行消毒或者无害化处理。

(3)对受威胁区采取的措施　对受威胁区应当采取下列措施:①对易感染的动物进行监测;②对易感染的动物根据需要实施紧急免疫接种。

紧急免疫接种和补偿所需费用,由中央财政和地方财政分担。

(三)重大动物疫情监测中行政相对人违法行为的法律责任

违反《重大动物疫情应急条例》规定,拒绝、阻碍动物防疫监督机构进行重大动物疫情监测,或者发现动物出现群体发病或者死亡,不向当地动物防疫监督机构报告的,由动物防疫监督机构给予警告,并处2 000～5 000元的罚款;构成犯罪的,依法追究刑事责任。

八、国家突发重大动物疫情应急预案

(一)动物疫情分级

动物疫情分为特别重大(Ⅰ级)、重大(Ⅱ级)、较大(Ⅲ级)和一般(Ⅳ级)4级。

(二)应急组织体系

应急组织体系由应急指挥部、日常管理机构、专家委员会和应急处理机构4部分组成。应急指挥部分为全国突发重大动物疫情应急指挥部和省级突发重大动物疫情应急指挥部。

日常管理机构包括农业部、省级人民政府兽医行政管理部门和市(地)级、县级人民政府兽医行政管理部门。

专家委员会由突发重大动物疫情专家委员会和突发重大动物疫情应急处理专家委员会组成。

(三)疫情的监测、预警与报告

国务院兽医主管部门和省、自治区、直辖市人民政府兽医主管部门负责根据疫情动态和监测信息,按照动物疫情发生、发展规律和特点,对其危害程序、发展趋势进行分析预测,及时做出相应的预警,并采取相应措施。

要遵循突发重大动物疫情发生发展的客观规律,结合实际情况和预防控制工作的需要,及时调整预警和响应级别。要根据不同动物疫病的性质和特点,注重分析疫情的发展趋势,对势态和影响不断扩大的疫情,应及时升级预警和响应的级别;对范围局限、不会进一步扩散的疫情,应相应降低响应级别。

(四)疫情的应急响应和终止

特别重大突发动物疫情(Ⅰ级)的应急响应

确认特别重大突发动物疫情后,按程序启动国家突发重大动物疫情应急预案。

1. 县级以上地方各级人民政府

①组织协调有关部门参与突发重大动物疫情的处理;②根据突发重大动物疫情处理需要,调集本行政区域内各类人员、物资、交通工具和相关设施、设备参加应急处理工作;③发布封锁令,对疫区实施封锁;④在本行政区域内采取限制或者停止动物及动物产品交易、扑杀染疫或相关动物,临时征用房屋、场所、交通工具;封闭被动物疫病病原体污染的公共饮用水源等紧急措施。

2. 兽医行政管理部门

①组织动物疫病预防控制机构开展突发重大动物疫情的调查与处理;划定疫点、疫区、受威胁区;②组织突发重大动物疫情专家委员会对突发重大动物疫情进行评估,提出启动突发重大动物疫情应急响应的级别;③根据需要组织开展紧急免疫和预防用药;④县级以上人民政府兽医行政管理部门负责对本行政区域内应急处理工作的督导和检查。

3. 动物疫病预防控制机构

①县级以上动物疫病预防控制机构做好突发重大动物疫情的信息收集、报告与分析工作;②组织疫病诊断和流行病学调查;③按规定采集病料,送省级实验室或国家参考实验室确诊;④承担突发重大动物疫情应急处理人员的技术培训。

4. 出入境检验检疫机构

①境外发生重大动物疫情时,会同有关部门停止从疫区国家或地区输入相关动物及其产品;加强对来自疫区运输工具的检疫和防疫消毒;参与打击非法走私入境动物或动物产品等违法活动。②境内发生重大动物疫情时,加强出口货物的查验,会同有关部门停止疫区和受威胁区的相关动物及其产品的出口;暂停使用位于疫区内的依法设立的出入境相关动物临时隔离检疫场。

(五)相关术语定义

1. 重大动物疫情

重大动物疫情指陆生、水生动物突然发生重大疫病,且迅速传播,导致动物发病率或者死亡率高,给养殖业生产安全造成严重危害,或者可能对人民身体健康与生命安全造成危害的,具有重要经济社会影响和公共卫生意义。

2. 我国尚未发现的动物疫病

我国尚未发现的动物疫病指疯牛病、非洲马瘟等在其他国家和地区已经发现、在我国尚未发生过的动物疫病。

3. 我国已消灭的动物疫病

我国已消灭的动物疫病指牛瘟、牛肺疫等在我国曾发生过,但已扑灭净化的动物疫病。

4. 暴发

暴发指在一定区域,短时间内发生波及范围广泛、出现大量患病动物或死亡病例,其发病率远远超过常年的发病水平。

5. 疫点

患病动物所在的地点划定为疫点,疫点一般是指患病禽类所在的禽场(户)或其他有关屠宰、经营单位。

6. 疫区

以疫点为中心的一定范围内的区域划定为疫区,疫区划分时注意考虑当地的饲养环境、天然屏障(如河流、山脉)和交通等因素。

7. 受威胁区

疫区外一定范围内的区域划定为受威胁区。

任务三 动物检疫管理

《动物防疫法》《中华人民共和国进出境动植物检疫法》(以下简称《动植物检疫法》)和《动物检疫管理办法》等一系列法律法规都对动物和动物产品检疫工作做出相关规定。

一、国内动物和动物产品检疫概述

(一)检疫的概念

动物检疫是指由法定的机构或人员,按照规定的方法对动物和动物产品的疫病状况及卫生安全实施强制性检查、定性和处理,并出具结论性法定证明的行为。

(二)检疫的基本内容

动物、动物产品或其他检疫物。如动物疫苗、血清、动植物废弃物及装载容器、包装物和可能污染的运输工具等检疫对象中的动物传染病、寄生虫病和其他有害生物。

(三)动物、动物产品检疫的性质

1. 检疫是一种以技术为依托的政府监督管理职能。
2. 检疫是法律规定的技术性强制措施。
3. 检疫技术方面的标准和处理方法具有法律的规范性。
4. 检疫是一种法律规定的具体行为。

(四)实施动物和动物产品检疫的主体

动物卫生监督机构对动物、动物产品依法实施检疫。动物卫生监督机构的官方兽医对动物、动物产品实施检疫,出具检疫证明,加施检疫标志。

官方兽医是指具备规定的资格条件,取得国务院兽医主管部门颁发的资格证书并经兽医主管部门任命的,负责出具检疫等证明的国家兽医工作人员。

(五)报检制度

1. 货主申报检疫

2010 年农业部发布的《动物检疫管理办法》规定,出售、运输动物产品和供屠宰、继续饲养的动物,应当提前 3 d 申报检疫;出售、运输乳用、种用动物及其精液、卵、胚胎、种蛋,以及参加展览、演出和比赛的动物,应当提前 15 d 申报检疫;向无规定动物疫病区输入相关易感动物、易感动物产品的,货主除按规定向输出地动物卫生监督机构申报检疫外,还应当在启运前 3 d

向输入地省级动物卫生监督机构申报检疫；合法捕获野生动物的，应当在捕获后 3 d 内向捕获地县级动物卫生监督机构申报检疫；屠宰动物的，应当提前 6 h 向所在地动物卫生监督机构申报检疫；急宰动物的，可以随时申报。

申报检疫的，应当提交检疫申报单；跨省、自治区、直辖市调运乳用动物、种用动物及其精液、胚胎、种蛋的，还应当同时提交输入地省、自治区、直辖市动物卫生监督机构批准的《跨省引进乳用种用动物检疫审批表》。

申报检疫采取申报点填报、传真、电话等方式申报。采用电话申报的，需在现场补填检疫申报单。

动物卫生监督机构受理检疫申报后，应当派出官方兽医到现场或指定地点实施检疫；不予受理的，应当说明理由。

2. 到场检疫

动物卫生监督机构接到申报后应及时指派官方兽医对动物、动物产品实施现场检疫，检疫合格的，出具检疫证明、加施检疫标志。

3. 官方兽医对检疫结果负责

实施检疫的官方兽医应当在检疫证明、检疫标志上签字或盖章，对检疫结论负责。

4. 检疫证明和检疫标志

屠宰、经营、运输以及参加展览、演出和比赛的动物应当附有检疫证明；经营和运输的动物产品，应当附有检疫证明、检疫标志。

经铁路、公路、水路、航空运输动物和动物产品的托运人必须提供检疫证明方可托运；承运人必须凭检疫证明方可承运。运载工具在装载前和卸载后应当及时清洗、消毒。

(六)对检疫不合格动物、动物产品的处理

经检疫不合格的动物、动物产品，货主应在动物卫生监督机构监督下按照国务院兽医主管部门的规定处理，处理费用由货主自行承担。

(七)对检疫收费的规定

①动物卫生监督机构依法进行的动物和动物产品检疫，货主要交纳检疫费用。检疫费依法由动物卫生监督机构收取。检疫费的收取根据现行《畜禽及畜禽防疫检疫收费管理办法》执行。

②动物卫生监督机构进行监督抽查不得收取任何费用。

③输入无规定动物疫病区的动物、动物产品由无规定动物疫病区所在地地方人民政府承担输入动物、动物产品重新检疫所需的费用。

④动物卫生监督机构收取的检疫费必须全部用于动物防疫事业，不得挪作他用。

二、产地检疫

产地检疫是指动物及其产品在离开饲养、生产地之前由动物卫生监督机构派官方兽医所进行的到现场或指定地点实施的检疫。

《动物检疫管理办法》规定，出售或者运输的动物、动物产品经所在地县级动物卫生监督机

构的官方兽医检疫合格，并取得《动物检疫合格证明》后，方可离开产地。

（一）出售或者运输的动物，出具《动物检疫合格证明》条件

①来自非封锁区或者未发生相关动物疫情的饲养场（户）。

②按照国家规定进行了强制免疫，并在有效保护期内。

③临床检查健康。

④农业农村部规定需要进行实验室疫病检测的，检测结果符合要求。

⑤养殖档案相关记录和畜禽标识符合农业农村部规定。

乳用、种用动物和宠物，还应当符合农业农村部规定的健康标准。

（二）出售、运输的种用动物精液、卵、胚胎、种蛋，出具《动物检疫合格证明》条件

①来自非封锁区，或者未发生相关动物疫情的种用动物饲养场。

②供体动物按照国家规定进行了强制免疫，并在有效保护期内。

③供体动物符合动物健康标准。

④农业农村部规定需要进行实验室疫病检测的，检测结果符合要求。

⑤供体动物的养殖档案相关记录和畜禽标识符合农业部规定。

（三）出售、运输的骨、角、生皮、原毛、绒等产品，出具《动物检疫合格证明》条件

①来自非封锁区，或者未发生相关动物疫情的饲养场（户）。

②按有关规定消毒合格。

③农业农村部规定需要进行实验室疫病检测的，检测结果符合要求。

跨省、自治区、直辖市引进用于饲养的非乳用、非种用动物到达目的地后，货主或者承运人应当在 24 h 内向所在地县级动物卫生监督机构报告，并接受监督检查。

跨省、自治区、直辖市引进的乳用、种用动物到达输入地后，在所在地动物卫生监督机构的监督下，应当在隔离场或饲养场（养殖小区）内的隔离舍进行隔离观察，大、中型动物隔离期为 45 d，小型动物隔离期为 30 d。经隔离观察合格的方可混群饲养；不合格的，按照有关规定进行处理。隔离观察合格后需继续在省内运输的，货主应当申请更换《动物检疫合格证明》。动物卫生监督机构更换《动物检疫合格证明》不得收费。

三、屠宰检疫

屠宰检疫是指对被宰动物所进行的宰前检疫和在屠宰过程中所进行的同步检疫。宰前检疫是对待宰动物进行活体检查；屠宰的同步检疫是在屠宰过程中，对其胴体、头、蹄、脏器、淋巴结、油脂及其他应检疫部位按规定的程序和标准实施的检疫。

（一）屠宰检疫要求

国家实行畜禽定点屠宰，集中检疫制度。

进入屠宰场（厂、点）的动物应当附有《动物检疫合格证明》，并佩戴有农业农村部规定的畜禽标识。

县级动物卫生监督机构依法向屠宰场（厂、点）派驻（出）官方兽医实施检疫。屠宰场（厂、

点)应当提供与屠宰规模相适应的官方兽医驻场检疫室和检疫操作台等设施。

(二)屠宰场(厂、点)官方兽医职责

①官方兽医应当查验进场动物附具的《动物检疫合格证明》和佩戴的畜禽标识,检查待宰动物健康状况,对疑似染疫的动物进行隔离观察。

②官方兽医应当按照农业农村部规定,在动物屠宰过程中实施全流程同步检疫和必要的实验室疫病检测。

③经检疫符合下列条件的,由官方兽医出具《动物检疫合格证明》,对胴体及分割、包装的动物产品加盖检疫验讫印章或者加施其他检疫标志:

- 无规定的传染病和寄生虫病。
- 符合农业农村部规定的相关屠宰检疫规程要求。
- 需要进行实验室疫病检测的,检测结果符合要求。

④经检疫不合格的动物、动物产品,由官方兽医出具检疫处理通知单,并监督屠宰场(厂、点)或者货主按照农业农村部规定的技术规范处理。

⑤官方兽医应当回收进入屠宰场(厂、点)动物附具的《动物检疫合格证明》,填写屠宰检疫记录。回收的《动物检疫合格证明》应当保存12个月以上。

经检疫合格的动物产品到达目的地后,需要直接在当地分销的,货主可以向输入地动物卫生监督机构申请换证,换证不得收费。

经检疫合格的动物产品到达目的地,贮藏后需继续调运或者分销的,货主可以向输入地动物卫生监督机构重新申报检疫。

任务四 动物诊疗管理

《动物诊疗机构管理办法》规定动物诊疗是指动物疾病的预防、诊断、治疗和动物绝育手术等经营性活动。农业农村部负责全国动物诊疗机构的监督管理。

县级以上地方人民政府兽医主管部门负责本行政区域内动物诊疗机构的管理。县级以上地方人民政府设立的动物卫生监督机构负责本行政区域内动物诊疗机构的监督执法工作。

一、动物诊疗机构必备的条件

①《动物防疫法》规定从事动物诊疗活动的机构,应具备下列条件:

- 有与动物诊疗活动相适应并符合动物防疫条件的场所。
- 有与动物诊疗活动相适应的执业兽医。
- 有与动物诊疗活动相适应的兽医器械和设备。
- 有完善的管理制度。

②《动物诊疗机构管理办法》规定设立动物诊疗机构应具备以下条件:

- 有固定的动物诊疗场所,且动物诊疗场所使用面积符合省级人民政府兽医主管部门的规定。

各省、自治区、直辖市对诊疗场所面积规定不尽相同,动物医院用房使用面积100 m^2 左

右，其他动物诊疗机构所用房使用面积 50 m^2 左右，一般情况下，动物医院最高为 120 m^2，动物诊所最低为 40 m^2。

• 动物诊疗场所选址距离畜禽养殖场、屠宰加工厂、动物交易场所不少于 200 m。

• 动物诊疗场所设有独立的出入口，出入口不得设在居民住宅楼内或者院内，不得与同一建筑物的其他用户共用通道。

• 具有布局合理的诊疗室、手术室、药房等设施。

• 具有诊断、手术、消毒、冷藏、常规化验、污水处理等器械设备。

• 具有 1 名以上取得执业兽医师资格证书的人员。

• 具有完善的诊疗服务、疫情报告、卫生消毒、兽药处方、药物和无害化处理等管理制度。

③动物诊疗机构从事动物颅腔、胸腔和腹腔手术的，除具备上述条件外，还应当具备以下条件：

• 具有手术台、X 光机或者 B 超等器械设备。

• 具有 3 名以上取得执业兽医师资格证书的人员。

二、动物诊疗机构的审批程序

1. 申请

设立动物诊疗机构，应当向所在地县级以上地方人民政府兽医主管部门申请《动物诊疗许可证》。并提交动物诊疗机构地理方位图、室内平面图和各功能区布局；动物诊疗场所使用权证明；法定代表人（负责人）身份证明；执业兽医证书原件及复印件；设施设备清单；管理制度文本；执业兽医和服务人员的健康证明等。

2. 审核发证

兽医主管部门受理后，20 个工作日内完成对申请材料的审核、对动物诊疗场所的实地考察，经审查合格的，发给动物诊疗许可证；审查不合格的，应当通知申请人并说明理由。

3. 申请营业执照

只有取得动物诊疗许可证后，申请人方可向工商行政管理部门申请办理动物诊疗机构的手续，取得营业执照后，才可以从事动物诊疗活动。

三、动物诊疗许可证管理

动物诊疗许可证格式由农业农村部统一规定。动物诊疗许可证应当载明诊疗机构名称、诊疗活动范围、从业地点和法定代表人（负责人）等事项。动物诊疗机构设立分支机构的，应当另行办理动物诊疗许可证。

动物诊疗机构应当使用规范的名称。不具备从事动物颅腔、胸腔和腹腔手术能力的，不得使用“动物医院”的名称。

动物诊疗许可证在有效期内，动物诊疗机构的单位名称、诊疗活动范同、从业地点和法定代表人（负责人）等事项发生变化的，应当申请变更或者换发动物诊疗许可证。

不得伪造、变造、转让、出租、出借动物诊疗许可证。动物诊疗许可证遗失的，应当及时向原发证机关申请补发。

四、动物诊疗活动管理

①动物诊疗机构应当依法从事动物诊疗活动，建立健全内部管理制度，在诊疗场所的显著位置悬挂动物诊疗许可证和公示从业人员基本情况。建立健全日常监管制度，对辖区内动物诊疗机构和人员执行法律、法规、规章的情况进行监督检查。

②动物诊疗机构应当按照国家兽药管理的规定使用兽药，不得使用假劣兽药和农业农村部规定禁止使用的药品及其他化合物。

③动物诊疗机构兼营宠物用品、宠物食品、宠物美容等项目的，兼营区域与动物诊疗区域应当分别独立设置。

④动物诊疗机构应当使用规范的病历、处方笺，病历、处方笺应当印有动物诊疗机构名称。病历档案应当保存 3 年以上。

⑤动物诊疗机构安装、使用具有放射性的诊疗设备的，应当依法经环境保护部门批准。

⑥动物诊疗机构发现动物染疫或者疑似染疫的，应当按照国家规定立即向当地兽医主管部门、动物卫生监督机构或者动物疫病预防控制机构报告，并采取隔离等控制措施，防止动物疫情扩散。发现动物患有或者疑似患有国家规定应当扑杀的疫病时，不得擅自进行治疗，应当按照农业农村部规定处理病死动物和动物病理组织，应当参照《医疗废弃物管理条例》的有关规定处理医疗废弃物。

⑦动物诊疗机构的执业兽医应当按照当地人民政府或者兽医主管部门的要求，参加预防、控制和扑灭动物疫病活动。动物诊疗机构应当配合兽医主管部门、动物卫生监督机构、动物疫病预防控制机构进行有关法律法规宣传、流行病学调查和监测工作。

⑧动物诊疗机构应当于每年 3 月底前将上年度动物诊疗活动情况向发证机关报告。

五、执业兽医管理

执业兽医是指从事动物诊疗和动物保健等经营活动的兽医。

农业农村部主管全国执业兽医管理工作。县级以上地方人民政府兽医主管部门主管本行政区域内的执业兽医管理工作。县级以上地方人民政府设立的动物卫生监督机构负责执业兽医的监督执法工作。

(一)执业兽医准入制度

《执业兽医管理办法》规定具有兽医、畜牧兽医、中兽医(民族兽医)和水产养殖等专业大学专科以上学历的人员，可以申请参加执业兽医资格考试。考试合格的，由国务院兽医主管部门颁发执业兽医资格证书。农业部于 2009 年在河南、广西、重庆、宁夏、吉林五省(自治区、直辖市)进行了执业兽医资格考试试点，2010 年全国范围内开展执业兽医考试。

(二)执业兽医注册制度

取得国务院兽医主管部门颁发的执业资格证书后，必须经当地县级人民政府兽医主管部门注册，才能取得在其注册的执业地点、执业范围内从事动物诊疗、开具兽药处方等活动的权利，未经注册不得从业。

《执业兽医管理办法》规定兽医、畜牧兽医、中兽医(民族兽医)或水产养殖专业的大学生可以在执业兽医师指导下进行专业实习，不需注册。

(三)执业兽医分类

《执业兽医管理办法》将执业兽医分为执业兽医师和执业助理兽医师，并规定了不同的执业权限。

执业兽医师可以从事动物疾病的预防、诊断、治疗和开具处方、填写诊断书、出具有关证明文件等活动。执业助理兽医师可以在执业兽医师指导下协助开展兽医执业活动，但不得开具处方、填写诊断书、出具有关证明文件。

执业兽医应当按照当地人民政府或者兽医主管部门的要求，参加预防、控制和扑灭动物疫病的活动。从事动物诊疗活动，应当遵守有关动物诊疗的操作技术规范，使用符合国家规定的兽药和兽医器械。

任务五　官方兽医制度

一、官方兽医制度的基本概念

世界动物卫生组织(OIE)在《国际动物卫生法典》1.1.0.1条中明确规定，官方兽医是指由国家兽医行政管理部门(指在全国范围内有绝对权威，执行、监督或审查动物卫生措施和出证过程的国家兽医机关)授权的兽医，行使商品(指动物、动物产品、精液、胚胎/卵、生物制品和病料)的动物健康或公共卫生监督，并在适当条件下，对符合条件的商品签发卫生证书。

在此定义下，我们可以理解为，官方兽医制度是由国家兽医行政管理部门授权官方兽医行使动物及动物产品生产全过程监督的一种兽医管理制度(官方兽医制度是指以被授权的官方兽医为动物卫生执法主体，直接代表国家对动物饲养、经营和动物产品生产加工、流通经营环节中执行动物卫生措施的情况，独立实施全过程监督、控制和管理的制度)。其主要特征是由国家兽医行政管理部门授权官方兽医为执法主体，对动物及动物产品生产的全过程进行公正公平的卫生监督，保证动物及动物产品符合卫生要求，并在此基础上签发动物卫生证书，确实降低疫病传播风险，维护人类及动物健康。

二、官方兽医制度的基本特征

官方兽医制度的主要特征是由国家兽医行政管理部门授权官方兽医为执法主体，对动物及动物产品生产的全过程进行公正公平的卫生监督，保证动物及动物产品符合卫生要求，并在此基础上签发动物卫生证书，确实降低疫病传播风险，维护人类及动物健康。

(一)垂直管理

官方兽医执行机构实行垂直管理，官方兽医由国家兽医行政管理部门授权任命，并由国家提供经费支持和保障，故其在行使职权的过程中必须对国家直接负责。这就可以有效地排除地方或企业不正当的干扰，确保国家动物卫生的政令畅通，从而有效地避免地方保护。大多数发达国家的兽医行政执行机构均实行了垂直管理体制。

(二)全过程监管

动物卫生和兽医公共卫生安全涉及饲养、屠宰(加工)和流通(包括出入境)三个必要环节的监控。

1.动物饲养过程中的疫病防制监督工作

动物饲养过程中的无疫病状态是动物产品安全的基本保障,为此,各国兽医当局都制订了重大动物疫病的控制和扑灭计划,在计划实施过程中,诸如动物免疫接种、感染动物扑杀、感染群清群、销毁、感染场地的消毒等,都需要官方兽医的有效监督。官方兽医科学、公正的指导评价和监督,促使企业在饲养、生产过程中依法运作,国家的动物疫病控制和扑灭计划就可得到落实,动物的无疫病状态才能得以维持。

2.动物屠宰过程中的卫生监督工作

动物屠宰卫生监督主要涉及宰前、宰中和宰后的监督检查和检疫检验,发达国家均指派官方兽医具体实施,剔除患有疫病的动物和处理染疫的动物产品。经检疫合格的,由官方兽医签发动物卫生证书。

3.动物及动物产品流通过程的卫生监督工作

该过程是第一环节和第二环节的延续,是对前两个过程的检验和认可。进行流通环节的动物产品,离人们的餐桌就不远了,这个阶段的动物卫生监督更不可忽视,理所当然需要官方兽医代表国家实施监督管理。

(三)官方兽医个人负责

从各国官方兽医制度的实施情况看,官方兽医都拥有很大的权力,官方兽医本人既是执法主体,同时又是责任主体,可代表国家签发动物卫生证书。如果官方兽医在其执法过程中出现失误,官方兽医本人则要承担相应的法律责任。故而国外特别强调和关注兽医的职业道德,并把职业道德作为官方兽医加强自身素质修养和维护执法公正性的法定职守。因此,要求官方兽医在其签发的证书上都要做出郑重声明。

(四)强大的技术体系支持

依靠动物卫生技术支持体系,保障执法的公正性、科学性和权威性。从官方兽医制度运作来看,官方兽医所做的任何执法行为均离不开技术体系的支持。可以说,官方兽医制度是国家动物卫生技术体系支持和负责下的兽医管理模式。

三、官方兽医制度的主要类型

目前世界许多国家已实行了官方兽医制度,但各国的做法有一些小的差异,主要有以下三种类型:

(一)典型的垂直管理的官方兽医制度

欧洲和非洲的多数国家特别是欧盟成员国如德国属于此种类型,即国家设置首席兽医官作为全国最高兽医行政官员,统一管理全国兽医工作,官方兽医都由国家首席兽医官通管,而不受地方当局领导，以保证公正性，县(市)级官方兽医是行使职权的基本单位，每个县市都设1名地方首席兽医官和另外3名兽医官，分别负责食品卫生、动物健康和流行病学调查三个方面的工作。在此体制下，德国全国共有官方兽医1 000多名。

(二)联邦垂直管理和各州共管的兽医官制度

美洲国家多采取此种类型。此种模式的特点是，在动物卫生管理方面既要维护国家的权益，又要维护各州行使职权的相对独立性，如美国即属于此种类型，美国的官方兽医分为联邦兽医官和州动物卫生官。美国动植物卫生检验局是联邦兽医行政当局，局长为最高兽医行政长官，总部设有若干高级兽医官和助理兽医官，分别负责全国动物卫生监督、动物及动物产品进出口监督和紧急疫病扑灭方面的工作。此外，美国动植物卫生检验局还在全国各地分设了三个区域兽医机构，分别管理全国各地的44个联邦地方兽医局(几乎每州都有一个)，具体负责当地动物调运的审批、免疫接种的监督、动物登记和突发疫情的扑灭工作。联邦地方兽医局的主管为地方兽医主管，下设3～5个助理兽医，划片负责相关地区的兽医监督工作。

除联邦兽医官外，美国每一个州还都设有相应的兽医管理机构，其最高行政首长为州立动物卫生官，并下设4～5名州立兽医。在工作方面，动植物卫生检验局地方兽医局和各州的兽医管理机构签有协议，共同负责该州的动物卫生工作。但该州立兽医管理机构属于该州农业厅管理。

(三)联邦负责进出口检疫和州垂直管理的兽医管理制度

澳大利亚和新西兰等国家属于这种兽医体制。澳大利亚属于英联邦国家，在某种程度上带有英属殖民地的遗风，但又不完全相同。反映在兽医管理体制上，则表现为其动物及其产品的进出口检疫为联邦垂直管理，而动物防疫工作则由州垂直管理，这两个体系的兽医都称为政府兽医。

从以上类型可以看出，虽然世界各国的官方兽医制度的做法不尽相同，但在本质上是一致的，即官方兽医由国家兽医行政管理部门垂直管理，并对动物疫病防治和动物及动物产品生产全过程进行有效监督，从而使兽医卫生执法达到公正性、科学性和系统性。

四、我国的官方兽医制度

(一)畜牧兽医局

经中央批准，农业农村部畜牧兽医局内设综合处、监测信息处、防疫处、医政与检疫监督处、药政药械处、行业发展处、畜牧处、屠宰行业管理处、畜禽废弃物利用处、国际合作处等12个职能机构，依法履行国家畜牧兽医行政管理职责。

兽医相关处室的主要工作任务是：承办起草动物防疫检疫法律、法规和政府间动物检疫协议，发布禁止入境动物及其产品名录；研究、指导动物防疫检疫队伍和体系建设，组织兽医医政管理、兽药药政药检和兽医实验室监管；提出动物防疫检疫、畜禽产品安全、动物福利方面的方针、措施并组织落实；组织制订兽医、兽药标准并监督实施；组织兽药、兽医医疗器械和兽用生物制品的登记和进出口审批等。

(二)国家首席兽医官

2004 年,我国任命了第一位国家首席兽医官,各省、市、县相继任命了本地区的首席兽医官。兽医官的工作由兽医行政管理部门统一领导,执法机构负责监督执行,技术机构提供技术保障和支撑。

(三)官方兽医的法律地位和法定职责

依照国际通行做法并结合我国实际,《动物防疫法》将动物防疫人员依职责分为官方兽医、执业兽医和乡村兽医服务人员。官方兽医应当具备规定的资格条件取得国务院兽医主管部门颁发的资格证书。规定县级以上动物卫生监督机构作为动物检疫工作的执法主体,对动物、动物产品实施检疫和出具动物卫生证书由官方兽医承担,其他单位和个人无权实施检疫执法行为。或政府任命的具体实施动物、动物产品检疫负责的国家兽医工作人员。

(四)官方兽医的职权

(1)对辖区内动物及其产品生产、加工、贮藏、运输、经营各环节动物卫生状况及动物防疫、检疫情况进行监督检查,并签发有关证明。

对饲养场、屠宰厂选址、设计是否符合动物防疫要求进行审核;对符合动物防疫要求的饲养场、屠宰厂进行验收,报动物防疫监督机构核发《动物防疫合格证》,注册登记;定期对饲养场的免疫程序、用药程序、消毒程序、病死畜禽处理程序进行审定,对其免疫情况、用药情况及饲养管理情况进行监管;定期进行动物疫病监测和实验室检查,指导饲养场的免疫、用药和消毒;定期采集饲养场的水样、饲料、畜禽粪便、血样及有关样品送药检部门进行兽药残留监测;出具和签发三证:《动物产地检疫证》《动物及动物产品运载工具消毒证》和《畜禽健康档案证》;对屠宰加工厂进行监管,搞好宰前检疫、宰后检验,对合格产品出具产品合格证明,准予进入流通。

对辖区内执业兽医在畜禽饲养场、加工厂及动物诊疗单位动物防疫情况进行监督检查。监督检查的方式包括现场查看、查阅档案资料、取样检验、询问和查证等。

(2)对动物检疫员的检疫结果和处理情况进行监督检查和裁决,或提出意见报主管部门处理。

(3)对违反《动物防疫法》和有关法规的单位和个人,按规定进行行政处罚,或提出意见报主管部门处理。

(4)搞好动物疫病诊断、监测和疫情管理,组织和指导有关人员从事动物疫病预防、诊断、治疗、控制和扑灭工作。

(5)承办畜牧兽医管理部门、上级动物防疫监督机构交办的工作。

(五)官方兽医应具备的条件

①遵纪守法、诚实公正;②具有兽医或相关专业大专以上学历,具有 3 年以上的兽医工作实践经验;③熟练掌握与工作有关的法律、法规和行政规章;④熟练掌握兽医及相关知识,不断学习了解国内外先进兽医科技,并经过考试合格。

(六)官方兽医的任命程序

本人书面申请或由县级动物防疫监督机构提名,县级畜牧兽医管理部门推荐,报省动物防疫监督机构考试、考核。经省畜牧兽医管理部门批准,任命发证,对外公布,并报国家畜牧兽医行政管理部门备案。

省级动物防疫监督机构建立官方兽医人员档案,定期组织法制、技术培训和考试、考核。

(七)官方兽医的执法要求

官方兽医人员在执行任务时,应着装整齐、佩戴标志、携带证件;工作过程中应尊重当事人的合法权益,文明公正执法、及时高效、手续完备、保守秘密。

(八)官方兽医资格的解除

有下列情况之一的官方兽医人员予以解除其资格:①因伤、残、病或退休、退职等,不能继续从事官方兽医工作的;②失职、渎职、滥用职权、徇私舞弊、行贿受贿或有其他违反法律法规行为的;③工作有失诚实公正的。官方兽医人员解除程序同报批程序。

【知识拓展】

一、动物疫病区域化管理

(一)动物疫病区域化管理的目标

从 2010 年开始,用 5 年时间,科学制定并实施动物疫病区域化管理规划,在全国范围内分区域、分类型、分阶段、分病种对动物疫病实行区域化管理,进行区域控制和净化,基本建立与国际接轨的动物疫病区划管理与评估机制,全面推进无疫区建设。一是鼓励具备条件的省区开展区域化管理,重点对现有无疫区示范区和各省无疫区组织国家评估验收,选择部分有条件的地区和企业开展生物安全隔离区建设试点。二是通过国家评估认可的无疫区,推进 OIE 等国际组织评估认可。

从 2015 年开始,用 5 年时间,建立健全我国动物疫病区域化管理长效机制,有序推进中长期动物疫病防治规划的实施。一是继续推广无疫区示范区和各省无疫区建设经验,适时整合毗邻同类型无疫区,优先考虑扩大示范区至全省范围,逐步建立跨省区连片无疫区,最终实现整个国家特定动物疫病无疫区。二是在生物安全隔离区建设基础上,逐步将大型国家级种畜禽场、国家级畜禽遗传资源保种场和国家级龙头企业等纳入生物安全隔离区建设范围,从源头净化畜禽疫病,提高畜产品质量安全水平。

(二)动物疫病区域化管理模式与建设要求

1. 实施区域化管理的基本条件

各地选择基础条件较好的区域,按照《无规定动物疫病区管理技术规范》等要求,选择符合下列条件的区域开展无疫区建设。一是动物疫病状况清楚。通过流行病学调查结果,区域内畜牧业养殖、区域地理和社会经济情况,以及特定动物疫病状况及其发生风险清晰。二是具有一定的畜牧业基础。动物疫病区划建设区域，畜牧业较发达、产业布局合理、规模化产业化水平较高。三是有较好的动物防疫工作基础。动物防疫基础设施较好，动物防疫机构和队伍较健全，动物防疫体系完善。四是具有一定的自然屏障或者可监控措施。区域周围具备海洋、沙漠、河流、山脉等自然屏障基础，或考虑结合行政区划，具有设置和维护缓冲区或监测区等监管措施。

2. 区域化管理的动物疫病种类

根据当地防控工作实际，科学选择控制动物疫病种类。优先选择当地影响畜牧业发展、公共卫生安全及畜牧业贸易的重大动物疫病实施区域化管理。实施区域化管理的动物疫病种类不宜过多，按照“成熟一个评估验收一个，逐步增加控制疫病种类”的原则，待条件成熟后，通过评估验收，逐步增加动物疫病种类。现阶段重点对口蹄疫、猪瘟、高致病禽流感、新城疫、禽白血病以及布鲁氏菌病等重大动物疫病和重点人畜共患病实现区域化管理。

3. 区域化管理的模式及要求

根据各地经济发展水平、地理屏障、区域和资源优势、畜牧产业布局，选择适合当地的动物疫病区域化管理模式。一是动物疫病区域区划模式。区域具有一定规模，集中连片，区域与相邻地区间必须有足以阻止疫病传播的地理屏障或人工屏障，对缺少有效屏障的区域，应建立足够面积的缓冲区和(或)监测区；当地经济发展水平能满足动物疫病区域化管理工作需要。区域可以是一个省的部分或全部，也可以是毗邻省的连片区域。二是生物安全隔离区划模式。可选择大型国家级种畜禽场、国家级畜禽遗传资源保种场、国家农业产业化龙头企业，开展生物安全隔离区示范区建设。相关企业应为独立法人实体，生物安全隔离区的各生产单位应具有共同的拥有者或管理者，并建立统一的生物安全管理体系，其组成应包括种畜禽场、商品畜禽养殖场、屠宰加工厂、饲料厂、无害化处理场等。有关生产单位应符合规定的动物防疫条件，取得《动物防疫条件合格证》，种畜禽繁育场还应取得《种畜禽生产经营许可证》。当地畜牧兽医部门应对生物安全隔离区实施官方有效监管。

根据采取的不同免疫措施，无疫区可分为两种类型。一是免疫无疫区。各省根据当地与毗邻地区动物疫病流行状况、贸易需求实施免疫政策的区域化管理。二是非免疫无疫区。对区域内易感动物不实施规定动物疫病的免疫。具体分为口蹄疫、禽流感、猪瘟、新城疫等重大动物疫病和布鲁氏菌病等重点人畜共患病的免疫无疫区和非免疫无疫区，以及无特定动物疫病的生物安全隔离区。

二、乡村兽医管理

乡村兽医是指尚未具有执业兽医资格，经登记在乡村从事动物疫病诊断、治疗和动物免疫、去势、接产、人工授精、动物保健等经营性活动的人员。

农业部主管全国乡村兽医管理工作。县级以上地方人民政府兽医主管部门主管本行政区域内乡村兽医管理工作。县级以上地方人民政府设立的动物卫生监督机构负责本行政区域内乡村兽医监督执法工作。

(一)乡村兽医登记制度

国家实行乡村兽医登记制度。

符合下列条件之一的，可以向县级人民政府兽医主管部门申请乡村兽医登记：

取得中等以上兽医、畜牧(畜牧兽医)、中兽医(民族兽医)或水产养殖专业学历的。

取得中级以上动物疫病防治员、水生动物病害防治员职业技能鉴定证书的。

在乡村从事动物诊疗服务连续5年以上的。

经县级人民政府兽医主管部门培训合格的。

经审查合格的,予以登记,并颁发《乡村兽医登记证》。

乡村兽医登记证有效期5年。期满前3个月前申请续展。

(二)乡村兽医管理

按照《乡村兽医管理办法》规定,乡村兽医只能在登记的乡村从事动物诊疗服务活动,不得在城区从业。

乡村兽医在乡村从事动物诊疗服务活动的,应当有固定的从业场所和必要的兽医器械。

应当遵守有关动物诊疗的操作技术规范,使用符合国家规定的兽药和兽医器械,并如实记录用药情况。按照有关规定处理使用过的兽医器械和医疗废弃物。

乡村兽医在动物诊疗活动中发现动物患有或者疑似患有国家规定应当扑杀的疫病时,不得擅自进行治疗。突发动物疫情时,乡村兽医应参加有关部门组织的预防、控制和扑灭工作,不得拒绝和阻碍。

三、国际动物卫生管理

(一)世界动物卫生组织简介

世界动物卫生组织(World Organization for Animal Health)又称国际兽疫局(法语:Office international des épizootios, OIE),是处理国际动物卫生协作事务的政府间技术组织,创建于1924年,总部设在法国巴黎。

OIE共设国际委员会、行政委员会、地区委员会、专业委员会和中央局5个职能执行机构。为配合OIE在世界各地区的疫病扑灭计划,OIE在非洲、美洲、东欧、中东和亚太地区设立了5个代办处。另外,为了保证OIE各项工作和决策的科学公正性,OIE还成立了4个常设工作组,OIE拥有包括190个参考实验室和37个协作中心的全球网络。

(二)世界动物卫生组织的职能

世界动物卫生组织的职能主要包括:向各国政府通告全世界范围内发生的动物疫情以及疫情的起因,并通告控制这些疾病的方法;在全球范围内,就动物疾病的监测和控制进行国际研究;协调各成员国在动物和动物产品贸易方面的法规和标准;帮助成员国完善兽医工作制度,提升工作能力;促进动物福利、食品安全技术支撑。

(三)成员国和成员国代表

本着自愿加盟的原则,世界动物卫生组织成员国已由建立之初的28个成员国发展到目前的180个成员国。2007年5月25日OIE在巴黎召开的第75届国际大会通过决议,恢复了我国在该组织的合法权利。决议重申一个中国原则,指出中华人民共和国作为主权国家成员加入该组织,中国台湾作为非主权地区成员参加该组织活动。

1.成员国的权利

具有 OIE 成员国资格的国家享有下列权利：

①对于世界范围内的动物卫生变化状况，成员可优先直接获得通知。

②积极参与制定与动物和动物产品国际贸易相关的卫生标准。

③定期地以个人身份会见其他国家首席兽医官。

④获得国际知名专家的技术和知识，尤其是那些专家委员会、工作组、专门工作组，OIE 合作中心和参考实验室的专家。

⑤在疫病流行时获得帮助。

⑥应邀参加 OIE 组织的科学会议。

⑦取得所有的 OIE 出版物。

2.成员国代表的权利和义务

每一个成员国由一个代表代表这个国家，这个代表是由其政府指定的。该代表通常为国内在动物卫生方面的首席公务员，并应为负责该国动物卫生事务的资深兽医。

（1）OIE 成员国代表享有的主要权利　参与 OIE 最高机构即国际委员会的全体会议，并有投票权；获得由另一些成员国发送到 OIE 的动物卫生信息；获得科学和技术信息，特别是 OIE 地区委员会、专家委员会、工作组和专门工作组的报告；参与 OIE 地区代表组织的地区性活动。

（2）OIE 成员国代表的主要义务　按照已制定的规则，保证 OIE 获得代表所在国家动物卫生方面的信息；保证其所在国政府将年度会费寄到 OIE。

（四）世界动物卫生组织发布的国际标准

世界动物卫生组织发布的国际标准有：《国际动物卫生法典》《动物疾病诊断试验和疫苗标准手册》《国际水生动物法典》《水生动物疾病诊断手册》《国际参考标准试剂》及国际动物卫生组织动物疾病名单等。

（五）SPS 协议

随着国际贸易的发展和贸易自由化程度的提高，各国实行动植物检疫制度对贸易的影响已越来越大，某些国家尤其是一些发达国家为了保护本国农畜产品市场，多利用非关税壁垒措施来阻止国外尤其是发展中国家农畜产品进入本国市场，其中动植物检疫就是一种隐蔽性很强的技术壁垒措施。由于《关税与贸易总协定》（GATT）和《技术性贸易壁垒协议》（TBT）对动植物卫生检疫措施约束力不够，要求不具体，为此，在 1995 年的 GATT 乌拉圭回合谈判中，许多国家提议制定了《实施卫生与植物卫生措施协议》（以下简称《SPS 协议》），它对国际贸易中的动植物检疫提出了具体的严格的要求，它是 WTO 协议原则渗透的动植物检疫工作的产物。其目的是支持各成员实施保护人类、动物、植物的生命或健康所采取的必需措施，以规范动植物卫生检疫的国际运动规则。

SPS 协议虽然表明为了动植物的健康和安全，实施动植物检疫制度是必需的，但是更强调动植物检疫对贸易的不利影响要降到最低程度，不应构成对国际贸易的变相限制，并把关贸总协定中的等同原则、透明度等引申到SPS协议中,成为动植物检疫应遵循的规则。为了便于协商解决国际检疫纠纷,SPS协议还提出了国际标准化、科学管理的要求。

(六)国际食品法典委员会(CAC)

国际食品法典委员会(CAC)由联合国粮农组织(FAO)和世界卫生组织(WHO)于1963年共同建立,在FAO/WHO食品标准项目指导下,制定食品标准、指南和相关文件(如技术规范)。项目主要目标是保护消费者健康,确保食品贸易中的公平交易,以及提高国际政府和非政府组织所采用的食品标准的一致性。

【案例分析】

一、案例1

2022年5月,任某在某区某镇兴办了生猪养殖场。10月12日,区农业农村主管部门在对该养殖场进行检查时,发现该场饲养生猪3 000头,未取得《动物防疫条件合格证》。经调查认定,当事人的行为违反了《动物防疫法》第二十五条相关规定。

1. 案件处理

依据《动物防疫法》第九十八条规定,县级以上地方人民政府农业农村主管部门对其作出罚款一万元的处罚决定。

2. 案例分析

《动物防疫法》第二十五条规定:"开办动物饲养场(养殖小区)和隔离场所,动物屠宰加工场所,以及动物和动物产品无害化处理场所,应当向县级以上地方人民政府兽医主管部门提出申请,并附具相关材料。经审查合格的,发给动物防疫条件合格证。"《动物防疫法》第九十八条规定:"开办动物饲养场(养殖小区)和隔离场所,动物屠宰加工场所,以及动物和动物产品无害化处理场所,未取得动物防疫条件合格证的,由县级以上地方人民政府农业农村主管部门责令改正,,处三千元以上三万元以下罚款;情节严重的,责令停业整顿,处三万元以上十万元以下罚款。"

二、案例2

2022年6月5日,A市农业农村主管部门在该市机场检查站例行检查时,发现货主黄某经飞机运输至该机场一只犬,未附有检疫证明。该犬是当事人在B城花了3 000元购买的,运费500元,运往A市继续饲养。由于在B城购买时就没有找到开检疫证明的地方,到B城机场也没有检疫证明,但经补检合格。

1. 案件处理

根据《动物防疫法》第四十九条、第一百条的规定:A市农业农村主管部门对黄某采取罚款5 000元的处罚,并出具检疫证明。

2. 案例分析

根据《动物防疫法》第四十九条规定:"屠宰、出售或者运输动物以及出售或者运输动物产品前,货主应当按照国务院农业农村主管部门的规定向所在地动物卫生监督机构申报检疫。

动物卫生监督机构接到检疫申报后，应当及时指派官方兽医对动物、动物产品实施检疫；检疫合格的，出具检疫证明、加施检疫标志。实施检疫的官方兽医应当在检疫证明、检疫标志上签字或者盖章，并对检疫结论负责。动物饲养场、屠宰企业的执业兽医或者动物防疫技术人员，应当协助官方兽医实施检疫。”《动物防疫法》第一百条规定：“违反本法规定，屠宰、经营、运输的动物未附有检疫证明，经营和运输的动物产品未附有检疫证明、检疫标志的，由县级以上地方人民政府农业农村主管部门责令改正，处同类检疫合格动物、动物产品货值金额一倍以下罚款；对货主以外的承运人处运输费用三倍以上五倍以下罚款，情节严重的，处五倍以上十倍以下罚款。违反本法规定，用于科研、展示、演出和比赛等非食用性利用的动物未附有检疫证明的，由县级以上地方人民政府农业农村主管部门责令改正，处三千元以上一万元以下罚款。”

三、案例3

2022年7月12日，某市动物卫生监督机构会同某区动物卫生监督机构执法人员对某区动物诊疗机构进行监督检查，在某街道发现沈某经营的宠物用品店未取得动物诊疗许可证从事动物诊疗活动，在该店从事诊疗活动的兽医李某也未取得执业兽医资格，该所立即对沈某、李某分别进行了立案查处。

1. 案件处理

根据《动物防疫法》第六十一条、第六十二条、第一百零五条、第一百零六条，《动物诊疗机构管理办法》第四条、第五条的规定：区动物卫生监督机构责令沈某停止诊疗活动，并处罚四万元的罚款。

2. 案例分析

根据《动物防疫法》第六十一条规定：“从事动物诊疗活动的机构，应当具备下列条件：(一)有与动物诊疗活动相适应并符合动物防疫条件的场所；(二)有与动物诊疗活动相适应的执业兽医；(三)有与动物诊疗活动相适应的兽医器械和设备；(四)有完善的管理制度。动物诊疗机构包括动物医院、动物诊所以及其他提供动物诊疗服务的机构。”《动物防疫法》第六十二条规定：“从事动物诊疗活动的机构，应当向县级以上地方人民政府农业农村主管部门申请动物诊疗许可证。受理申请的农业农村主管部门应当依照本法和《中华人民共和国行政许可法》的规定进行审查。经审查合格的，发给动物诊疗许可证；不合格的，应当通知申请人并说明理由”。《动物防疫法》第一百零五条规定：“违反本法规定，未取得动物诊疗许可证从事动物诊疗活动的，由县级以上地方人民政府农业农村主管部门责令停止诊疗活动，没收违法所得，并处违法所得一倍以上三倍以下罚款；违法所得不足三万元的，并处三千元以上三万元以下罚款。动物诊疗机构违反本法规定，未按照规定实施卫生安全防护、消毒、隔离和处置诊疗废弃物的，由县级以上地方人民政府农业农村主管部门责令改正，处一千元以上一万元以下罚款；造成动物疫病扩散的，处一万元以上五万元以下罚款；情节严重的，吊销动物诊疗许可证”。《动物防疫法》第一百零六条规定：“违反本法规定，未经执业兽医备案从事经营性动物诊疗活动的，由县级以上地方人民政府农业农村主管部门责令停止动物诊疗活动，没收违法所得，并处三千元以上三万元以下罚款；对其所在的动物诊疗机构处一万元以上五万元以下罚款。”《动物诊疗机构管理办法》第四条规定：“国家实行动物诊疗许可制度。从事动物诊疗活动的机构，应当取得动物诊疗许可证，并在规定的诊疗活动范围内开展动物诊疗活动。”《动物诊疗机构管理办法》第五条规定：“申请设立动物诊疗机构的，应当具备下列条件：具有1名以上取得执业兽医师资格证书的人员。”

【知识链接】

《动物诊疗机构管理办法》

《国际动物卫生法典》

《动物诊疗机构管理办法》

项目七 兽药管理

【学习目标】

熟悉《兽药管理条例》规定的兽药管理的基本制度,《兽药管理条例》的主要内容,兽药经营企业的基本条件,兽药使用方法、使用过程中的注意事项、给药途径等主要内容;掌握兽药生产企业的基本条件,兽药生产、兽药采购、运输、贮存、销售等环节的质量管理,禁止使用兽药的管理。

【学习内容】

任务一 兽药生产企业管理

兽药是指用于预防、治疗、诊断动物疾病或者有目的地调节动物生理机能的物质(含药物饲料添加剂),主要包括:血清制品、疫苗、诊断制品、微生态制品、中药材、中成药、化学药品、抗生素、生化药品、放射性药品及外用杀虫剂、消毒剂等。

一、《兽药管理条例》概述

为了加强兽药管理,保证兽药质量,防治动物疾病,促进养殖业的发展,维护人体健康,2004 年 3 月 24 日国务院第 45 次常务会议审议通过了修订的《兽药管理条例》,自 2004 年 11 月 1 日起施行。2016 年 2 月 6 日国务院令第 666 号部分修订、2020 年 3 月 27 日国务院令 726 号部分修订。《兽药管理条例》规定:在中华人民共和国境内从事兽药的研制、生产、经营、进出口、使用和监督管理,应当遵守本条例。

(一)《兽药管理条例》规定的兽药管理的基本制度

1. 国家实行对兽药的监督管理制度

《兽药管理条例》明确了兽药管理的主体是各级兽医行政管理部门,国务院兽医行政管理部门负责全国的兽药监督管理工作,县级以上地方人民政府兽医行政管理部门负责本行政区域内的兽药监督管理工作。

2. 国家实行兽用处方药和非处方药分类管理制度

兽用处方药和非处方药分类管理的办法和具体实施步骤,由国务院兽医行政管理部门规定。

3. 建立了新兽药研制管理和安全监测制度

为尽量减少新兽药可能给人类、动物和环境带来的危害和风险,《兽药管理条例》规定,新兽药研制者必须符合一定的条件，研制新兽药应进行安全性评价，并在临床试验前经省级以上人民政府兽医行政管理部门批准。临床试验完成后，研制者应当向相关部门提交新兽药样品和相关资料，经评审和复核检验合格的，方可取得新兽药注册证书。根据保证动物产品质量安全和人体健康的需要，农业农村部可以在新兽药投产后对其设定不超过5年的监测期，监测期内不批准其他企业生产或者进口该新兽药。

4.国家实行兽药储备制度

发生重大动物疫情、灾情或者其他突发事件时，国务院兽医行政管理部门可以紧急调用国家储备的兽药；必要时，也可以调用国家储备以外的兽药。

(二)《兽药管理条例》的主要内容

《兽药管理条例》共九章七十五条。包括新兽药研制、兽药生产、兽药经营、兽药进出口、兽药使用、兽药监督管理等内容。

①明确了新兽药研制管理制度。

②确立了兽药生产、兽药经营许可制度。

③对兽药进出口、兽药使用等方面做出了相应规定。

④确定了兽药监督管理的内容。《兽药管理条例》明确了兽药管理的主体是依法设立的兽医行政管理机关，国务院兽医行政管理部门负责全国的兽药监督管理工作，县级以上地方人民政府兽医行政管理部门负责本行政区域内的兽药监督管理工作。

二、兽药生产企业的基本条件

设立兽药生产企业，必须符合国家兽药行业发展规划和产业政策，同时还应具备下列条件：

①应有与所生产的兽药相适应的兽医学、药学或者相关专业的技术人员和质量管理、质量检验的机构和人员。

②要有满足《兽药生产质量管理规范》(兽药GMP)的厂房、设施。

③要有符合要求的仪器设备。

④要有符合安全、卫生要求的生产环境。

⑤要符合《兽药生产质量管理规范》(兽药GMP)规定的其他要求。

《兽药管理条例》规定，对符合兽药生产条件的，应当向省、自治区、直辖市人民政府兽医行政管理部门提出申请，并附具规定条件的证明材料，经审核合格的，发给《兽药生产许可证》。

三、兽药生产的质量管理

兽药生产企业应当按照国务院兽医行政管理部门制定的《兽药生产质量管理规范》、兽药国家标准和国务院兽医行政管理部门批准的生产工艺组织生产。对改变影响兽药质量的生产工艺，应当报原批准部门审核批准。兽药生产企业应建立质量管理机构，制定一系列质量管理制度，保障兽药质量。

(一)兽药的物料管理

兽药生产的物料包括原料、辅料、包装材料等。原材料主要包括起始原材料、工艺用水和包装材料等。起始原材料包括作为加工对象的主要原材料和在加工过程中需添加的辅料。生产兽药所需的原料、辅料,应当符合国家标准或所生产兽药的质量要求。直接接触兽药的包装材料和容器应当符合药用要求。起始原材料的质量管理必须按照国家标准进行采购、检验、验收、贮藏、验放、保养、登记和质量监测等。企业在使用物料时,必须严格按国家规定的有关标准来检验和使用。

工艺用水是指兽药生产工艺中使用的水,包括饮用水、纯化水、注射用水。纯化水为蒸馏法、离子交换法、反渗透法或其他适宜的方法制得供药用的水,不含任何附加剂。注射用水是指符合《中国兽药典》注射用水项规定的水。根据产品工艺规程选用的工艺用水,应符合质量标准,并定期检验。同时根据验证结果规定检验周期。

包装材料和容器的质量管理也必须符合包装不同兽药所要求的质量标准,以确保药品质量。

(二)兽药加工过程的质量管理

兽药加工过程的质量管理是对兽药在加工制造过程中的工艺规程管理、工序检验管理和生产记录管理进行全面质量监控的过程。

兽药生产企业应制订生产工艺规程、岗位操作法或标准操作规程,并不得任意更改。

1. 生产过程的质量管理

生产操作前,操作人员应检查生产环境、设施、设备、容器的清洁卫生状况和主要设备的运行状况,并认真核对物料、半成品数量及检验报告单,并处理好以下问题:

①生产前应确认生产环境中无上次生产遗留物。

②应防止尘埃的产生和扩散。

③不同产品品种、规格的生产操作不得在同一生产操作间同时进行;有数条包装线同时进行包装时,应采取隔离或其他有效防止污染或混淆的设施。

④生产过程应按工艺、质量控制要点进行中间检查,并填写生产记录。

⑤生产过程中应防止物料及产品所产生的气体、蒸汽、喷雾物或生物体等引起的交叉污染。

⑥每一生产操作间或生产用设备、容器应有所生产的产品或物料名称、批号、数量等状态标志。

⑦不同药性的药材不得在一起洗涤,洗涤后的药材及切制的炮制品不宜露天干燥。

⑧药材及中间产品的灭菌方法以不改变药材的药效、质量为原则。

2. 生产工艺规程和工序检验管理

兽药的生产必须符合兽药国家标准和国务院兽医行政管理部门批准的生产工艺,任何擅自改变生产工艺规程的行为,都是违反《兽药管理条例》规定的,其行为都要受到相应制裁。对加工生产过程的每一道工序、每一个环节都必须按规定的质量标准进行检验。通常采用自检、互检和专职质检员的专检相结合。

3. 生产记录管理

(1)生产记录　是对有关原材料,成品的数量、质量,工艺方法,水、电、机器运行情况,环境状况,车间、班组生产情况,责任人和时间以及管理制度等情况的记录。

(2)批　在规定期限内具有同一性质和质量，并在同一连续生产周期中生产出来的一定数量的兽药为一批。

(3)批生产记录　是一个批次的待包装品或成品的所有生产记录。批生产记录能提供该批产品的生产历史，以及与质量有关的情况。

(4)清场记录　是每批产品的每一生产阶段完成后生产操作人员清场时的记录，包括工序、品名、生产批号、清场日期、检查项目及结果、清场负责人及复查人签名。

生产记录必须完整、准确。清场记录应纳入批生产记录。每批产品均应编制生产批号。批生产记录应按批号归档，保存至兽药有效期后 1 年。未规定有效期的兽药，批生产记录应保存 3 年。

(三)包装的质量管理

兽药的质量不仅受原材料、生产加工过程的影响，而且还受包装质量的影响。兽药包装应当按照规定印有或者贴有标签，附具说明书，并在显著位置注明“兽用”字样。兽药的包装包括包装本身、包装上的封签、标签及内附说明书。兽药产品包装应有批包装记录。

兽药的标签和说明书经国务院兽医行政管理部门批准并公布后方可使用。兽药的标签或者说明书，应当以中文注明兽药的通用名称、成分及其含量、规格、生产企业、产品批准文号(进口兽药注册证号)、产品批号、生产日期、有效期、适应证或者功能主治、用法、用量、休药期、禁忌、不良反应、注意事项、运输贮存保管条件及其他应当说明的内容。有商品名称的兽药应注明商品名称。兽用处方药或非处方药在其标签或者说明书应印有规定的标志或警示内容，兽用麻醉药品、精神药品、毒性药品和放射性药品的标签或说明书应印有规定的特殊标志。

(四)兽药产品出厂检验、销售与收回管理

《兽药管理条例》第十八条规定：“兽药出厂前应当经过质量检验，不符合质量标准的不得出厂。兽药出厂应当附有产品质量合格证。禁止生产假、劣兽药。”

《兽药生产质量管理规范》规定，兽药生产企业应建立兽药产品销售与回收的管理制度，要求企业做到：

1. 每批成品均应有销售记录

根据销售记录能追查每批兽药的售出情况，必要时应能及时全部追回。销售记录内容应包括品名、剂型、批号、规格、数量、收货单位和地址、发货日期等。

2. 销售记录保存

销售记录应保存至兽药有效期后 1 年，未规定有效期的兽药的销售记录应保存 3 年。

3. 兽药退货与收回

兽药生产企业应建立兽药退货和收回制度，因质量原因退货和收回的兽药制剂，应在企业质量管理部门监督下销毁，涉及其他批号时，应同时处理，并有记录。

(五)企业自检和兽药不良反应监察机制

1. 建立自检机制

兽药生产企业应制定自检工作程序和自检周期，设立自检工作组，并定期组织自检，自检

工作每年至少一次，按自检工作程序对人员、厂房、设备、文件、生产、质量控制、兽药销售、用户投诉和产品收回的处理等项目和记录定期进行检查，并形成自检报告。

2. 建立兽药不良反应监察机制

兽药不良反应是包括所有危及动物健康或生命及导致饲料报酬明显下降的不良反应，疑为兽药所致的致畸、致癌、致突变反应，各种类型的过敏反应，疑为兽药间相互作用所致的不良反应，因兽药质量或稳定性问题引起的不良反应及其他一切意外的不良反应。国家实行兽药不良反应报告制度。兽药生产企业、经营企业、兽药使用单位和开具处方的兽医人员发现可能与兽药使用有关的不良反应，应立即向所在地人民政府兽医行政管理部门报告。

任务二　兽药经营企业管理

一、兽药经营企业的基本条件

1. 要有与所经营的兽药相适应的兽药技术人员。
2. 要有与所经营的兽药相适应的营业场所、设备、仓库设施。
3. 要有与所经营的兽药相适应的质量管理机构或者人员。
4. 经营兽药的企业应当建立兽药保管制度。
5. 要有《兽药经营质量管理规范》(兽药 GSP)规定的其他经营条件。

符合上述条件的企业应向市、县人民政府兽医行政管理部门提出申请，并附具符合规定条件的证明材料，申请办理《兽药经营许可证》。经营兽用生物制品的，应当向省、自治区、直辖市人民政府兽医行政管理部门提出申请，并附具符合规定条件的证明材料。

二、兽药经营的质量管理

兽药经营企业应当遵守国务院兽医行政管理部门制定的《兽药经营质量管理规范》(兽药 GSP)，必须按规范经营兽药。企业应当建立兽药保管制度，采取必要的冷藏、防冻、防潮、防虫、防鼠等措施，确保所经营兽药的质量。县级以上地方人民政府兽医行政管理部门，应当对兽药经营企业是否符合兽药经营质量管理规范的要求进行监督检查，并公布检查结果。

(一)兽药采购过程的质量管理

采购兽药时必须按兽药质量标准进行验收。检查验收的内容包括兽药名称、规格、生产企业、生产批号、有效期、检验合格证、批准文号、包装以及外观质量等。兽药产品与产品标签或者说明书、产品质量合格证等应核对无误。

(二)运输过程的质量管理

运输是兽药销售的重要环节。运输过程的兽药质量管理主要包括：

(1)生产、经营企业和运输部门的配合，运输方式和路线，运输过程中的安全性等。

(2)对有特殊运输要求的兽药，如危险品、腐蚀品、怕冷、怕压等兽药，应按特殊规定进行运输。

(3)兽药运输应符合国家规定的有关包装要求。包装上应有明显的运输标记。

(三)兽药贮存的管理

兽药经营企业,对兽药进行贮存,目的是保护兽药的数量和质量,保证使用价值和效果。

1.入库验收

入库验收是库房管理人员与采购、运输人员之间进行商品责任交接的必经程序。验收的内容包括数量点收、包装检查和质量检验。

(1)数量点收　核对来货与单据上所列的品名、规格、单位、数量、批号、厂牌等是否相符,有无缺少、破损,如有不合格者,应查明原因。

(2)包装检查　检查标签或说明书的内容是否印有注册商标、批准文号、品名、规格、主要成分、含量或效价、作用、用法与用量、禁忌、不良反应、注意事项、贮存要点、特殊药品有无规定的标志,具有有效期的药品是否按规定注明有效期或失效期。包装物内是否附有检验报告单(原料药)或合格证(制剂)。内包装是否完好无损,箱内衬物是否符合卫生要求。容器是否完好,封口是否严密,瓶装药品有无横卧、倒置等不正常现象。进口兽药是否有中华人民共和国许可证号和防伪标志等。

(3)质量检验　根据药品质量标准和有关规定检查药品质量是否符合要求。药品质量检查包括外观性状检查和化验室检验两种;通常以外观性状检查为主。

①外观性状检查:由验收人员按一般药物常识进行感观检查。

②化验室检验:在外观性状检查发现问题或对质量有争议时,可进行化验室检验,必要时可抽样送到具有法定资质的药品检验机构检测。

(4)药品验收的注意事项

①收购的药品必须经过验收,由检验员检验,符合规定标准并签字或盖章后,方可入库,财务部门才能付款。

②凡不合格或过期失效和未获得批准文号的药品一律不准验收入库。

③在验收中按一定比例开箱检查,如发现质量有疑问的批号,按批号全部拆箱检查。

④进口兽药必须有口岸药检专门报告单才能验收入库。

⑤在核查化验报告单或成品合格证时,如对报告单有疑问,或发现药品质量不稳定,原材料或加工工艺改变,长期停产的恢复品种,移厂生产的初期产品或新产品等情况时,除进行外观性状检查外还应进行内在质量检验。

⑥对毒品、剧毒药品,如外观检查无可疑之处,可根据检验报告书或合格证进行验收,但不应任意拆开内包装,经过拆封检查的药品,必须及时密封,并在拆封处加盖抽样标记。

⑦验收应在光线充足、清洁卫生和干燥的场所内进行。

⑧验收人员对入库药品的数量、包装、质量进行检查后,应详细记录,保留备查。

2.在库保养

兽药保存要根据不同兽药要求条件分门别类地加以保存。

一般兽药均要求在避光、阴凉、干燥条件下贮藏。有特殊要求的兽药,应按有关规定进行贮藏。

保持库房的整洁美观和清洁卫生，各类兽药应按类别堆码存放，应做到防混乱、防污染、防虫蛀、防鼠、防尘、防潮、防霉变及保证库房安全等。定期进行在库药品的检查，及时了解药品质量变化，并采取相应的防范措施。对久贮和接近失效的药品，及时提出报告，采取相应措施，以免造成不应有的损失，对过期失效和变质的药品，应报请按规定销毁。

了解和熟悉药品的性能，探讨影响药品质量的各种因素，掌握药品质量变化的规律，提高药品养护的科学水平。

3. 出库验发

是指药品销售前的检查，以保证数量准确，质量合格。

①对发票进行"三查"，即核查收货单位、发票印章、开票日期等是否符合要求，然后再将发票与实物进行"六对"，即对货号、品名、规格、单位、数量、金额等有无差错。

②掌握"先进先出""易变先出""近期先出"的原则。

③认真检查药品质量，对不合格的药品以及过期失效、霉变、虫蛀、鼠咬等药品，坚决不准发货销售。

④坚持发货时的复核制度。药物集中后，须由另一人依据发票核对票物是否相符，以防出现差错。

（四）销售过程中的质量控制

销售人员销售的兽药必须保证质量，核对无误，并向购买者说明兽药的功能主治、用法、用量和注意事项。销售兽用处方药应遵守兽用处方药管理办法。销售兽用中药材应当注明产地。禁止兽药经营企业经营人用药品和假、劣兽药。强制免疫所需兽用生物制品的经营由动物防疫机构组织供应。供应预防用生物制品的动物防疫机构应当具备与供应品种相适应的储藏和运输条件及相应的管理制度，并必须取得省级兽医行政管理机关核发的可以经营预防用生物制品的《兽药经营许可证》。

（五）经营记录

经营记录包括购销记录和出入库记录。购销记录应当载明兽药的商品名称、通用名称、剂型、规格、批号、有效期、生产厂商、购销单位、购销数量、购销日期和国务院兽医行政管理部门规定的其他事项。

任务三　兽药使用管理

一、安全用药

兽药使用单位，应当遵守国务院兽医行政管理部门制定的兽药安全使用规定，并建立用药记录。

安全用药的前提必须是按规定采购和贮存兽药，兽药使用者必须从取得了《兽药生产许可证》的兽药生产企业，或取得了《兽药经营许可证》的经营企业购买兽药。必须对所选兽药的作用、用途、用法、用量、配伍禁忌、休药期和可能出现的毒副作用等进行全面了解，严格按照动物疾病所需兽药的特性，对兽药质量进行认真检查，对处方用兽药和非处方用兽药要严格把关，对用药后的动物要进行详细观察，发现有不良反应的，应及时进行处理。同时，每次用药后，使用者要有详细、真实、准确的记录。用药记录可帮助使用者考核药品质量及在发生有关争议后提供用药情况证明。

有休药期规定的兽药用于食品动物时，饲养者应当向购买者或者屠宰者提供准确、真实的用药记录；购买者或者屠宰者应当确保动物及其产品在用药期、休药期内不被用于食品消费。

二、处方药和非处方药制度

国家确立了对兽药使用实行处方药和非处方药分类管理的制度。兽用处方药是指凭兽医处方方可购买和使用的兽药。兽用非处方药是指由国务院兽医行政管理部门公布的、不需要凭兽医处方就可以自行购买并按照说明书使用的兽药。

三、禁止使用的兽药

①禁止使用假、劣兽药以及国务院兽医行政管理部门规定禁止使用的药品和其他化合物。

假兽药的认定。有下列情形之一的，为假兽药：

- 以非兽药冒充兽药或者以他种兽药冒充此种兽药的。
- 兽药所含成分的种类、名称与兽药国家标准不符合的。

视为假兽药的规定。有下列情形之一的，按照假兽药处理：

- 国务院兽医行政管理部门规定禁止使用的。
- 依照《兽药管理条例》规定应当经审查批准而未经审查批准即生产、进口的，或者依照本条例规定应当经抽查检验、审查核对而未经抽查检验、审查核对即销售、进口的。
- 变质的。
- 被污染的。
- 所标明的适应证或者功能主治超出规定范围的。

劣兽药的认定。有下列情形之一的，为劣兽药：

- 成分含量不符合兽药国家标准或者不标明有效成分的。
- 不标明或者更改有效期或者超过有效期的。
- 不标明或者更改产品批号的。
- 其他不符合兽药国家标准，但不属于假兽药的。

②禁止在饲料和动物饮用水中添加激素类药品和国务院兽医行政管理部门规定的其他禁用药品。

经批准可以在饲料中添加的兽药，应当由兽药生产企业制成药物饲料添加剂后方可添加。禁止将原料药直接添加到饲料及动物饮用水中或者直接饲喂动物。

③禁止将人用药品用于动物。

④未经兽医开具处方禁止使用兽药处方药。

【知识拓展】

一、兽药生产质量管理规范

《兽药生产质量管理规范》,根据《兽药管理条例》规定而制定,适用于兽药制剂生产的全过程、原料药生产中影响成品质量的关键工序等。该规范共十三章二百八十七条，2020 年 4 月 2 日农业农村部 2020 年第 3 号修订,自 2020 年 6 月 1 日起施行。

(一)厂房与设施的要求

①厂房的选址、设计、布局、建造、改造和维护必须符合兽药生产要求,应当能够最大限度地避免污染、交叉污染、混淆和差错,便于清洁、操作和维护。

②应当根据厂房及生产防护措施综合考虑选址,厂房所处的环境应当能够最大限度地降低物料或产品遭受污染的风险。

③企业应当有整洁的生产环境;厂区的地面、路面等设施及厂内运输等活动不得对兽药的生产造成污染;生产、行政、生活和辅助区的总体布局应当合理,不得互相妨碍;厂区和厂房内的人、物流走向应当合理。

④应当对厂房进行适当维护,并确保维修活动不影响兽药的质量。应当按照详细的书面操作规程对厂房进行清洁或必要的消毒。

⑤厂房应当有适当的照明、温度、湿度和通风,确保生产和贮存的产品质量以及相关设备性能不会直接或间接地受到影响。

⑥厂房、设施的设计和安装应当能够有效防止昆虫或其他动物进入。应当采取必要的措施,避免所使用的灭鼠药、杀虫剂、烟熏剂等对设备、物料、产品造成污染。

⑦应当采取适当措施,防止未经批准人员的进入。生产、贮存和质量控制区不得作为非本区工作人员的直接通道。

⑧应当保存厂房、公用设施、固定管道建造或改造后的竣工图纸。

(二)设备的要求

①设备的设计、选型、安装、改造和维护必须符合预定用途,应当尽可能降低产生污染、交叉污染、混淆和差错的风险,便于操作、清洁、维护以及必要时进行的消毒或灭菌。

②应当建立设备使用、清洁、维护和维修的操作规程,以保证设备的性能,应按规程使用设备并记录。

③主要生产和检验设备、仪器、衡器均应建立设备档案,内容包括:生产厂家、型号、规格、技术参数、说明书、设备图纸、备件清单、安装位置及竣工图,以及检修和维修保养内容及记录、验证记录、事故记录等。

④生产设备应当避免对兽药质量产生不利影响。与兽药直接接触的生产设备表面应当平整、光洁、易清洗或消毒、耐腐蚀,不得与兽药发生化学反应、吸附兽药或向兽药中释放物质而影响产品质量。

⑤生产、检验设备的性能、参数应能满足设计要求和实际生产需求,并应当配备有适当量程和精度的衡器、量具、仪器和仪表。相关设备还应符合实施兽药产品电子追溯管理的要求。

⑥应当选择适当的清洗、清洁设备,并防止这类设备成为污染源。

⑦设备所用的润滑剂、冷却剂等不得对兽药或容器造成污染，与兽药可能接触的部位应当使用食用级或级别相当的润滑剂。

⑧生产用模具的采购、验收、保管、维护、发放及报废应当制定相应操作规程，设专人专柜保管，并有相应记录。

(三)人员卫生的要求

①企业应当建立人员卫生操作规程，最大限度地降低人员对兽药生产造成污染的风险。

②人员卫生操作规程应当包括与健康、卫生习惯及人员着装相关的内容。企业应当采取措施确保人员卫生操作规程的执行。

③企业应当对人员健康进行管理，并建立健康档案。直接接触兽药的生产人员上岗前应当接受健康检查，以后每年至少进行一次健康检查。

④企业应当采取适当措施，避免体表有伤口、患有传染病或其他疾病可能污染兽药的人员从事直接接触兽药的生产活动。

⑤参观人员和未经培训的人员不得进入生产区和质量控制区，特殊情况确需进入的，应当经过批准，并对进入人员的个人卫生、更衣等事项进行指导。

⑥任何进入生产区的人员均应当按照规定更衣。工作服的选材、式样及穿戴方式应当与所从事的工作和空气洁净度级别要求相适应。

⑦进入洁净生产区的人员不得化妆和佩戴饰物。

⑧生产区、检验区、仓储区应当禁止吸烟和饮食，禁止存放食品、饮料、香烟和个人用品等非生产用物品。

⑨操作人员应当避免裸手直接接触兽药以及与兽药直接接触的容器具、包装材料和设备表面。

二、兽药经营质量管理规范

为加强兽药经营质量管理，保证兽药质量，根据《兽药管理条例》，制定《兽药经营质量管理规范》。该规范共九章三十七条，自 2010 年 3 月 1 日起施行。2017 年 11 月 30 日农业部令 2017 年第 8 号部分修订。

(一)兽药经营企业的经营场所和仓库应当具有的设施、设备

①与经营兽药相适应的货架、柜台。

②避光、通风、照明的设施、设备。

③与储存兽药相适应的控制温度、湿度的设施、设备。

④防尘、防潮、防霉、防污染和防虫、防鼠、防鸟的设施、设备。

⑤进行卫生清洁的设施、设备等。

⑤实施兽药电子追溯管理的相关设备。

(二)兽药经营企业的机构与人员的要求

①兽药经营企业直接负责的主管人员应当熟悉兽药管理法律、法规及政策规定，具备相应兽药专业知识。

②兽药经营企业应当配备与经营兽药相适应的质量管理人员。有条件的,可以建立质量管理机构。

③兽药经营企业主管质量的负责人和质量管理机构的负责人应当具备相应兽药专业知识,且其专业学历或技术职称应当符合省、自治区、直辖市人民政府兽医行政管理部门的规定。

兽药质量管理人员应当具有兽药、兽医等相关专业中专以上学历,或者具有兽药、兽医等相关专业初级以上专业技术职称。经营兽用生物制品的兽药质量管理人员应当具有兽药、兽医等相关专业大专以上学历,或者具有兽药、兽医等相关专业中级以上专业技术职称,并具备兽用生物制品专业知识。

兽药质量管理人员不得在本企业以外的其他单位兼职。

主管质量的负责人、质量管理机构的负责人、质量管理人员发生变更的,应当在变更后 30 个工作日内向发证机关备案。

④兽药经营企业从事兽药采购、保管、销售、技术服务等工作的人员,应当具有高中以上学历,并具有相应兽药、兽医等专业知识,熟悉兽药管理法律、法规及政策规定。

⑤兽药经营企业应当制订培训计划,定期对员工进行兽药管理法律、法规、政策规定和相关专业知识、职业道德培训、考核,并建立培训、考核档案。

(三)兽药经营企业售后服务的要求

①兽药经营企业应当按照兽医行政管理部门批准的兽药标签、说明书及其他规定进行宣传,不得误导购买者。

②兽药经营企业应当向购买者提供技术咨询服务,在经营场所明示服务公约和质量承诺,指导购买者科学、安全、合理使用兽药。

③兽药经营企业应当注意收集兽药使用信息,发现假、劣兽药和质量可疑兽药以及严重兽药不良反应时,应当及时向所在地兽医行政管理部门报告,并根据规定做好相关工作。

三、兽药残留控制

在集约化畜牧业生产发展的同时,用于促进生长、同步发情等非治疗用途的药物品种和数量也在不断增加,用作预防的兽药及化学药品被广泛地用作饲料添加剂,以促进生长、提高饲料的转化率,控制生殖周期及繁殖性能,增进饲料的适口性及改善动物性食品对人的口味。由此导致食品动物组织和产品中药物残留大量存在,对消费者的健康和环境造成潜在的危害,因此加强对兽药及药物添加剂的管理越来越重要。

(一)动物性食品中的兽药残留

1. 兽药残留

兽药残留是指食品动物在应用兽药(包括药物添加剂)后,兽药的原形及其代谢物、与兽药有关的杂质等有可能蓄积或残存在动物的细胞、组织或器官内,或进入泌乳动物的乳、产蛋家禽的蛋中,又称残留物或残毒。残留一般包括兽药或化学物的原形、它们在动物体内的代谢物和降解产物。食品中兽药残留立法委员会(CCRVDF)认可的“兽药残留”是指动物产品的任何食用部分所含兽药的母体化合物及其代谢物,以及与兽药有关的杂质的残留。

2. 兽药残留的来源

在食品动物体内或动物性食品中发现的违章残留，大都是由用药错误造成的，其原因主要有：①不正确地应用药物，如用药剂量、给药途径、用药部位和用药动物的种类等不符合用药指示，这些因素有可能延长药物残留在体内的时间，从而需要增加休药的天数；②在休药期结束前屠宰动物；③屠宰前用药掩饰临床症状，以逃避屠宰前检查；④以未经批准的药物作为添加剂饲喂动物；⑤药物标签上的用法指示不当，造成违章残留物；⑥饲料粉碎设备受污染或将盛过抗菌药物的容器用于贮藏饲料；⑦接触厩舍粪尿池中含有抗生素等药物的废水和排放的污水；⑧任意以抗生素药渣喂猪或其他食品动物等。滥用抗生素，是出现抗生素残留的主要原因。

3. 兽药残留对人体健康的影响

兽药残留对人类健康的危害作用，一般来说，并不表现为急性毒性作用。倘若人体经常摄入低剂量的同样残留物，在经过一定时间后，则可由于残留物在体内的逐渐蓄积而导致各种器官病变，甚至癌变。某些过敏体质的个体，对有些药物的敏感性比一般个体高，即使接触的药物残留量甚低，也可引起变态反应。动物性食品中的兽药残留对人体健康的影响，主要表现为变态反应与过敏反应、细菌耐药性、致畸作用、致突变作用和致癌作用，以及激素（样）作用等多方面。

（二）控制动物性食品中兽药残留的措施

如何控制好动物性食品中的药物残留是保障环境卫生、公众健康和促进对外贸易的重大问题，也是当前兽药管理中的重要工作。

1. 加强对兽药生产经营和使用的管理

要控制好动物性食品中的药物残留必须从审批、注册、生产、销售和使用等各环节加强对兽药的管理。生产实践中合理应用抗菌药物，对控制动物性食品中药物残留甚为重要，限制常用医用抗菌药物或容易产生耐药菌株的抗生素在畜牧业生产上的使用范围，不得将其用作饲料药物添加剂。

2. 建立动物性食品兽药残留的常规检测制度

建立动物性食品中兽药残留的常规检测制度，并以法规形式规定将动物性食品中兽药残留的检测工作作为常规工作进行。当然，只有在加强对兽药生产和使用管理的基础上，食品中兽药残留量的检测才能发挥其积极作用。

3. 严格规定兽药的休药期和最高残留限量

制订和控制兽药和药物添加剂的休药期，制订肉、蛋和乳等动物性食品中药物添加剂及其他化学物质的最高残留限量，并在生产中严格执行休药期的规定，对动物性食品中的药物残留进行全面检测，凡超过规定残留限量的食品不允许在市场上出售。

4. 对兽药进行安全性毒理学评价

为保障动物性食品的安全性，必须对兽药（含药物添加剂）和饲料中的各种污染物及有害物质进行安全性毒理学评价。

5. 淘汰不安全的兽药品种、严格限制饲料药物添加剂品种

【案例分析】

2006 年 5 月 10 日，执法人员在检查某兽药经营公司（简称 A 公司）时发现，A 公司正在经营江西 B 公司生产的清宁菊注射液 20 盒和保定 C 公司生产的荆防败毒散 32 袋。其中清宁菊注射液的说明书中标明的功能主治有“用于家畜链球菌病”等，批准文号是赣兽药字（2003）Z015060，生产日期是 2006 年 3 月 22 日，有效期至 2008 年 8 月，包装标明的兽药 GMP 证书编号是（2005）兽药 GMP 证字 212 号；荆防败毒散的批准文号是冀兽药字（2000）Z195331，生产日期是 2006 年 1 月 22 日。该单位当场未能出示以上兽药 GMP 证书、批准文号、标签和说明书的批准证明文件。

在进一步的调查取证工作中，A 公司提供了上述两种兽药的 GMP 证书、批准文号、标签和说明书的证明材料。经认真核对发现：其经营的清宁菊注射液使用说明中所标注的“用于家畜链球菌病”的功能，在该兽药的标签和说明书的批准证明文件中并没有注明，即说明了清宁菊注射液所表明的功能主治超出了规定范围；其经营的荆防败毒散的批准文号是河北省农业农村局 2000 年 8 月审批的，应当于 2005 年 8 月前换发新的批准文号，而该兽药生产日期是 2006 年 1 月 22 日，按照农业部的有关规定，此种兽药应当于 2005 年 12 月 31 日停止生产，即其经营的荆防败毒散属于依法应当审查批准而未经审查批准即生产的。因此，根据《兽药管理条例》相关规定，该单位经营的以上两种兽药应按照假兽药进行处理。

【知识链接】

《新兽药研制管理办法》
《兽药质量监督抽样规定》
《兽药管理条例》
《食品动物禁用的兽药及其他化合物清单》
《饲料添加剂品种目录（2013）》
《动物性食品中兽药的最高残留限量》

《新兽药研制管理办法》

《兽药质量监督抽样规定》

《兽药管理条例》

《食品动物禁用的兽药及其他化合物清单》

《饲料添加剂品种目录（2013）》

《动物性食品中兽药的最高残留限量》

项目八　饲料和饲料添加剂管理

【学习目标】

了解饲料和饲料添加剂的概念和分类，掌握饲料和饲料添加剂的生产、经营和使用管理。

【学习内容】

任务一　概　　述

1999年5月29日国务院发布第266号令，颁布了我国第一个饲料行业管理法规《饲料和饲料添加剂管理条例》(以下简称《条例》)。随着人民群众生活水平的提高和食品、农产品质量安全意识的日益增强，特别是食品安全法、农产品质量安全法的颁布进一步完善了我国食品、农产品的质量安全管理制度，对饲料、饲料添加剂的质量安全也提出了更高要求，对《条例》逐步进行修改、完善。2013年12月4日，国务院常务会议第二次对《条例》进行修订。根据2016年2月6日《国务院关于修改部分行政法规的决定》第三次修订，根据2017年3月1日《国务院关于修改和废止部分行政法规的决定》第四次修订。

《饲料和饲料添加剂管理条例》实施以来，饲料行业管理法规不断完善，饲料管理法律法规体系逐步健全，保障了我国饲料和饲料添加剂的产品质量安全，有利于规范饲料生产、经营和使用行为，构建公平有序的市场环境，促进饲料行业向规模化、标准化、集约化方向发展，全面推进我国由饲料大国向饲料强国转变。

国务院农业行政主管部门(农业农村部)负责全国饲料、饲料添加剂的管理工作，县级以上地方人民政府饲料管理部门负责本行政区域内的饲料、饲料添加剂的管理工作。县级以上地方人民政府统一领导本行政区域饲料、饲料添加剂的监督管理工作，建立健全监督管理机制，保障监督管理工作的开展。修订后的条例，强调了饲料生产企业、经营者的主体责任。规定饲料、饲料添加剂生产企业、经营者应当建立健全质量安全制度，对其生产、经营的饲料、饲料添加剂的质量安全负责。

一、饲料的概念和分类

《条例》所称饲料是指经工业化加工、制作的供动物食用的产品。饲料的分类方法很多，可以按来源、属性、使用对象和形态等加以区分。《条例》把饲料分为单一饲料、添加剂预混合饲料、浓缩饲料、配合饲料和精料补充料五大类。

(1)单一饲料　是指来源于一种动物、植物、微生物或者矿物质，用于饲料产品生产的饲料。

(2)添加剂预混合饲料　是指由 2 种(类)或者 2 种(类)以上营养性饲料添加剂为主,与载体或者稀释剂按照一定比例配制的饲料,包括复合预混合饲料、微量元素预混合饲料、维生素预混合饲料。

(3)浓缩饲料　是指主要由蛋白质、矿物质和饲料添加剂按照一定比例配制的饲料。

(4)配合饲料　是指根据养殖动物营养需要,将多种饲料原料和饲料添加剂按照一定比例配制的饲料。

(5)精料补充料　是指为补充草食动物的营养,将多种饲料原料和饲料添加剂按照一定比例配制的饲料。

二、饲料添加剂的概念和分类

《条例》所称饲料添加剂是指在饲料加工、制作、使用过程中添加的少量或者微量物质,包括营养性饲料添加剂、一般饲料添加剂和药物饲料添加剂等。

(1)营养性饲料添加剂　是指为补充饲料营养成分而掺入饲料中的少量或者微量物质,包括饲料及氨基酸、维生素、矿物质微量元素、酶制剂、非蛋白氮等。

(2)一般饲料添加剂　是指为保证或者改善饲料品质、提高饲料利用率而掺入饲料中的少量或者微量物质。

(3)药物饲料添加剂　是指为预防、治疗动物疾病而掺入载体或者稀释剂的兽药的预混合物质。药物饲料添加剂的管理,依照《兽药管理条例》的规定执行。

三、添加剂预混合饲料的概念

添加剂预混合饲料是指由两种或两种以上饲料添加剂加载体或稀释剂按一定比例配制而成的均匀混合物,在配合饲料中添加量不超过 10%。

任务二　饲料和饲料添加剂的生产管理

一、饲料和饲料添加剂生产企业条件

设立饲料和饲料添加剂生产企业,除应符合有关法律、法规规定的企业设立条件外,还应具备下列基本条件,方可办理企业生产许可证。

《饲料和饲料添加剂管理条例》和《饲料和饲料添加剂生产许可管理办法》规定,设立饲料、饲料添加剂生产企业,应当符合饲料工业发展规划和产业政策,并具备下列条件:

①有与生产饲料、饲料添加剂相适应的厂房、设备和仓储设施。

②有与生产饲料、饲料添加剂相适应的专职技术人员。

③有必要的产品质量检验机构、人员、设施和质量管理制度。

④有符合国家规定的安全、卫生要求的生产环境。

⑤有符合国家环境保护要求的污染防治措施。

⑥农业部制定的饲料、饲料添加剂质量安全管理规范规定的其他条件。

2012年10月22日农业部发布第1849号公告，对饲料生产企业条件进一步细化，规定设立添加剂预混合饲料、浓缩饲料、配合饲料和精料补充料生产企业，应当符合《饲料生产企业许可条件》，设立混合型饲料添加剂生产企业，应当符合《混合型饲料添加剂生产企业许可条件》。

二、饲料和饲料添加剂生产许可管理

(一)饲料和饲料添加剂生产许可管理

饲料和饲料添加剂生产许可证由省级人民政府饲料管理部门(以下简称省级饲料管理部门)核发。农业部设立饲料和饲料添加剂生产许可专家委员会，负责饲料和饲料添加剂生产许可的技术支持工作。省级饲料管理部门设立饲料生产许可证专家审核委员会，负责本行政区域内生产许可的技术评审工作。

申请设立饲料、饲料添加剂生产企业，申请人应当向生产地省级饲料管理部门提出申请，省级饲料管理部门应当自受理之日起10个工作日内进行书面审查。审查合格的，组织进行现场审核，并根据审核结果在10个工作日内做出是否核发生产许可证的决定。申请人凭生产许可证办理工商登记手续。

饲料、饲料添加剂生产企业有增加或更换生产线、增加饲料或饲料添加剂产品品种、生产场所迁址等情形的，应当按照企业设立程序重新办理生产许可证。饲料、饲料添加剂生产企业有企业名称变更、企业法定代表人变更、企业注册地址或注册地址名称变更、生产地址名称变更等情形的，应当在15日内向企业所在地省级饲料管理部门提出变更申请并提交相关证明，由发证机关依法办理变更手续。饲料、饲料添加剂生产企业有生产许可证依法被撤销、撤回或依法被吊销、生产许可证有效期届满未按规定续展、企业停产一年以上或依法终止、企业申请注销等情形的，由发证机关注销生产许可证。

生产许可证有效期满需继续生产的，应当在有效期届满6个月前向省级饲料管理部门提出续展申请，并提交相关材料。

(二)产品批准文号管理

在中华人民共和国境内生产的饲料添加剂、添加剂预混合饲料产品，在生产前应当取得相应的产品批准文号。

饲料添加剂、添加剂预混合饲料生产企业应向省级饲料管理部门提出产品批准文号申请，并提交产品批准文号申请表、生产许可证复印件等申请资料。省级饲料管理部门自受理申请之日起10个工作日内对申请资料进行审查，必要时可以进行现场核查。审查合格的，通知企业将产品样品送交指定的饲料质量检验机构进行复核检测，并根据复核检测结果在10个工作日内决定是否核发产品批准文号。饲料添加剂产品批准文号格式为：×饲添字(××××)××××××；添加剂预混合饲料产品批准文号格式为：×饲预字(××××)××××××；第一个×为核发产品批准文号省、自治区、直辖市的简称；(××××)为年份；××××××为前3位表示本辖区企业的固定编号，后3位表示该产品获得的产品批准文号序号。

三、饲料和饲料添加剂生产管理

1. 饲料、饲料添加剂生产企业应当按照农业部的规定和有关标准，对采购的饲料原料、单一饲料、饲料添加剂、药物饲料添加剂、添加剂预混合饲料和用于饲料添加剂生产的原料进行查验或者检验并做好记录。

2. 饲料企业使用的饲料原料和饲料添加剂均应当属于《饲料原料目录》《饲料添加剂品种目录》和《饲料药物添加剂使用规范》所列品种。饲料生产企业使用限制使用的饲料原料、单一饲料、饲料添加剂、药物饲料添加剂、添加剂预混合饲料生产饲料时，还应当遵守《饲料添加剂安全使用规范》和《饲料药物添加剂使用规范》等限制性使用规定。

3. 饲料、饲料添加剂生产企业，应当按照产品质量标准以及农业部制定的饲料、饲料添加剂质量安全管理规范和《饲料添加剂安全使用规范》组织生产，对生产过程实施有效控制并实行生产记录和产品留样观察制度。

4. 饲料、饲料添加剂生产企业应当对生产的饲料、饲料添加剂进行产品质量检验；检验合格的，应当附具产品质量检验合格证。未经产品质量检验、检验不合格或者未附具产品质量检验合格证的，不得出厂销售。

5. 出厂销售的饲料、饲料添加剂应当包装，包装应当符合国家有关安全、卫生的规定。

6. 饲料、饲料添加剂的包装上应当附具标签。标签应当以中文或者适用符号标明产品名称、原料组成、产品成分分析保证值、净重或者净含量、贮存条件、使用说明、注意事项、生产日期、保质期、生产企业名称以及地址、许可证明文件编号和产品质量标准等。加入药物饲料添加剂的，还应当标明“加入药物饲料添加剂”字样，并标明其通用名称、含量和休药期。乳和乳制品以外的动物源性饲料，还应当标明“本产品不得饲喂反刍动物”字样。不得标示具有预防或者治疗动物疾病作用的内容，但饲料中添加药物饲料添加剂的，可以对所添加的药物饲料添加剂的作用加以说明。

7. 饲料、饲料添加剂生产企业发现其生产的饲料、饲料添加剂对养殖动物、人体健康有害或者存在其他安全隐患的，应当立即停止生产，通知经营者、使用者，向饲料管理部门报告，主动召回产品，并记录召回和通知情况。召回的产品应当在饲料管理部门监督下予以无害化处理或者销毁。

四、饲料和饲料添加剂的委托生产和定制产品管理

（一）饲料、饲料添加剂的委托生产条件

饲料、饲料添加剂生产企业委托其他饲料、饲料添加剂企业生产的，应当具备下列条件，并向各自所在地省级饲料管理部门备案。

1. 委托产品在双方生产许可范围内；委托生产饲料添加剂、添加剂预混合饲料的，双方还应当取得委托产品的产品批准文号。

2. 签订委托合同，依法明确双方在委托产品生产技术、质量控制等方面的权利和义务。受托方应当按照饲料、饲料添加剂质量安全管理规范和饲料添加剂安全使用规范及产品标准组织生产，委托方应当对生产全过程进行指导和监督。委托方和受托方对委托生产的饲料、饲料

添加剂质量安全承担连带责任。委托生产的产品标签应当同时标明委托企业和受托企业的名称、注册地址、许可证编号;委托生产饲料添加剂、添加剂预混合饲料的,还应当标明受托方取得的生产该产品的批准文号。

(二)饲料、饲料添加剂的定制产品管理

饲料添加剂、添加剂预混合饲料生产企业为其他饲料、饲料添加剂生产企业生产定制产品的,定制产品可以不办理产品批准文号。

定制产品应当附具符合规定的标签,并标明"定制产品"字样和定制企业的名称、地址及其生产许可证编号。定制产品仅限于定制企业自用,生产企业和定制企业不得将定制产品提供给其他饲料、饲料添加剂生产企业、经营者和养殖者。

任务三　饲料和饲料添加剂的经营管理

一、饲料和饲料添加剂经营企业必备的条件

饲料、饲料添加剂经营者应当符合下列条件:

①有与经营饲料、饲料添加剂相适应的经营场所和仓储设施。

②有具备饲料、饲料添加剂使用、贮存等知识的技术人员。

③有必要的产品质量管理和安全管理制度。

二、饲料和饲料添加剂的经营管理

①饲料、饲料添加剂经营者进货时应当查验产品标签、产品质量检验合格证和相应的许可证明文件。经营者应当建立产品购销台账,如实记录购销产品的名称、许可证明文件编号、规格、数量、保质期、购销时间等,购销台账保存期限不得少于 2 年。

②饲料、饲料添加剂经营者不得对饲料、饲料添加剂进行拆包、分装,不得对饲料、饲料添加剂进行再加工或者添加任何物质。

③禁止经营用农业部公布的饲料原料目录、饲料添加剂品种目录和药物饲料添加剂品种目录以外的任何物质生产的饲料。

④禁止生产、经营、使用未取得新饲料、新饲料添加剂证书的新饲料、新饲料添加剂以及禁用的饲料、饲料添加剂。禁止经营、使用无产品标签、无生产许可证、无产品质量标准、无产品质量检验合格证的饲料、饲料添加剂。禁止经营使用无产品批准文号的饲料添加剂、添加剂预混合饲料。禁止经营使用未取得饲料、饲料添加剂进口登记证的进口饲料、进口饲料添加剂。

⑤境外企业不得直接在中国销售饲料、饲料添加剂。境外企业在中国销售饲料、饲料添加剂的,应当依法在中国境内设立销售机构或者委托符合条件的中国境内代理机构销售。进口的饲料、饲料添加剂应当包装,包装应当符合中国有关安全、卫生的规定,并附具中文标签。向中国出口的饲料、饲料添加剂应当符合中国有关检验检疫的要求,由出入境检验检疫机构依法实施检验检疫,并对其包装和标签进行核查。包装和标签不符合要求的,不得出入境。

任务四 饲料和饲料添加剂的使用管理

使用饲料、饲料添加剂应当遵守国务院农业行政主管部门制定的安全使用规范。养殖者应当按照产品使用说明和注意事项使用饲料。在饲料或者动物饮用水中添加饲料添加剂的，应当符合饲料添加剂使用说明和注意事项的要求，遵守农业部制定的《饲料添加剂安全使用规范》。

养殖者使用自行配制饲料的，应当遵守农业部制定的自行配制饲料使用规范，并不得对外提供自行配制的饲料。

使用限制使用的物质养殖动物的，应当遵守农业部的限制性规定。禁止在饲料、动物饮用水中添加农业部公布禁用的物质以及对人体具有直接或者潜在危害的其他物质，或者直接使用上述物质养殖动物。禁止在反刍动物饲料中添加乳和乳制品以外的动物源性成分。

2002 年 2 月，农业部、卫生部、国家食品药品监督管理局联合发布第 176 号公告《禁止在饲料和动物饮用水中使用的药物品种目录》，目录收载了肾上腺素受体激动剂、性激素、蛋白同化激素、精神药品和抗生素滤渣 5 类 40 种禁止在饲料和动物饮水中使用的药物品种。2010 年 12 月农业部发布第 1519 号公告《禁止在饲料和动物饮水中使用的物质》，禁止在饲料和动物饮水中使用苯乙醇胺 A 等 11 种物质。

2002 年 8 月，最高人民法院、最高人民检察院联合发布了《最高人民法院、最高人民检察院关于办理非法生产、销售、使用禁止在饲料和动物饮用水中使用的药品等刑事案件具体应用法律若干问题的解释》。规定在生产、销售的饲料中添加盐酸克仑特罗等禁止在饲料和动物饮用水中使用的药品，或者销售明知是添加有该类药品的饲料，情节严重的，以非法经营罪追究刑事责任。使用盐酸克仑特罗等禁止在饲料和动物饮用水中使用的药品或者含有该类药品的饲料养殖供人食用的动物，或者销售明知是使用该类药品或者含有该类药品的饲料养殖的供人食用的动物的，以生产、销售有毒、有害食品罪追究刑事责任。

【知识拓展】

一、饲料和饲料添加剂生产许可条件

饲料和饲料添加剂生产许可证管理有《饲料生产企业许可条件》和《混合型饲料添加剂生产企业许可条件》(2012 年 10 月 9 日农业部公布，2012 年 12 月 1 日起施行)。

(一)机构与人员条件

企业应当设立技术、生产、质量、销售、采购管理机构。技术、生产、质量机构应当配备专职负责人，并不得互相兼任。

①技术机构负责人应当具备畜牧、兽医、水产等相关专业大专以上学历或中级以上技术职称，熟悉饲料法规、动物营养、产品配方设计等专业知识，并通过现场考核。

②生产机构负责人应当具备畜牧、兽医、水产、食品、机械、化工与制药等相关专业大专以上学历或中级以上技术职称，熟悉饲料法规、饲料加工技术与设备、生产过程控制、生产管理等

专业知识，并通过现场考核。

③质量机构负责人应当具备畜牧、兽医、水产、食品、化工与制药、生物科学等相关专业大专以上学历或中级以上技术职称，熟悉饲料法规、原料与产品质量控制、原料与产品检验、产品质量管理等专业知识，并通过现场考核。

④销售和采购机构负责人应当熟悉饲料法规，并通过现场考核。

⑤企业应当配备2名以上专职饲料检验化验员。饲料检验化验员应当取得农业部职业技能鉴定机构颁发的职业资格证书，混合饲料添加剂生产企业的检验化验员也可获得与生产产品相关的省级以上医药、化工、食品行业管理部门核发的检验类职业资格证书。并通过现场操作技能考核。

⑥企业的饲料厂中央控制室操作工、饲料加工设备维修工应当取得农业部职业技能鉴定机构颁发的职业资格证书。

(二)厂区、布局与设施许可条件

①企业应当独立设置厂区，厂区周围没有影响饲料产品质量安全的污染源。布局合理，生产区与生活、办公等区域分开。道路和作业场所应当采用混凝土或沥青硬化，生活、办公等区域有密闭式生活垃圾收集设施。

②生产区应当按照生产工序合理布局，固态添加剂预混合饲料、浓缩饲料、配合饲料、精料补充料、混合型饲料添加剂有相对独立的、与生产规模相匹配的生产车间、原料库、配料间和成品库。

液态添加剂预混合饲料有与生产规模相匹配的前处理间、配料间、生产车间、罐装间、外包装间、原料库、成品库。

固态添加剂预混合饲料生产区总使用面积不低于500 m^2；液态添加剂预混合饲料生产区总使用面积不低于350 m^2；浓缩饲料、配合饲料、精料补充料生产区总使用面积不低于1 000 m^2；混合型饲料添加剂生产区总使用面积不少于400 m^2。

③添加剂预混合饲料生产线应当单独设立，生产设备不得与配合饲料、浓缩饲料、精料补充料生产线共用。同时生产固态和液态添加剂预混合饲料的，生产车间应当分别设立。

生产添加剂预混合饲料和混合型饲料添加剂的，生产车间应当分别设立，且生产设备不得共用。

④生产区建筑物通风和采光良好，自然采光设施应当有防雨功能，人工采光灯具应当有防爆功能。

厂区内应当配备必要的消防设施或设备。有完善的排水系统，排水系统入口处有防堵塞装置，出口处有防止动物侵入装置。存在安全风险的设备和设施，应当设置警示标志和防护设施。

⑤企业应当为生产区作业人员配备劳动保护用品。

⑥企业仓储设施应当符合以下条件：

- 满足原料、成品、包装材料、备品备件贮存要求，并具有防霉、防潮、防鸟、防鼠等功能。
- 存放维生素、微生物添加剂和酶制剂等热敏物质的贮存间密闭性能良好，并配备空调。
- 亚硒酸钠等按危险化学品管理的饲料添加剂应当有独立的贮存间或贮存柜。
- 药物饲料添加剂应当有独立的贮存间。

• 具有立筒仓的生产企业，立筒仓应当配备通风系统和温度监测装置。

二、新饲料和新饲料添加剂管理

新饲料，是指我国境内新研制开发的尚未批准使用的单一饲料。新饲料添加剂，是指我国境内新研制开发的尚未批准使用的饲料添加剂。

国家鼓励研制新饲料、新饲料添加剂。研制新饲料、新饲料添加剂，应当遵循科学、安全、有效、环保的原则，保证新饲料、新饲料添加剂的质量安全。新饲料和新饲料添加剂直接涉及肉、蛋、乳等动物性食品的安全和公众健康，世界各国普遍制定了严格的管理制度。新研制的饲料和饲料添加剂，只有在对其安全性、有效性及其对环境的影响进行全面、科学的检测、试验，确认符合国家规定的标准后，才能允许投入生产，进入流通和消费，否则将有可能给养殖业和公众健康带来严重危害。

（一）新饲料和新饲料添加剂的审批

研制的新饲料、新饲料添加剂投入生产前，研制者或生产企业应当向农业部提出审定申请，并提供该新饲料、新饲料添加剂的产品样品和申请资料。农业部自受理申请之日起 5 个工作日内，将样品和申请资料交全国饲料评审委员会，对该新饲料、新饲料添加剂的安全性、有效性及其对环境的影响进行评审。

全国饲料评审委员会由养殖、饲料加工、动物营养、毒理、药理、代谢、卫生、化工合成、生物技术、质量标准、环境保护、食品安全风险评估等方面的专家组成。全国饲料评审委员会对新饲料、新饲料添加剂的评审采取评审会议的形式，评审会议有 9 名以上全国饲料评审委员会专家参加，根据需要也可以邀请 1～2 名全国饲料评审委员会专家以外的专家参加，参加评审的专家对评审事项具有表决权。评审会议形成评审意见和会议纪要，并由参加评审的专家审核签字；有不同意见的，应当注明。参加评审的专家应当依法公平、公正履行职责，对评审资料保密，存在回避事由的，应当主动回避。

评审通过的，由全国饲料评审委员会将样品交农业部指定的饲料质量检验机构进行质量复核。评审过程中，农业部可以组织对申请人的试验或生产条件进行现场核查，或者对试验数据进行核查或验证。全国饲料评审委员会应当自收到新饲料、新饲料添加剂申请资料和样品之日起 9 个月内向农业部提交评审结果；农业部自收到评审结果之日起 10 个工作日内做出是否核发新饲料、新饲料添加剂证书的决定。

（二）新饲料和新饲料添加剂的监测期管理

为了检测新产品实际应用条件下的质量安全，加强对新饲料、新饲料添加剂上市后的监管，国家对新饲料、新饲料添加剂实行监测期管理。新饲料、新饲料添加剂的监测期为 5 年，自新饲料、新饲料添加剂证书核发之日起计算。新饲料、新饲料添加剂处于监测期的，不受理其他就该新饲料、新饲料添加剂的生产申请和进口登记申请，但超过 3 年不投入生产的除外。

生产企业应当收集处于监测期的新饲料、新饲料添加剂的质量稳定性及其对动物产品质量安全的影响等信息，并向农业部报告；农业部应当对新饲料、新饲料添加剂的质量安全状况组织跟踪监测，证实其存在安全问题的，应当撤销新饲料、新饲料添加剂证书并予以公告。

三、进口饲料和饲料添加剂管理

向中国出口中国境内尚未使用但出口国已经批准生产和使用的饲料、饲料添加剂的，应当委托中国境内代理机构向农业部申请登记，并提供该饲料、饲料添加剂的样品和申请资料。农业部依照新饲料、新饲料添加剂的评审程序组织评审，并根据评审结果做出是否核发饲料、饲料添加剂进口登记证的决定。

首次向中国出口中国境内已经使用且出口国已经批准生产和使用的饲料、饲料添加剂的，应当依照规定申请登记。农业部对申请资料进行审查；审查合格的，将样品交由指定的机构进行复核检测；复核检测合格的，由农业部核发饲料、饲料添加剂进口登记证。

饲料、饲料添加剂进口登记证有效期为 5 年。进口登记证有效期满需要继续向中国出口饲料、饲料添加剂的，应当在有效期届满 6 个月前申请续展。

禁止进口未取得饲料、饲料添加剂进口登记证的饲料、饲料添加剂。进口的饲料、饲料添加剂应当符合安全、有效和不污染环境的原则。生产国（地区）已淘汰或禁止生产、销售、使用的饲料和饲料添加剂，不予登记。

【案例分析】

甲公司是生产优质猪饲料的厂家，2004 年年初甲公司开发兔饲料。甲公司按专家提供的兔饲料配方，从乙公司购买药物饲料添加剂来组织兔饲料的生产。但在制作标签时，甲公司技术人员经验不足，未仔细分析乙公司提供的药物饲料添加剂所含药物，想当然地把猪饲料药物饲料添加剂所含的三种药物“硫酸黏杆菌素、金霉素、盐霉素钠”设计在兔饲料标签上。兔饲料投入市场后，质量反映良好。同年 6 月，丙饲料店购买了甲公司生产的兔饲料，在实际使用过程中出现了兔死亡现象。丙饲料店最初认为属粗纤维含量问题所导致，向甲公司索赔。双方共同抽取饲料样品进行检验后证实饲料粗纤维含量符合企业标准。与此同时，丙饲料店所在地牧业管理局在饲料标签专项检查中发现：甲公司所生产的兔饲料标签表明饲料中添加有兔不能使用的三种药物。该牧业管理局以丙饲料店违反《饲料和饲料添加剂管理条例》第二十九条规定为由向其下达当场处罚决定书：处以罚款 2 万元。丙饲料店认为应由甲公司承担罚款，并赔偿自己损失。乙公司也提供证据证实其提供的饲料药物添加剂只含有药物“盐酸氯苯胍”，并无其他药物。甲公司这才发现，标签制作失误给公司带来了不利。

根据有关法律法规，谈谈你对此案例的看法。

【知识链接】

《饲料和饲料添加剂管理条例》

《饲料和饲料添加剂管理条例》

项目九　畜牧兽医有关标准

【学习目标】

掌握标准的概念和分类，了解制定畜牧兽医标准的意义、原则和程序，掌握畜牧兽医标准的实施与监督管理。

【学习内容】

一、标准的概念

国际标准化组织(ISO)与国际电工委员会(IEC)联合发布的第2号指南《标准化与相关活动的基本术语及其定义(第六版)》，给标准的定义如下：标准是由一个公认的机构制定和批准的文件，它对活动或活动的结果规定了规则、导则或特性值，供共同和反复使用，以实现在预定结果领域内最佳秩序的效益。

我国在《标准化基本术语》中对标准定义是：标准是重复性事物或概念所做的统一规定，它以科学技术和实践检验的综合成果为基础，仅有关方面协商一致，由主管部门批准，以特定形式发布，作为共同遵守的准则和依据。

不同级别的标准是在不同适用范围内进行统一，不同类型的标准从不同侧面进行统一。此外，标准的编写格式也应该是统一的，各类标准都有自己统一的"特定形式"。有统一的编写顺序和方法，标准的编写顺序、方法，印刷、幅面格式和编号方法的统一，既可以保证的编写质量，又便于标准的使用和管理，同时也体现出标准的严肃性和权威性。

二、标准的分类

按照标准化层级、标准作用和有效的范围，可以将标准划分为不同层次和级别，如国际标准、区域标准、国家标准、行业标准、地方标准和企业(公司)标准。《中华人民共和国标准法》第六条规定我国的标准分为国家标准、行业标准、地方标准和企业标准。

1. 国际标准

是指国际标准化组织(ISO)和国际电工委员会(IEC)制定的标准，以及ISO公布的国际组织所制定的在国际上通行的标准。因此，ISO和IEC批准、发布的标准是目前主要的国际标准。国际标准化组织有：国际计量局(BIPM)、食品法典委员会(CAC)、关税合作理事会(CCC)、世界卫生组织(WHO)、世界动物卫生组织[国际兽疫防治局(OIE)]和国际法制计量组织(OIML)等。

国际标准是为了适应国际经济技术合作的需要而产生，它与国家标准不同的是没有国家强制力作保障，依靠各国自愿采用。我国《标准化法》规定：国家积极采用国际标准。但国际标准不等于国家标准，有些国家标准和著名的公司或企业标准，其水平通常还高于国际标准。

2. 区域标准

是由某一区域标准组织制定，并公开发布的标准。如欧洲标准化委员会（CEN）发布的欧洲标准（EN）。

3. 国家标准

是由国家标准团体制定并公开发布的标准。如 GB、ANSI、BS、NF、DIN、JIS 等，分别是中、美、英、法、德、日等国国家标准的代号。我国的国家标准（GB）是由国务院标准化行政主管部门制定，必须在全国范围内统一实施的标准。GB 是强制性国家标准，GB/T 是推荐性国家标准，GB/Z 是国家标准化指导性技术文件。

国家标准的编号由国家标准的代号、国家标准发布的顺序号和国家标准发布的年号构成。

4. 行业标准

是由行业标准化团体或机构制定，在某行业范围内发布并统一实施的标准，又称为团体标准。我国的行业标准是指对没有国家标准，而又需要在全国某个行业范围内统一的技术要求所制定的标准。由国务院有关行政主管部门制定，并报国务院标准化行政主管部门备案。行业标准分为强制性标准和推荐性标准。农业行业强制性标准代号为 NY；农业行业的推荐性行业标准代号是 NY/T。行业标准的编号由行业标准代号、行业标准发布的顺序号和行业标准发布的年号构成。

5. 地方标准

是由国家的地方部门制定并公开发布的标准。我国的地方标准是对没有国家标准和行业标准而又需要在省、自治区、直辖市范围内统一的产品安全、卫生要求、环境保护、食品卫生、节能等有关要求所制定的标准，它由省、自治区、直辖市标准化行政主管部门统一组织制定，并报国务院标准化行政主管部门和国务院有关行政主管部门备案。地方标准代号为 DB。强制性地方标准为 DB＋ *，推荐性地方标准为 DB＋ * /T（ * 表示省级行政区划代码前两位）。

6. 企业标准

有些国家又称公司标准，企业生产的产品没有国家标准和行业标准的，应当制定企业标准，作为组织生产的依据。企业标准须报当地政府标准化行政主管部门和有关行政主管部门备案。我国的企业标准的代号为 Q 加斜线加企业代号。

企业标准是最低一级的标准，不得与国家标准、行业标准和地方标准相冲突。国家鼓励企业制定高于国家标准或行业标准的企业标准，在企业内部适用。如美国波音飞机公司、德国西门子电器公司、新日本钢铁公司等企业发布的企业标准都是国际上有影响的先进标准。

根据标准实施的效力，还可把标准分为强制性标准、暂行性标准和推荐性标准。强制性标准是根据法律或法规规定，应强制实施的标准。暂行性标准是由一个标准化团体暂时制定并公开发布的文件，以使其作为一个标准，在应用中获得必要的经验。暂行标准一般应规定一个试行期限，试行期内达不到的某些要求和指标，可呈报有关部门酌情放宽执行。推荐性标准是自愿执行的标准，其对象一般具有指导意义，但又不宜强制执行的技术和管理要求。

三、畜牧兽医标准的制定、实施与监督

制定标准必须贯彻“从养殖场到餐桌”各个环节进行控制的指导思想，主要包括建立健全

直接与食品安全有关的动物防疫、兽药、饲料等投入品的质量及动物性产品中有毒有害物质的控制标准;完善涉及生态环境保护和品种资源保护的标准;规范为保障食品安全所需的辅助条件,如饲养管理技术、畜牧兽医器械等。同时还应充分考虑打破和设置技术壁垒的需要而建立健全技术标准,以促进我国动物性产品的正常国际贸易。

(一)制定畜牧兽医标准的意义

1. 制定标准是我国畜牧业行业发展的需要

畜牧业产业链长,范围广,其标准化工作涉及品种、营养需要、饲养管理、环境控制、动物产品质量与安全、畜牧兽医器械、饲料、动物防疫以及动物产品的加工、贮存、包装、运输等方面,因此,标准化工作贯穿于畜牧业发展的全过程。只有加强畜牧业标准化建设,科学地制定、修订各类畜牧兽医饲料产品的质量、安全卫生和管理标准,规范动物产品的生产、流通,才能促进我国畜牧业及其相关行业的持续健康发展。

2. 制定标准是加强动物产品质量安全管理,保护人类健康的需要

动物产品质量安全关系着人民群众的健康,也成为全社会关注的热点。近几年来,国际及国内一些地区动物疫病流行、药物残留、β-兴奋剂非法添加物引发动物产品安全问题,使人们对动物产品安全提出质疑,也给畜牧业的健康发展造成了不利影响。因此,尽快完善动物防疫、饲料安全、兽药残留限量及检测方法等标准,对于保证动物产品安全,提高我国动物产品国际市场竞争力,保障消费者健康,促进畜牧业可持续发展,将具有十分重要的意义。

3. 制定畜牧兽医标准是适应国际形势发展的需要

随着国际经济贸易一体化进程的不断加快,WTO 各成员国政府一方面积极采用国际食品法典委员会(CAC)等国际标准组织制定的标准,同时,在国际标准化组织活动及国际标准制定修订主导权方面的争夺也日益激烈。而我国畜牧业标准化工作起步晚,标准制定、修订工作缺乏计划性,导致难以参与相关的国际标准化活动,在国际标准的制定中处于被动的地位。编制畜牧业标准建设规划,对加快我国畜牧业标准化工作的步伐,缩小与先进国家的差距具有重要意义。

4. 制定畜牧兽医标准是维护国家利益的需要

近年来,各国政府对动物食品安全问题越来越重视,在此背景下,各国为了保护本国畜牧业的发展,国际技术贸易壁垒越筑越高。目前,在 WTO 框架下,国际上最具威力的贸易技术壁垒保护措施是技术标准制约。按照我国加入 WTO 谈判条约的规定,关税对国内畜牧业保护的作用将越来越小。我们必须充分研究 WTO 的有关规则,通过制定、修订我国畜牧业标准,尽快建立健全畜牧业标准体系,使其成为防止不安全的动物产品流入我国的重要技术屏障,成为保护我国畜牧业正常发展和畜牧生产者利益的主要手段。

(二)制定畜牧兽医标准的原则

1. 安全可靠,保护人民利益的原则

制定的畜牧兽医标准应有利于保障人及动物的安全,促进人体健康,保护环境和消费者利益等。如动物饲养卫生标准、动物用药标准、防疫准则等。

2. 技术先进，经济合理，现实可行，提高社会经济效益的原则

制定的畜牧兽医标准应有利于合理利用国家资源，推广科学技术成果，符合使用要求，有利于产品的通用互换，做到技术上先进，便于实施和管理，可操作性强，最终提高社会经济效益。如猪、禽的配合饲料标准，浓缩饲料标准等。

3. 注重与有关标准协调配合的原则

任何标准都不是孤立的，特别是相关标准之间总是联系紧密，只有标准间协调配套，才能发挥标准的作用，取得预期的经济效益。所谓标准的配套，就是不同层级的标准对同一内容的规定不能冲突，相关的内容必须协调，各项标准之间应相互补充、层次分明。标准的协调是保证标准得以有效实施的重要条件。

4. 有利于促进对外经济技术合作和对外贸易的原则

我国加入 WTO 后，对外经济技术合作日益频繁，合作的领域不断扩大，对外贸易不断增多，但各国对进口的商品把关越来越严，符合国际间贸易的标准越来越多，要求越来越高，因此，为了适应新的形势，促进国际交流与贸易，国家鼓励积极采用国际标准，在制定标准时应充分考虑到对外经济技术合作和对外贸易的需要，尽可能与国际接轨。

（三）制定畜牧兽医标准的程序

制定畜牧兽医标准必须符合《中华人民共和国标准化法》和《中华人民共和国标准化法实施条例》的有关规定。根据《中华人民共和国标准化法》规定，在我国，经依法授权制定畜牧兽医标准的法定机关有国务院标准化行政管理部门、国务院畜牧兽医行政管理部门及各省、自治区、直辖市人民政府标准化行政管理部门。国家标准由国务院标准化行政主管部门编制计划，组织草拟，统一审批、编号、发布，没有国家标准而又需要在全国畜牧兽医行业范围内统一的技术要求，由国务院畜牧兽医行政管理部门制定行业标准（含标准样品的制作）。畜牧兽医的行业标准由国务院畜牧兽医行政管理部门编制计划、组织草拟，统一审批、编号、发布，并报国务院标准化行政主管部门备案。对没有畜牧兽医国家标准和行业标准而又需要在省、自治区、直辖市范围内统一，由省、自治区、直辖市人民政府标准化行政主管部门编制计划，组织草拟，统一审批、编号、发布，并报国务院标准化行政主管部门和畜牧兽医行政主管部门备案。标准的制定程序一般分为计划、起草、审查、报批、公布几个阶段。

制定标准的机构向专业委员会秘书处索取项目任务书，并严格按要求认真填写，加盖单位公章后返回秘书处。经组织专业委员会专家审查，对符合项目条件的，下达项目计划，根据计划提出新标准草案或标准大纲。

制定标准的部门，应当组织由用户、生产单位、行业协会、科学技术研究机构、学术团体及有关部门的专家组成标准化技术委员会负责标准的草拟工作。项目负责人组织标准起草工作直至完成标准草案征求意见稿。标准起草阶段的主要工作内容有编制标准草案（征求意见稿）及其《编制说明》和有关附件。标准起草工作组应根据标准草案征求意见稿返回的意见，完成意见汇总处理和标准草案送审稿。对征集来的意见必须进行归纳整理，分析研究，确定取舍。重要修改意见，须有充分论据，方可采纳。必要时还可重新征求意见。对未采纳的意见，应予以解释。所有归纳和处理均应在列出的《征求意见汇总处理表》中恰当表达。

畜牧兽医专业委员会对标准草案送审稿组织审查，并在审查协商一致的基础上，形成标准

草案报批稿和审查会议纪要或函审结论。若标准草案送审稿没有被通过，则应分发第二标准送审稿，并再次进行审查。

对审查合格的草案标准，须经制定机关正式会议对其技术内容和编写质量进行全面复核，而后上报主管部门。主管部门对标准草案报批稿及报批材料进行程序、技术审核，审核通过的准予发布。国务院标准化行政主管部门批准、发布国家标准。行业标准由农业部批准。批准、发布的标准统一由指定的出版单位印刷、出版和发行。国家标准由中国标准出版社印刷出版。

(四)畜牧兽医标准的复审

标准的复审是指制定标准的部门，根据科学技术的发展和经济建设的需要，对现行标准再次进行审查，以确定其是否继续有效或予以修订、废止的制度。标准复审期限一般不超过5年。复审结束后，应对原标准做出有效、修订或废止的明确结论。确认要修改的，应按国家有关规定进行修改，但任何修改都有不应降低其技术水平或影响产品互换性能，修订的标准编号不变，仅把年号改为新修订的年号。对确认要废止的，应及时公布废止。

(五)畜牧兽医标准的实施

标准的实施是指有组织、有计划、有措施地贯彻执行标准的活动，是标准制定部门、使用部门或企业将标准规定的内容贯彻到生产、流通、使用等领域中去的过程。它是标准化工作的任务之一，也是标准化工作的目的。畜牧兽医标准化实施就是按畜牧兽医的标准组织畜禽生产、饲养管理、动物产品加工与销售的管理活动。《中华人民共和国标准化管理条例》规定，从事畜牧兽医科研、生产、经营的单位和个人，必须严格执行强制性标准。不符合强制性标准的产品，禁止生产、销售和进口。

企业生产执行国家标准、行业标准、地方标准或企业标准，都应当在产品或其说明书、包装物上标注所执行标准的代号、编号、名称。

出口产品的技术要求由合同双方约定。出口产品在国内销售时，属于我国强制性标准管理范围的，必须符合强制性标准的要求。企业研制新产品、改进产品、进行技术改造，应当符合标准化要求。

国务院标准化行政主管部门组织或授权国务院有关行政主管部门建立行业认证机构，进行产品质量认证工作。

(六)畜牧兽医标准的监督管理

国务院标准化行政主管部门统一负责全国标准实施的监督。按照分工国务院畜牧兽医行政主管部门负责畜牧兽医标准实施的监督。

省级标准化行政主管部门统一负责本行政区域内标准实施的监督。省级人民政府畜牧兽医行政管理部门负责本行政区域内畜牧兽医标准实施的监督。

市、县标准化行政主管部门和畜牧兽医行政主管部门，按照省、自治区、直辖市人民政府规定的各自职责，负责本行政区域内畜牧兽医标准实施的监督。

县级以上人民政府标准化行政主管部门，可以根据需要设置检验机构，或者授权其他单位的检验机构，对产品是否符合标准进行检验和承担其他标准实施的监督检验任务。

处理有关产品是否符合标准的争议，以国务院及省、自治区、直辖市人民政府规定的检验机构的检验数据为准。

农业部可以根据需要和国家有关规定设立检验机构，负责本行业、本部门的检验工作。

【知识拓展】

一、标准化

国际标准化组织于1983年7月发布的ISO第2号指南（第四版）中对标准化的定义是："标准化主要是对科学、技术与经济领域内重复应用的问题给出解决办法的活动，其目的在于获得最佳秩序。包括制定、发布与实施标准的过程。"

我国《标准化基本术语》(GB 3935.1—1983)第一部分的规定："标准化是在经济、技术、科学及管理等社会实践中，对重复性事物和概念，通过制定、发布和实施标准，达到统一，以获得最佳秩序和社会效益。"

在国民经济的各个领域中，凡是有多次重复使用和需要制定标准的具体产品，以及各种定额、规划、要求、方法、概念等，都可成为标准化对象。

二、国际标准化组织(ISO)

国际标准化组织(ISO)是由多国联合组成的非政府性国际标准化机构，是世界上最大的国际标准化组织，负责制定在世界范围内通用的国际标准，以推进国际贸易和科学技术的发展，加强国际间经济合作。它成立于1947年2月23日，总部设在瑞士日内瓦。截至2013年5月，ISO共有163个成员国，我国是其中之一。ISO下设200多个技术委员会(TC)，专门从事国际标准的制定和推广工作。虽然ISO制定的标准是非强制性标准，但是由于ISO颁布的标准在世界上具有很强的权威性、指导性和通用性，对世界标准化进程起着十分重要的作用，所以各国都非常重视ISO标准。

三、ISO9000系列标准与ISO14000系列标准的关系

1. ISO9000系列标准

ISO9000是在全世界范围内通用的质量管理和质量保证体系国际标准系列的代号，不是一个标准，而是一组标准的统称。国际标准化组织(ISO)于1987年3月发布了ISO9000至ISO9004质量管理和质量保证系列的5个标准，经过几年的补充修订，目前ISO族标准已有17个。其中重要的5个标准是：

①ISO9000——质量管理与质量保证标准。

②ISO9001——质量体系—设计、开发、生产、安装于服务的质量保证模式。

③ISO9002——质量体系—生产与安装的质量保证模式。

④ISO9003——最终检验与实验的质量保证模式。

⑤ISO9004——质量管理与质量体系要求。

这5个标准中，ISO9000是一个指导性的总体概念标准；ISO9001、ISO9002、ISO9003是证明企业能力所使用的3个外部质量保证模式标准；ISO9004是为企业或组织机构建立有效质量体系提供全面、具体指导的标准，这5个标准组成了一个完整的质量管理与质量保证的标准体系。

2. ISO14000 系列标准

ISO14000 系列标准是国际标准化组织 ISO/TC207 起草的一份国际标准。ISO14000 是一个系列的环境管理标准，它包括了环境管理体系、环境审核、环境标志、生命周期分析等国际环境管理领域内的许多焦点问题，旨在指导各类组织取得和表现正确的环境行为。ISO14000 系列标准共预留 100 个标准号。该系列标准共分 7 个系列，其编号为 ISO14001～14100。

ISO14000 系列标准是对组织的活动、产品和服务从原材料的选择、设计、加工、销售、运输、使用到最终废弃物的处置进行全过程的管理。

四、畜牧兽医标准化

(一)畜牧兽医标准化

1. 畜牧兽医标准化的概念

畜牧兽医标准化是农业标准化的组成部分。畜牧兽医标准化是指在畜牧兽医社会实践中，对重复性的事物和概念通过制定、发布和实施标准，达到统一，以获得最佳秩序和社会效益的活动。由此可见，推行畜牧兽医标准化的目的是为了从技术上和管理上使全社会的畜牧兽医工作保持统一和协调一致，以期在畜牧兽医事业上获得最佳的经济效益和社会效益。

2. 畜牧兽医标准化的内容

畜牧兽医标准化主要包括 2 方面内容：

(1)养殖设施与环境标准化　现代化畜牧工程改革的主要内容是养殖设施与环境的改革(主要是指工厂化生产、设计标准科学、设施装备比较先进、动物饲养环境优越的畜禽舍)，这是发达国家普遍采用的一种方式，不仅能够提高集约化程度和生产效率，也可以保障养殖环境的净化，是生产安全健康动物产品的硬性基础。例如，现代商品肉鸡舍应具备纵向通风湿帘降温，自动控温、控光，自动喂料饮水和自动消毒等系统，自动化程度较高；另外，鸡舍设计应合理规范。现代化养猪场应分为生产区和生活区两部分，生产区建有隔离室、配种舍、妊娠舍、产房、保育舍、育肥舍，安装自动饮水、淋浴、消毒、监测等完善的配套设施，充分考虑动物的福利，接近或达到国际先进的水平。

(2)管理水平的标准化　主要围绕生产健康动物产品而建立的生产标准、饲料生产标准、防疫程序标准、动物产品质量标准以及相应的法律与企业经营管理体系等。现在发达国家实行的 HACCP 管理体系就是预防性的食品安全质量管理体系。这些标准对动物产品的质量来说，也是硬性的约束条件。只有软硬结合，才能生产安全、健康的动物产品。

(二)畜牧兽医标准化管理

1. 畜牧兽医标准化管理的概念

畜牧兽医标准化管理是指通过有序的组织制定畜牧兽医标准、实施畜牧兽医标准及对畜牧兽医标准的实施进行监督，以实现畜牧兽医工作的协调、规范、高效、统一，获得畜牧兽医事业的最佳经济效益和社会效益的管理活动。

2. 畜牧兽医标准化管理机构

(1)国家标准化管理组织　我国的标准化管理组织是国家质量监督检验检疫总局下设的

中国国家标准化管理委员会(中华人民共和国国家标准化管理局),是国务院授权的履行行政管理职能,统一管理全国标准化工作的主管机构。

(2)国务院畜牧兽医行政管理部门　分工管理本部门、本行业的标准化工作。

(3)省级人民政府标准化行政主管部门　统一管理本行政区域的标准化工作。

(4)省级畜牧兽医行政主管部门　分工管理本行政区域内本部门、本行业的标准化工作。

3.畜牧兽医标准化工作的主要任务

畜牧兽医标准化工作的主要任务是制定畜牧业标准、组织实施畜牧兽医标准、对畜牧兽医标准的实施进行监督。

(1)建立健全畜牧兽医标准体系　畜牧兽医标准体系是推行畜牧业标准化的基础和前提,没有标准就谈不上标准化。在全面贯彻国家、行业有关标准,积极采用国际标准和国外先进标准的基础上,根据实际需要,制定具有指导意义的地方标准,促进畜牧业生产及管理的科学化、规范化和标准化。通过实施标准化提高动物产品质量和竞争力。

(2)建立健全动物及其产品质量安全检验检测体系　加强动物产品质量安全监督检测,是确保动物产品质量安全的有效手段,动物产品质量安全检验检测体系包括企业自检、委托社会中介检测机构委托检测和政府部门监督检测机构监督检测三大块相结合的三级检测网络,以及建立例行监测制度和全程追溯制度。动物及其产品生产基地、龙头企业、批发市场、农贸市场和连锁超市要把建立和完善质量卫生安全自律性检测手段和内检制度作为生产、销售必备条件,控制有害动物及其产品进入流通领域,从源头上确保动物及其产品质量安全。

(3)建立健全动物及其产品质量认证体系　动物及其产品质量认证是实施市场准入制、发展品牌农业、实现优质优价的基础和前提。农业部已建立起以无公害农产品认证为主体、绿色食品和有机食品认证为补充的“三位一体”认证体系。产品认证有优质农产品认证、无公害农产品产地认定和产品认证。体系认证有ISO9000(质量管理体系)、ISO14000(环境管理体系)、GMP(兽药生产质量管理规范)、GAP(良好农业生产规范)和HACCP(食品安全管理体系)。各省农产品质量安全管理工作领导小组是省级农产品质量安全的领导管理机构,领导小组办公室负责统一做好全省优质农产品、无公害农产品、绿色食品和有机食品等的综合协调管理工作。

(4)建立健全畜牧兽医标准推广体系　畜牧兽医标准的推广和实施是农业标准化工作的关键环节。要紧密围绕畜牧业结构调整和产业化经营的发展,建立多形式、多层次的畜牧兽医标准推广体系,确保畜牧兽医标准的贯彻实施,并在实践中不断完善。围绕当地畜牧业结构调整和产业化经营积极创建各级示范区,形成畜牧兽医标准化示范网络。实施产前、产中和产后畜牧业标准化综合管理,促进示范项目取得明显的综合经济效益和示范带动效应。充分发挥龙头企业、畜牧兽医技术推广部门和专业合作经济组织(包括批发市场、农民协会等)的带动作用,积极引导、鼓励和依托龙头企业或畜牧兽医生产经营企业通过“公司＋基地＋农户”的形式建立畜禽及产品标准化示范区和标准化生产基地,通过示范区的辐射带动效应,使畜牧兽医标准逐步进村入户,提高标准覆盖率。

(三)常用畜牧兽医标准简介

1.《高致病性禽流感防治技术规范》(GB 19442—2004)

适用于中华人民共和国境内一切从事禽类饲养、经营和禽类产品生产、经营以及从事动物防疫活动的单位和个人。规定了高致病性禽流感的诊断技术、疫情报告、疫情处理、防治措施、控制和净化标准。

2.《新城疫诊断技术》(GB/T 16550—2020)

适用于新城疫的诊断。规定了新城疫的临床诊断、病毒分离与鉴定、血凝试验、血凝抑制试验、反转录聚合酶链式反应和综合判定。

3.《种畜禽调运检疫技术规范》(GB 16567—1996)

适用于国内种用家畜、家禽的调运。规定了种畜禽调运中运前检疫、运输检疫和目的地检疫的技术规范。

4.《畜禽产地检疫规范》(GB 16549—1996)

适用于离开饲养产地之前的畜禽检疫。规定了畜禽产地检疫内容和临床健康检查的技术规范。

5.《畜禽屠宰检疫规范》(NY 467—2001)

适用于所有从事畜禽屠宰加工的单位和个人。规定了畜禽屠宰的宰前检疫、宰后检验及检疫检验后处理的技术要求。

6.《猪屠宰与分割车间设计规范》(GB 50317—2009)

适用于新建、扩建和改建猪屠宰厂工程的猪屠宰与分割车间的设计,规定了猪屠宰与分割车间的厂址选择和总平面布置、建筑、屠宰与分割工艺、兽医卫生和品质检验、给水及热水供应、采暖通风与空气调节、电气等技术要求。

7.《猪瘟检疫技术规范》(GB/T 16551—2020)

适用于猪瘟的诊断,规定了猪瘟临床诊断、病理学诊断及实验室诊断方法的技术要求。

8.《奶牛场卫生规范》(GB/T 16568—2006)

此规程适用于所有奶牛饲养场及其所饲养的奶牛。其他奶牛饲养户(点)参照执行。规定了奶牛场的环境与设施、动物卫生条件、奶牛引进要求、饲养卫生、饲养管理、工作人员卫生、挤奶的健康与卫生、鲜奶盛装、贮藏及运输的卫生、免疫与消毒和监测、净化的要求。

9.《畜禽产品消毒规范》(GB/T 16569—1996)

适用于可疑污染畜禽病原微生物的干皮张、毛、羽和绒产品及其包装物。规定了畜禽产品一般的消毒技术。

10.《病害动物和病害动物产品生物安全处理规程》(GB 16548—2006)

此规程是在《畜禽病害肉尸及其产品无害化处理规程》(GB 16548—1996)的基础上修订的。适用于国家规定的染疫动物及其产品,病死、毒死或者死因不明的动物尸体,经检验对人畜健康有危害的动物和病害动物产品,国家规定进行生物安全处理的动物和动物产品。规定了病害动物和病害动物产品的销毁、无害化处理的技术要求。

11.《饲料卫生标准》(GB 13078—2017)

适用于各种饲料和饲料添加剂产品。规定了饲料、饲料添加剂产品中有害物质及微生物的允许量及其试验方法。

【知识链接】

《病害动物和病害动物产品生物安全处理规程》

《种畜禽调运检疫技术规范》

《牛、羊、猪、禽屠宰检疫规程》

《猪、反刍动物、家禽、马属动物产地检疫规程》

《病害动物和病害动物产品生物安全处理规程》

《种畜禽调运检疫技术规范》

《牛、羊、猪、禽屠宰检疫规程》

《猪、反刍动物、家禽、马属动物产地检疫规程》

项目十　实验动物与实验室生物安全

【学习目标】

了解实验动物的许可、质量、饲育、检疫和传染病控制管理，掌握病原微生物的分类和管理、病原微生物实验室安全管理。

【学习内容】

任务一　实验动物管理

为了保证实验动物种类的质量、实验效果及动物相关福利，适应科学研究、经济建设和社会发展的需要，我国国家科学技术委员会(1998 年更名为科学技术部)根据我国实际情况制定了《实验动物管理条例》，并于 1988 年由国务院批准颁布，2011 年、2013 年和 2017 年又进行了修订。农业部、国家质量监督检验检疫总局、科学技术部等相关政府部门又颁布了《农业系统实验动物管理办法(修正)》《实验动物质量管理办法》和《实验动物许可证管理办法》等法规以及一系列实验动物国家标准。这些有关实验动物的法律、法规与标准，有力地推动了我国实验动物管理法制建设的进程，使我国实验动物管理走上了法制化、科学化的管理轨道。

实验动物是指经人工饲育，对其携带的微生物实行控制，遗传背景明确或者来源清楚，用于科学研究、教学、生产、检定以及其他科学实验的动物。

国家科学技术委员会主管全国实验动物工作。统一制定我国实验动物的发展规划，确定发展方向、发展目标和实施方案。省、自治区、直辖市科技厅(委、局)主管本地区的实验动物工作。国务院各有关部门负责管理本部门的实验动物工作。

实验动物管理单位应当根据需要，配备科技人员和经过专业培训的饲育人员。各类人员应当取得相应从业资格证，遵守实验动物饲育管理的各项制度，熟悉、掌握操作规程。从事实验动物工作的人员应定期进行身体检查，发现患有传染病的，特别是人兽共患病患者，应及时调换工作。

一、实验动物的许可管理

我国对实验动物的生产和使用，实行许可制度。从事实验动物保种、繁育、供应等生产活动的单位和个人，应当取得实验动物生产许可证。设立动物实验场所使用实验动物进行科学研究、实验和检测等活动的单位和个人，应当取得实验动物使用许可证。

(一)实验动物生产许可证申请条件

①实验动物种子来源于国家实验动物保种中心或国家认可的种源单位,遗传背景清楚,质量符合现行的国家标准。

②具有保证实验动物及相关产品质量的饲养、繁育、生产环境设施及检测手段。

③使用的实验动物饲料、垫料及饮水等符合国家标准及相关要求。

④具有保证正常生产和保证动物质量的专业技术人员、熟练技术工人及检测人员。

⑤具有健全有效的质量管理制度。

⑥生产的实验动物质量符合国家标准。

⑦法律、法规规定的其他条件。

(二)实验动物使用许可证申请条件

从事动物实验和利用实验动物生产药品、生物制品的单位,取得使用许可证必须具备下列基本条件:

①使用的实验动物及相关产品必须来自有实验动物生产许可证的单位,质量合格。

②实验动物饲育环境及设施符合国家标准。

③使用的实验动物饲料符合国家标准。

④有经过专业培训的实验动物饲养和动物实验人员。

⑤具有健全有效的管理制度。

⑥法律、法规规定的其他条件。

(三)实验动物生产、使用许可证的申请、审批程序

申请实验动物生产、使用许可证的单位向所在地省级科学技术主管部门提交申请书,并附上由国家认可的检测机构出具的检测报告及相关资料。受理申请后,省级科学技术主管部门组织专家组对申请材料及实际情况进行审查和现场验收,合格者发放实验动物生产或使用许可证。许可证的有效期为5年,到期重新审查发证。

二、实验动物质量管理

1. 建立国家实验动物种子中心

实验动物品种、品系的维持,是保证实验动物质量和科研水平的重要条件。建立国家实验动物种子中心的目的,在于科学地保护和管理我国实验动物资源,实现种质保证。国家实验动物种子中心是一个网络体系,由各具体品种的实验动物种子中心共同组成。其主要任务是:引进、收集和保存实验动物品种、品系;研究实验动物保种新技术;培育实验动物新品种、品系;为国内外用户提供标准的实验动物种子。

2. 实验动物合格证制度

取得许可证的实验动物生产单位,必须对饲养、繁育的实验动物按有关国家标准进行质量检测。出售时应提供实验动物质量合格证及符合标准规定的近期实验动物质量检测报告。

3. 实验动物质量监测制度

国家实施对实验动物进行质量检测制度。实验动物质量检测机构分国家和省两级。国家

级实验动物质量检测机构的主要任务是：开展实验动物及相关条件的检测方法、检测技术研究；培训实验动物质量检测人员；接受委托对省级实验动物质量检测机构的设立进行审查和年度检查；为实验动物质量检测和仲裁检验提供服务；进行国内外技术交流与合作。省级实验动物质量检测机构主要从事实验动物质量的检测服务。

三、实验动物饲育管理

(一)实验动物分级管理制度

国家对实验动物实行分级管理制度。实验动物分为四级：一级，普通动物；二级，清洁动物；三级，无特定病原体动物；四级，无菌动物。对不同等级的实验动物，要按照相应的微生物控制标准分别进行饲育管理。

(二)实验动物饲育管理

实验动物的饲育、供应单位所提供的实验动物必须符合有关质量标准。其提供的实验动物饲料和设施，必须达到如下标准：

①从事实验动物工作的单位和个人，必须根据有关遗传、微生物、饲料、环境设施方面的标准，定期对实验动物进行质量监测。各项作业过程和监测数据应有完整、准确的记录，并建立统计报告制度。

②实验动物的饲育室、实验室应设在不同区域，并进行严格隔离。实验动物饲育室、实验室要有科学的管理制度和操作规程。

③实验动物的保种、饲育应采用国内或国外认可的品种、品系，并持有有效的合格证书。

④实验动物必须饲喂质量合格的全价饲料。霉烂、变质、虫蛀、污染的饲料，不得用于饲喂实验动物。直接用作饲料的蔬菜、水果等，要经过清洗消毒，并保持新鲜。

⑤实验动物必须按照不同来源，不同品种、品系和不同的实验目的，分开饲养。

⑥一级实验动物的饮水，应当符合城市生活饮水的卫生标准。二、三、四级实验动物的饮水，应当符合城市生活饮水的卫生标准并经灭菌处理。

⑦实验动物的垫料应当按照不同等级实验动物的需要，进行相应处理，达到清洁、干燥、吸水、无毒、无虫、无感染源、无污染。

四、实验动物的检疫和传染病控制管理

1. 隔离检疫

对引入的实验动物，必须进行隔离检疫，并取得动物检疫部门出具的证明。野生动物运抵实验动物处所，需经再次检疫，方可进入实验动物饲育室。

2. 预防接种

对必须进行预防接种的实验动物，应当根据实验要求或者按照《动物防疫法》的有关规定，进行预防接种，但用作生物制品原料的实验动物不能进行预防接种。

3. 发现患病死亡动物时的处理措施

实验动物患病死亡的，应当及时查明原因，妥善处理，并记录在案。实验动物患有传染性

疾病的，必须立即视情况分别予以销毁或者隔离治疗。对可能被传染的实验动物，进行紧急预防接种，对饲育室内外可能被污染的区域采取严格消毒措施，并报告上级实验动物管理部门和当地动物检疫、卫生防疫单位，采取紧急预防措施，防止疫病蔓延。

4.运输管理

实验动物的运输工作应当有专人负责。装运工具应当安全、可靠。不得将不同品种、品系或者不同等级的实验动物混合装运，以防止疾病的感染与传播。

五、实验动物的进口与出口管理

从国外进口作为原种的实验动物，应附有饲育单位负责人签发的品系和亚系名称以及遗传和微生物状况等资料。实验动物工作单位从国外进口实验动物原种，必须向该单位所在地省级科技行政管理部门指定的保种、育种和质量监控单位登记。

出口实验动物，必须报实验动物工作单位所在地省级科技行政管理部门审批。经批准后，方可办理出口手续。出口应用国家重点保护的野生动物物种开发的实验动物，必须按照国家的有关规定，取得出口许可证后，方可办理出口手续。

进口、出口实验动物的检疫工作，按照《中华人民共和国进出境动植物检疫法》的规定办理。

任务二　病原微生物实验室生物安全管理

为了加强病原微生物实验室生物安全管理，保护实验室工作人员和公众的健康，国务院于2004年颁布《病原微生物实验室生物安全管理条例》，凡在中华人民共和国境内的实验室及其从事实验活动的生物安全管理，都必须遵守该条例规定。

病原微生物是指能够使人或者动物致病的微生物。动物病原微生物是指一切能引起动物传染病或人畜共患病的细菌、病毒和真菌等病原体。实验活动是指实验室从事与病原微生物菌（毒）种、样本有关的研究、教学、检测、诊断等活动。

国务院卫生主管部门主管与人体健康有关的实验室及其实验活动的生物安全监督工作；国务院兽医主管部门主管与动物有关的实验室及其实验活动的生物安全监督工作；县级以上政府及其有关部门在各自职责范围内负责实验室及其实验活动的生物安全管理工作。

一、病原微生物的分类、运输与保藏

(一)病原微生物的分类

国家对病原微生物实行分类管理制度。根据病原微生物的传染性、感染后对个体或者群体的危害程度，将病原微生物分为四类：

第一类病原微生物，是指能够引起人类或者动物非常严重疾病的微生物，以及我国尚未发现或者已经宣布消灭的微生物。如口蹄疫病毒、高致病性禽流感病毒等（见2005年农业部发布的《动物病原微生物分类名录》）。

第二类病原微生物，是指能够引起人类或者动物严重疾病，比较容易直接或者间接在人与人、动物与人、动物与动物间传播的微生物。如猪瘟病毒、鸡新城疫病毒、狂犬病病毒等。

第三类病原微生物，是指能够引起人类或者动物疾病，但一般情况下对人、动物或者环境不构成严重危害，传播风险有限，实验室感染后很少引起严重疾病，并且具备有效治疗和预防措施的微生物。如致病性大肠杆菌、沙门氏菌、巴氏杆菌等。

第四类病原微生物，是指在通常情况下不会引起人类或者动物疾病的微生物。

第一、二类病原微生物统称为高致病性病原微生物。

2006 年卫生部和农业部分别发布了《人间传染的病原微生物名录》和《动物病原微生物分类名录》。

(二)病原微生物的采集

采集病原微生物样本应当具备如下条件：

1. 有与采集病原微生物样本所需要的生物安全防护水平相适应的设备。
2. 有掌握相关专业知识和操作技能的工作人员。
3. 有效地防止病原微生物扩散和感染的措施。
4. 具有保证病原微生物样本质量的技术方法和手段。

采集高致病性病原微生物样本的工作人员在采集过程中应当防止病原微生物扩散和感染，并对样本的来源、采集过程和方法等做详细记录。

(三)高致病性病原微生物的运输

1. 运输高致病性病原微生物菌(毒)种或者样本，应当选择陆路运输；没有陆路通道，必须经水路运输的，可以通过水路运输；紧急情况下或者需要将高致病性病原微生物菌(毒)种或者样本运往国外的，可以通过民用航空运输。有关单位或者个人不得通过公共电(汽)车和城市铁路运输病原微生物菌(毒)种或者样本。

2. 运输高致病性病原微生物菌(毒)种或者样本，应当经省级以上人民政府卫生主管部门或者兽医主管部门批准。需要跨省运输或者运往国外的，由出发地的省级卫生主管部门或者兽医主管部门进行初审后，分别报国务院卫生主管部门或者兽医主管部门批准。

3. 运输的高致病性病原微生物菌(毒)种或者样本的，其包装应当符合《病原微生物菌(毒)种或者样本运输包装规范》。

4. 承运单位应当与护送人共同采取措施，确保所运输的高致病性病原微生物菌(毒)种或者样本的安全，严防发生被盗、被抢、丢失、泄漏事件。

(四)病原微生物的保藏

国家对实验活动用菌(毒)种或者样本实行集中保藏。保藏机构以外的任何单位和个人不得保藏菌(毒)种或者样本。国务院卫生主管部门或者兽医主管部门指定的菌(毒)种保藏中心或者专业实验室承担集中储存病原微生物菌(毒)种和样本的任务，负责储存实验室送交的病原微生物菌(毒)种和样本，并向实验室提供病原微生物菌(毒)种和样本。

保藏机构应当制定严格的安全保管制度，做好病原微生物菌(毒)种和样本进出和储存的记录，建立档案制度，并指定专人负责。对高致病性病原微生物菌(毒)种和样本应当设专库或者专柜单独储存。

高致病性病原微生物菌(毒)种或者样本在运输、储存中被盗、被抢、丢失、泄漏的，承运单位、护送人、保藏机构应当采取必要的控制措施，并在 12 h 内向有关部门报告。

二、病原微生物实验室的设立与管理

我国实行统一的实验室生物安全标准，对病原微生物实验室实行分级管理。根据实验室对病原微生物的生物安全防护水平，并依照实验室生物安全国家标准的规定，将实验室分为一级、二级、三级、四级。

（一）一、二级实验室的设立

新建、改建或者扩建一、二级实验室，应当向设区的市级人民政府卫生主管部门或者兽医主管部门备案。一、二级实验室不得从事高致病性病原微生物实验活动。

（二）三、四级实验室的设立

新建、改建或扩建三、四级实验室应当通过实验室国家认可。国务院认证认可监督管理部门确定的认可机构应当依照实验室生物安全国家标准以及《病原微生物实验室生物安全管理条例》的有关规定，对三、四级实验室进行认可，颁发相应级别的生物安全实验室证书，证书有效期为5年。

从事高致病性动物病原微生物实验活动的实验室，应当取得《高致病性动物病原微生物实验室资格证书》。

新建、改建或扩建三、四级实验室或者生产、进口移动式三、四级实验室，应当编制环境影响报告书，并按照规定程序报生态环境部审批。

（三）实验活动审批

三、四级实验室需要从事某种高致病性动物病原微生物或者疑似高致病性动物病原微生物实验活动的，应当经农业部或者省级兽医行政管理部门批准。

从事我国尚未发现或者已经宣布消灭的动物病原微生物有关实验活动的，或者从事国家规定的特定高致病性动物病原微生物病原分离和鉴定、活病毒培养、感染材料核酸提取、动物接种试验等有关实验活动的，向省级兽医行政管理部门提出申请，省级兽医行政管理部门将初审意见和有关材料报送农业部，由农业部做出是否批准的决定。

从事其他高致病性动物病原微生物或者疑似高致病性动物病原微生物实验活动的由省级兽医行政管理部门做出是否批准的决定，并报农业部备案。

（四）实验室的生物安全管理

实验室的设立单位应当依照《病原微生物实验室生物安全管理条例》的规定制定科学、严格的管理制度，加强对实验室日常活动的管理，并定期对有关生物安全规定的落实情况进行检查，定期对实验室设施、设备、材料等进行检查、维护和更新，以确保其符合国家标准。

1. 实验室从事实验活动应当严格遵守有关国家标准和实验室技术规范、操作规程。实验室负责人应当指定专人监督检查实验室技术规范和操作规程的落实情况。

2. 实验室的设立单位，应当严格依照有关规定，建立健全安全保卫制度，采取安全保卫措施，严防高致病性病原微生物被盗、被抢、丢失、泄漏，保障实验室及其病原微生物的安全。

3. 实验室的设立单位应当每年定期对工作人员进行培训，保证其掌握实验室技术规范、操作规程、生物安全防护知识和实际操作技能，并进行考核。工作人员经考核合格的，方可上岗。

4. 实验室应当为工作人员提供符合防护要求的防护用品并采取其他职业防护措施。每年组织对其进行体检，并建立健康档案；必要时进行预防接种。

5. 实验室应当建立实验档案，记录实验室使用情况和安全监督情况。

6. 实验室应当依照环境保护的有关规定，对废水、废气以及其他废物进行处置，并制定相应的环境保护措施，防止环境污染。

7. 从事高致病性病原微生物相关实验活动的实验室应当制定实验室感染应急处置预案，并报主管部门备案。

三、实验室感染控制管理

1. 实验室的设立单位应当指定专门的机构或者人员承担实验室感染控制工作，定期检查实验室的生物安全防护、病原微生物菌（毒）种和样本保存与使用、安全操作、实验室排放的废水和废气以及其他废物处置等规章制度的实施情况。

负责实验室感染控制工作的机构或者人员应当具有与该实验室中的病原微生物有关的传染病防治知识，并定期调查、了解实验室工作人员的健康状况。

2. 当实验室工作人员出现与本实验室从事的高致病性病原微生物相关实验活动有关的感染临床症状或者体征时，实验室负责人应当向负责实验室感染控制工作的机构或者人员报告，同时派专人陪同及时就诊。

3. 当实验室发生高致病性病原微生物泄漏时，实验室工作人员应当立即采取控制措施，防止高致病性病原微生物扩散，同时向负责实验室感染控制工作的机构或者人员报告。

负责实验室感染控制工作的机构或者人员接到高致病性病原微生物感染或泄漏的报告后，应当立即启动实验室感染应急处置预案，并组织人员对该实验室生物安全状况等情况进行调查；确认发生实验室感染或者高致病性病原微生物泄漏的，应当及时报告，并同时采取控制措施，对有关人员进行医学观察或者隔离治疗，封闭实验室，防止扩散。

卫生主管部门或者兽医主管部门接到关于实验室发生工作人员感染事故或者病原微生物泄漏事件的报告，或者发现实验室从事病原微生物相关实验活动造成实验室感染事故的，应当立即组织疾病预防控制机构、动物疫病预防控制机构和医疗机构以及其他有关机构依法采取相应预防、控制措施。

④医疗机构或者兽医医疗机构及其执行职务的医务人员，发现由于实验室感染而引起的与高致病性病原微生物相关的传染病病人、疑似传染病病人或者患有疫病、疑似患有疫病的动物，诊治的医疗机构或者兽医医疗机构应当在 2 h 内报告所在地的县级人民政府卫生主管部门或者兽医主管部门。

四、病原微生物实验室安全管理的监督

（一）监督管理机构及职责

县级以上地方人民政府卫生主管部门、兽医主管部门依照各自分工，履行下列职责：

1. 对病原微生物菌（毒）种、样本的采集、运输、储存进行监督检查。

2. 对从事高致病性病原微生物相关实验活动的实验室是否符合《病原微生物实验室生物安全管理条例》规定的条件进行监督检查。

3. 对实验室或者实验室的设立单位，培训、考核其工作人员以及上岗人员的情况进行监督

检查。

4.对实验室是否按照有关国家标准、技术规范和操作规程从事病原微生物相关实验活动进行监督检查。

(二)监督检查的内容

1.县级以上地方人民政府卫生主管部门、兽医主管部门，主要通过检查反映实验室执行国家有关法律、行政法规以及国家标准和要求的记录、档案、报告，履行监督管理职责。

2.县级以上人民政府卫生主管部门、兽医主管部门、环境保护主管部门在履行监督检查职责时，有权进入被检查单位和病原微生物泄漏或者扩散现场调查取证、采集样品，查阅复制有关资料。需要进入从事高致病性病原微生物相关实验活动的实验室调查取证、采集样品的，应当指定或者委托专业机构实施，被检查单位应当予以配合，不得拒绝、阻挠。

3.国务院认证认可监督管理部门依照《中华人民共和国认证认可条例》的规定对实验室认可活动进行监督检查。

【知识拓展】

一、实验动物的使用管理

实验动物用途的特殊性要求我们不仅要加强对实验动物的生产管理，而且要加强对实验动物的使用管理，只有这样，才能规范实验动物市场，确保实验动物质量和使用安全。

(一)国家对实验动物使用实行许可证制度

使用实验动物必须取得《实验动物使用许可证》。《实验动物使用许可证》适用于从事动物实验和利用实验动物生产药品、生物制品的单位。应用实验动物应当根据不同的实验目的，选用相应的合格实验动物，并具备相应级别的动物实验条件；不具备感染和放射性动物实验设施条件及管理不合格者，不得进行动物实验。

从事动物实验和利用实验动物生产药品，生物制品的单位，取得使用许可证必须具备下列基本条件：

1.使用的实验动物，必须有合格证。

2.实验动物饲育环境及设施符合国家标准。

3.实验动物饲料符合国家标准。

4.有经过专业培训的实验动物饲养人员和动物实验人员。

5.具有健全有效的使用实验动物的管理制度。

6.有关法律、行政法规规定的其他条件。

(二)供应用的实验动物应当具备的完整资料

1.品种、品系及亚系的确切名称。

2.遗传背景或其来源清楚。

3.微生物检测状况符合规定要求。

4.有相应合格证书。

5.饲育单位负责人签名。

无上述资料的实验动物不得应用。申报科研课题和鉴定科研成果，应当把应用合格实验动物作为基本条件。应用不合格实验动物取得的检定或者安全评价结果无效，所生产的制品不得使用。

（三）实验动物运输管理

实验动物的运输工作应当有专人负责。实验动物的装运工具应当安全、可靠。装运时，不得将不同品种、品系或者不同等级的实验动物混合装运。

二、病原微生物突发事件的处理

高致病性病原微生物菌（毒）种或者样本在运输、储存中被盗、被抢、丢失、泄漏的，承运单位、护送人、保藏机构应当采取必要的控制措施，并在 2 h 内分别向承运单位的主管部门、护送人所在单位和保藏机构的主管部门报告，同时向所在地的县级人民政府卫生主管部门或者兽医主管部门报告，发生被盗、被抢、丢失的，还应当向公安机关报告；接到报告的卫生主管部门或者兽医主管部门应当在 2 h 内向本级人民政府报告，并同时向上级人民政府卫生主管部门或者兽医主管部门和国务院卫生主管部门或者兽医主管部门报告。

县级人民政府应当在接到报告后 2 h 内向所在地区的市级人民政府或者上一级人民政府报告；所在地区的市级人民政府应当在接到报告后 2 h 内向省、自治区、直辖市人民政府报告。省、自治区、直辖市人民政府应当在接到报告后 1 h 内，向国务院卫生主管部门或者兽医主管部门报告。

任何单位和个人发现高致病性病原微生物菌（毒）种或者样本的容器或者包装材料，应当及时向附近的卫生主管部门或者兽医主管部门报告；接到报告的卫生主管部门或者兽医主管部门应当及时组织调查核实，并依法采取必要的控制措施。

【案例分析】

2007 年 3 月，某大学北校区实验动物中心饲养员因高烧、头痛入院，诊断为“重型流行性出血热”。经调查感染主要原因为感染流行性出血热的野鼠将病毒传播给开放饲养区的实验动物，饲养工作人员与实验动物接触而导致感染发病。事件发生后，相关部门采取措施，对实验大楼进行整顿，全面停止大楼内所有动物实验。对 2 月份以来有接触实验动物的师生员工 125 人进行登记备案和追踪随访，60 人采血送检，250 人相关人员进行了出血热疫苗接种。

请问采取哪些措施可防止此类事件的发生？

【知识链接】

《实验动物管理条例》

《病原微生物实验室生物安全管理条例》

《实验动物管理条例》

《病原微生物实验室生物安全管理条例》

附　　录

附录Ⅰ　中华人民共和国畜牧法

（《中华人民共和国畜牧法》已由中华人民共和国第十三届全国人民代表大会常务委员会第三十七次会议于2022年10月30日修订通过，自2023年3月1日起施行）

第一章　总　　则

第一条　为了规范畜牧业生产经营行为，保障畜禽产品供给和质量安全，保护和合理利用畜禽遗传资源，培育和推广畜禽优良品种，振兴畜禽种业，维护畜牧业生产经营者的合法权益，防范公共卫生风险，促进畜牧业高质量发展，制定本法。

第二条　在中华人民共和国境内从事畜禽的遗传资源保护利用、繁育、饲养、经营、运输、屠宰等活动，适用本法。

本法所称畜禽，是指列入依照本法第十二条规定公布的畜禽遗传资源目录的畜禽。

蜂、蚕的资源保护利用和生产经营，适用本法有关规定。

第三条　国家支持畜牧业发展，发挥畜牧业在发展农业、农村经济和增加农民收入中的作用。

县级以上人民政府应当将畜牧业发展纳入国民经济和社会发展规划，加强畜牧业基础设施建设，鼓励和扶持发展规模化、标准化和智能化养殖，促进种养结合和农牧循环、绿色发展，推进畜牧产业化经营，提高畜牧业综合生产能力，发展安全、优质、高效、生态的畜牧业。

国家帮助和扶持民族地区、欠发达地区畜牧业的发展，保护和合理利用草原，改善畜牧业生产条件。

第四条　国家采取措施，培养畜牧兽医专业人才，加强畜禽疫病监测、畜禽疫苗研制，健全基层畜牧兽医技术推广体系，发展畜牧兽医科学技术研究和推广事业，完善畜牧业标准，开展畜牧兽医科学技术知识的教育宣传工作和畜牧兽医信息服务，推进畜牧业科技进步和创新。

第五条　国务院农业农村主管部门负责全国畜牧业的监督管理工作。县级以上地方人民政府农业农村主管部门负责本行政区域内的畜牧业监督管理工作。

县级以上人民政府有关主管部门在各自的职责范围内，负责有关促进畜牧业发展的工作。

第六条　国务院农业农村主管部门应当指导畜牧业生产经营者改善畜禽繁育、饲养、运输、屠宰的条件和环境。

第七条　各级人民政府及有关部门应当加强畜牧业相关法律法规的宣传。

对在畜牧业发展中做出显著成绩的单位和个人，按照国家有关规定给予表彰和奖励。

第八条　畜牧业生产经营者可以依法自愿成立行业协会，为成员提供信息、技术、营销、培训等服务，加强行业自律，维护成员和行业利益。

第九条　畜牧业生产经营者应当依法履行动物防疫和生态环境保护义务，接受有关主管部门依法实施的监督检查。

第二章　畜禽遗传资源保护

第十条　国家建立畜禽遗传资源保护制度，开展资源调查、保护、鉴定、登记、监测和利用等工作。各级人民政府应当采取措施，加强畜禽遗传资源保护，将畜禽遗传资源保护经费列入预算。

畜禽遗传资源保护以国家为主、多元参与，坚持保护优先、高效利用的原则，实行分类分级保护。

国家鼓励和支持有关单位、个人依法发展畜禽遗传资源保护事业，鼓励和支持高等学校、科研机构、企业加强畜禽遗传资源保护、利用的基础研究，提高科技创新能力。

第十一条　国务院农业农村主管部门设立由专业人员组成的国家畜禽遗传资源委员会，负责畜禽遗传资源的鉴定、评估和畜禽新品种、配套系的审定，承担畜禽遗传资源保护和利用规划论证及有关畜禽遗传资源保护的咨询工作。

第十二条　国务院农业农村主管部门负责定期组织畜禽遗传资源的调查工作，发布国家畜禽遗传资源状况报告，公布经国务院批准的畜禽遗传资源目录。

经过驯化和选育而成，遗传性状稳定，有成熟的品种和一定的种群规模，能够不依赖于野生种群而独立繁衍的驯养动物，可以列入畜禽遗传资源目录。

第十三条　国务院农业农村主管部门根据畜禽遗传资源分布状况，制定全国畜禽遗传资源保护和利用规划，制定、调整并公布国家级畜禽遗传资源保护名录，对原产我国的珍贵、稀有、濒危的畜禽遗传资源实行重点保护。

省、自治区、直辖市人民政府农业农村主管部门根据全国畜禽遗传资源保护和利用规划及本行政区域内的畜禽遗传资源状况，制定、调整并公布省级畜禽遗传资源保护名录，并报国务院农业农村主管部门备案，加强对地方畜禽遗传资源的保护。

第十四条　国务院农业农村主管部门根据全国畜禽遗传资源保护和利用规划及国家级畜禽遗传资源保护名录，省、自治区、直辖市人民政府农业农村主管部门根据省级畜禽遗传资源保护名录，分别建立或者确定畜禽遗传资源保种场、保护区和基因库，承担畜禽遗传资源保护任务。

享受中央和省级财政资金支持的畜禽遗传资源保种场、保护区和基因库，未经国务院农业农村主管部门或者省、自治区、直辖市人民政府农业农村主管部门批准，不得擅自处理受保护的畜禽遗传资源。

畜禽遗传资源基因库应当按照国务院农业农村主管部门或者省、自治区、直辖市人民政府农业农村主管部门的规定，定期采集和更新畜禽遗传材料。有关单位、个人应当配合畜禽遗传资源基因库采集畜禽遗传材料，并有权获得适当的经济补偿。

县级以上地方人民政府应当保障畜禽遗传资源保种场和基因库用地的需求。确需关闭或者搬迁的，应当经原建立或者确定机关批准，搬迁的按照先建后拆的原则妥善安置。

畜禽遗传资源保种场、保护区和基因库的管理办法，由国务院农业农村主管部门制定。

第十五条　新发现的畜禽遗传资源在国家畜禽遗传资源委员会鉴定前，省、自治区、直辖市人民政府农业农村主管部门应当制定保护方案，采取临时保护措施，并报国务院农业农村主管部门备案。

第十六条　从境外引进畜禽遗传资源的，应当向省、自治区、直辖市人民政府农业农村主管部门提出申请；受理申请的农业农村主管部门经审核，报国务院农业农村主管部门经评估论证后批准；但是国务院对批准机关另有规定的除外。经批准的，依照《中华人民共和国进出境动植物检疫法》的规定办理相关手续并实施检疫。

从境外引进的畜禽遗传资源被发现对境内畜禽遗传资源、生态环境有危害或者可能产生危害的，国务院农业农村主管部门应当商有关主管部门，及时采取相应的安全控制措施。

第十七条　国家对畜禽遗传资源享有主权。向境外输出或者在境内与境外机构、个人合作研究利用列入保护名录的畜禽遗传资源的，应当向省、自治区、直辖市人民政府农业农村主管部门提出申请，同时提出国家共享惠益的方案；受理申请的农业农村主管部门经审核，报国务院农业农村主管部门批准。

向境外输出畜禽遗传资源的，还应当依照《中华人民共和国进出境动植物检疫法》的规定办理相关手续并实施检疫。

新发现的畜禽遗传资源在国家畜禽遗传资源委员会鉴定前，不得向境外输出，不得与境外机构、个人合作研究利用。

第十八条　畜禽遗传资源的进出境和对外合作研究利用的审批办法由国务院规定。

第三章　种畜禽品种选育与生产经营

第十九条　国家扶持畜禽品种的选育和优良品种的推广使用，实施全国畜禽遗传改良计划；支持企业、高等学校、科研机构和技术推广单位开展联合育种，建立健全畜禽良种繁育体系。

县级以上人民政府支持开发利用列入畜禽遗传资源保护名录的品种，增加特色畜禽产品供给，满足多元化消费需求。

第二十条　国家鼓励和支持畜禽种业自主创新，加强育种技术攻关，扶持选育生产经营相结合的创新型企业发展。

第二十一条　培育的畜禽新品种、配套系和新发现的畜禽遗传资源在销售、推广前，应当通过国家畜禽遗传资源委员会审定或者鉴定，并由国务院农业农村主管部门公告。畜禽新品种、配套系的审定办法和畜禽遗传资源的鉴定办法，由国务院农业农村主管部门制定。审定或者鉴定所需的试验、检测等费用由申请者承担。

畜禽新品种、配套系培育者的合法权益受法律保护。

第二十二条　转基因畜禽品种的引进、培育、试验、审定和推广，应当符合国家有关农业转基因生物安全管理的规定。

第二十三条　省级以上畜牧兽医技术推广机构应当组织开展种畜质量监测、优良个体登记，向社会推荐优良种畜。优良种畜登记规则由国务院农业农村主管部门制定。

第二十四条　从事种畜禽生产经营或者生产经营商品代仔畜、雏禽的单位、个人，应当取得种畜禽生产经营许可证。

申请取得种畜禽生产经营许可证,应当具备下列条件:

(一)生产经营的种畜禽是通过国家畜禽遗传资源委员会审定或者鉴定的品种、配套系,或者是经批准引进的境外品种、配套系;

(二)有与生产经营规模相适应的畜牧兽医技术人员;

(三)有与生产经营规模相适应的繁育设施设备;

(四)具备法律、行政法规和国务院农业农村主管部门规定的种畜禽防疫条件;

(五)有完善的质量管理和育种记录制度;

(六)法律、行政法规规定的其他条件。

第二十五条　申请取得生产家畜卵子、精液、胚胎等遗传材料的生产经营许可证,除应当符合本法第二十四条第二款规定的条件外,还应当具备下列条件:

(一)符合国务院农业农村主管部门规定的实验室、保存和运输条件;

(二)符合国务院农业农村主管部门规定的种畜数量和质量要求;

(三)体外受精取得的胚胎、使用的卵子来源明确,供体畜符合国家规定的种畜健康标准和质量要求;

(四)符合有关国家强制性标准和国务院农业农村主管部门规定的技术要求。

第二十六条　申请取得生产家畜卵子、精液、胚胎等遗传材料的生产经营许可证,应当向省、自治区、直辖市人民政府农业农村主管部门提出申请。受理申请的农业农村主管部门应当自收到申请之日起六十个工作日内依法决定是否发放生产经营许可证。

其他种畜禽的生产经营许可证由县级以上地方人民政府农业农村主管部门审核发放。

国家对种畜禽生产经营许可证实行统一管理、分级负责,在统一的信息平台办理。种畜禽生产经营许可证的审批和发放信息应当依法向社会公开。具体办法和许可证样式由国务院农业农村主管部门制定。

第二十七条　种畜禽生产经营许可证应当注明生产经营者名称、场(厂)址、生产经营范围及许可证有效期的起止日期等。

禁止无种畜禽生产经营许可证或者违反种畜禽生产经营许可证的规定生产经营种畜禽或者商品代仔畜、雏禽。禁止伪造、变造、转让、租借种畜禽生产经营许可证。

第二十八条　农户饲养的种畜禽用于自繁自养和有少量剩余仔畜、雏禽出售的,农户饲养种公畜进行互助配种的,不需要办理种畜禽生产经营许可证。

第二十九条　发布种畜禽广告的,广告主应当持有或者提供种畜禽生产经营许可证和营业执照。广告内容应当符合有关法律、行政法规的规定,并注明种畜禽品种、配套系的审定或者鉴定名称,对主要性状的描述应当符合该品种、配套系的标准。

第三十条　销售的种畜禽、家畜配种站(点)使用的种公畜,应当符合种用标准。销售种畜禽时,应当附具种畜禽场出具的种畜禽合格证明、动物卫生监督机构出具的检疫证明,销售的种畜还应当附具种畜禽场出具的家畜系谱。

生产家畜卵子、精液、胚胎等遗传材料,应当有完整的采集、销售、移植等记录,记录应当保存二年。

第三十一条　销售种畜禽,不得有下列行为:

(一)以其他畜禽品种、配套系冒充所销售的种畜禽品种、配套系;

（二）以低代别种畜禽冒充高代别种畜禽；

（三）以不符合种用标准的畜禽冒充种畜禽；

（四）销售未经批准进口的种畜禽；

（五）销售未附具本法第三十条规定的种畜禽合格证明、检疫证明的种畜禽或者未附具家畜系谱的种畜；

（六）销售未经审定或者鉴定的种畜禽品种、配套系。

第三十二条　申请进口种畜禽的，应当持有种畜禽生产经营许可证。因没有种畜禽而未取得种畜禽生产经营许可证的，应当提供省、自治区、直辖市人民政府农业农村主管部门的说明文件。进口种畜禽的批准文件有效期为六个月。

进口的种畜禽应当符合国务院农业农村主管部门规定的技术要求。首次进口的种畜禽还应当由国家畜禽遗传资源委员会进行种用性能的评估。

种畜禽的进出口管理除适用本条前两款的规定外，还适用本法第十六条、第十七条和第二十二条的相关规定。

国家鼓励畜禽养殖者利用进口的种畜禽进行新品种、配套系的培育；培育的新品种、配套系在推广前，应当经国家畜禽遗传资源委员会审定。

第三十三条　销售商品代仔畜、雏禽的，应当向购买者提供其销售的商品代仔畜、雏禽的主要生产性能指标、免疫情况、饲养技术要求和有关咨询服务，并附具动物卫生监督机构出具的检疫证明。

销售种畜禽和商品代仔畜、雏禽，因质量问题给畜禽养殖者造成损失的，应当依法赔偿损失。

第三十四条　县级以上人民政府农业农村主管部门负责种畜禽质量安全的监督管理工作。种畜禽质量安全的监督检验应当委托具有法定资质的种畜禽质量检验机构进行；所需检验费用由同级预算列支，不得向被检验人收取。

第三十五条　蜂种、蚕种的资源保护、新品种选育、生产经营和推广，适用本法有关规定，具体管理办法由国务院农业农村主管部门制定。

第四章　畜禽养殖

第三十六条　国家建立健全现代畜禽养殖体系。县级以上人民政府农业农村主管部门应当根据畜牧业发展规划和市场需求，引导和支持畜牧业结构调整，发展优势畜禽生产，提高畜禽产品市场竞争力。

第三十七条　各级人民政府应当保障畜禽养殖用地合理需求。县级国土空间规划根据本地实际情况，安排畜禽养殖用地。畜禽养殖用地按照农业用地管理。畜禽养殖用地使用期限届满或者不再从事养殖活动，需要恢复为原用途的，由畜禽养殖用地使用人负责恢复。在畜禽养殖用地范围内需要兴建永久性建（构）筑物，涉及农用地转用的，依照《中华人民共和国土地管理法》的规定办理。

第三十八条　国家设立的畜牧兽医技术推广机构，应当提供畜禽养殖、畜禽粪污无害化处理和资源化利用技术培训，以及良种推广、疫病防治等服务。县级以上人民政府应当保障国家设立的畜牧兽医技术推广机构从事公益性技术服务的工作经费。

国家鼓励畜禽产品加工企业和其他相关生产经营者为畜禽养殖者提供所需的服务。

第三十九条　畜禽养殖场应当具备下列条件：

（一）有与其饲养规模相适应的生产场所和配套的生产设施；

（二）有为其服务的畜牧兽医技术人员；

（三）具备法律、行政法规和国务院农业农村主管部门规定的防疫条件；

（四）有与畜禽粪污无害化处理和资源化利用相适应的设施设备；

（五）法律、行政法规规定的其他条件。

畜禽养殖场兴办者应当将畜禽养殖场的名称、养殖地址、畜禽品种和养殖规模，向养殖场所在地县级人民政府农业农村主管部门备案，取得畜禽标识代码。

畜禽养殖场的规模标准和备案管理办法，由国务院农业农村主管部门制定。

畜禽养殖户的防疫条件、畜禽粪污无害化处理和资源化利用要求，由省、自治区、直辖市人民政府农业农村主管部门会同有关部门规定。

第四十条　畜禽养殖场的选址、建设应当符合国土空间规划，并遵守有关法律法规的规定；不得违反法律法规的规定，在禁养区域建设畜禽养殖场。

第四十一条　畜禽养殖场应当建立养殖档案，载明下列内容：

（一）畜禽的品种、数量、繁殖记录、标识情况、来源和进出场日期；

（二）饲料、饲料添加剂、兽药等投入品的来源、名称、使用对象、时间和用量；

（三）检疫、免疫、消毒情况；

（四）畜禽发病、死亡和无害化处理情况；

（五）畜禽粪污收集、储存、无害化处理和资源化利用情况；

（六）国务院农业农村主管部门规定的其他内容。

第四十二条　畜禽养殖者应当为其饲养的畜禽提供适当的繁殖条件和生存、生长环境。

第四十三条　从事畜禽养殖，不得有下列行为：

（一）违反法律、行政法规和国家有关强制性标准、国务院农业农村主管部门的规定使用饲料、饲料添加剂、兽药；

（二）使用未经高温处理的餐馆、食堂的泔水饲喂家畜；

（三）在垃圾场或者使用垃圾场中的物质饲养畜禽；

（四）随意弃置和处理病死畜禽；

（五）法律、行政法规和国务院农业农村主管部门规定的危害人和畜禽健康的其他行为。

第四十四条　从事畜禽养殖，应当依照《中华人民共和国动物防疫法》、《中华人民共和国农产品质量安全法》的规定，做好畜禽疫病防治和质量安全工作。

第四十五条　畜禽养殖者应当按照国家关于畜禽标识管理的规定，在应当加施标识的畜禽的指定部位加施标识。农业农村主管部门提供标识不得收费，所需费用列入省、自治区、直辖市人民政府预算。

禁止伪造、变造或者重复使用畜禽标识。禁止持有、使用伪造、变造的畜禽标识。

第四十六条　畜禽养殖场应当保证畜禽粪污无害化处理和资源化利用设施的正常运转，保证畜禽粪污综合利用或者达标排放，防止污染环境。违法排放或者因管理不当污染环境的，应当排除危害，依法赔偿损失。

国家支持建设畜禽粪污收集、储存、粪污无害化处理和资源化利用设施，推行畜禽粪污养分平衡管理，促进农用有机肥利用和种养结合发展。

第四十七条　国家引导畜禽养殖户按照畜牧业发展规划有序发展，加强对畜禽养殖户的指导帮扶，保护其合法权益，不得随意以行政手段强行清退。

国家鼓励涉农企业带动畜禽养殖户融入现代畜牧业产业链，加强面向畜禽养殖户的社会化服务，支持畜禽养殖户和畜牧业专业合作社发展畜禽规模化、标准化养殖，支持发展新产业、新业态，促进与旅游、文化、生态等产业融合。

第四十八条　国家支持发展特种畜禽养殖。县级以上人民政府应当采取措施支持建立与特种畜禽养殖业发展相适应的养殖体系。

第四十九条　国家支持发展养蜂业，保护养蜂生产者的合法权益。

有关部门应当积极宣传和推广蜂授粉农艺措施。

第五十条　养蜂生产者在生产过程中，不得使用危害蜂产品质量安全的药品和容器，确保蜂产品质量。养蜂器具应当符合国家标准和国务院有关部门规定的技术要求。

第五十一条　养蜂生产者在转地放蜂时，当地公安、交通运输、农业农村等有关部门应当为其提供必要的便利。

养蜂生产者在国内转地放蜂，凭国务院农业农村主管部门统一格式印制的检疫证明运输蜂群，在检疫证明有效期内不得重复检疫。

第五章　草原畜牧业

第五十二条　国家支持科学利用草原，协调推进草原保护与草原畜牧业发展，坚持生态优先、生产生态有机结合，发展特色优势产业，促进农牧民增加收入，提高草原可持续发展能力，筑牢生态安全屏障，推进牧区生产生活生态协同发展。

第五十三条　国家支持牧区转变草原畜牧业发展方式，加强草原水利、草原围栏、饲草料生产加工储备、牲畜圈舍、牧道等基础设施建设。

国家鼓励推行舍饲半舍饲圈养、季节性放牧、划区轮牧等饲养方式，合理配置畜群，保持草畜平衡。

第五十四条　国家支持优良饲草品种的选育、引进和推广使用，因地制宜开展人工草地建设、天然草原改良和饲草料基地建设，优化种植结构，提高饲草料供应保障能力。

第五十五条　国家支持农牧民发展畜牧业专业合作社和现代家庭牧场，推行适度规模养殖，提升标准化生产水平，建设牛羊等重要畜产品生产基地。

第五十六条　牧区各级人民政府农业农村主管部门应当鼓励和指导农牧民改良家畜品种，优化畜群结构，实行科学饲养，合理加快出栏周转，促进草原畜牧业节本、提质、增效。

第五十七条　国家加强草原畜牧业灾害防御保障，将草原畜牧业防灾减灾列入预算，优化设施装备条件，完善牧区牛羊等家畜保险制度，提高抵御自然灾害的能力。

第五十八条　国家完善草原生态保护补助奖励政策，对采取禁牧和草畜平衡措施的农牧民按照国家有关规定给予补助奖励。

第五十九条　有关地方人民政府应当支持草原畜牧业与乡村旅游、文化等产业协同发展，推动一二三产业融合，提升产业化、品牌化、特色化水平，持续增加农牧民收入，促进牧区振兴。

第六十条　草原畜牧业发展涉及草原保护、建设、利用和管理活动的，应当遵守有关草原保护法律法规的规定。

第六章　畜禽交易与运输

第六十一条　国家加快建立统一开放、竞争有序、安全便捷的畜禽交易市场体系。

第六十二条　县级以上地方人民政府应当根据农产品批发市场发展规划，对在畜禽集散地建立畜禽批发市场给予扶持。

畜禽批发市场选址，应当符合法律、行政法规和国务院农业农村主管部门规定的动物防疫条件，并距离种畜禽场和大型畜禽养殖场三公里以外。

第六十三条　进行交易的畜禽应当符合农产品质量安全标准和国务院有关部门规定的技术要求。

国务院农业农村主管部门规定应当加施标识而没有标识的畜禽，不得销售、收购。

国家鼓励畜禽屠宰经营者直接从畜禽养殖者收购畜禽，建立稳定收购渠道，降低动物疫病和质量安全风险。

第六十四条　运输畜禽，应当符合法律、行政法规和国务院农业农村主管部门规定的动物防疫条件，采取措施保护畜禽安全，并为运输的畜禽提供必要的空间和饲喂饮水条件。有关部门对运输中的畜禽进行检查，应当有法律、行政法规的依据。

第七章　畜禽屠宰

第六十五条　国家实行生猪定点屠宰制度。对生猪以外的其他畜禽可以实行定点屠宰，具体办法由省、自治区、直辖市制定。农村地区个人自宰自食的除外。

省、自治区、直辖市人民政府应当按照科学布局、集中屠宰、有利流通、方便群众的原则，结合畜禽养殖、动物疫病防控和畜禽产品消费等实际情况，制定畜禽屠宰行业发展规划并组织实施。

第六十六条　国家鼓励畜禽就地屠宰，引导畜禽屠宰企业向养殖主产区转移，支持畜禽产品加工、储存、运输冷链体系建设。

第六十七条　畜禽屠宰企业应当具备下列条件：

（一）有与屠宰规模相适应、水质符合国家规定标准的用水供应条件；

（二）有符合国家规定的设施设备和运载工具；

（三）有依法取得健康证明的屠宰技术人员；

（四）有经考核合格的兽医卫生检验人员；

（五）依法取得动物防疫条件合格证和其他法律法规规定的证明文件。

第六十八条　畜禽屠宰经营者应当加强畜禽屠宰质量安全管理。畜禽屠宰企业应当建立畜禽屠宰质量安全管理制度。

未经检验、检疫或者经检验、检疫不合格的畜禽产品不得出厂销售。经检验、检疫不合格的畜禽产品，按照国家有关规定处理。

地方各级人民政府应当按照规定对无害化处理的费用和损失给予补助。

第六十九条　国务院农业农村主管部门负责组织制定畜禽屠宰质量安全风险监测计划。

省、自治区、直辖市人民政府农业农村主管部门根据国家畜禽屠宰质量安全风险监测计划，结合实际情况，制定本行政区域畜禽屠宰质量安全风险监测方案并组织实施。

第八章 保障与监督

第七十条 省级以上人民政府应当在其预算内安排支持畜禽种业创新和畜牧业发展的良种补贴、贴息补助、保费补贴等资金，并鼓励有关金融机构提供金融服务，支持畜禽养殖者购买优良畜禽、繁育良种、防控疫病，支持改善生产设施、畜禽粪污无害化处理和资源化利用设施设备、扩大养殖规模，提高养殖效益。

第七十一条 县级以上人民政府应当组织农业农村主管部门和其他有关部门，依照本法和有关法律、行政法规的规定，加强对畜禽饲养环境、种畜禽质量、畜禽交易与运输、畜禽屠宰以及饲料、饲料添加剂、兽药等投入品的生产、经营、使用的监督管理。

第七十二条 国务院农业农村主管部门应当制定畜禽标识和养殖档案管理办法，采取措施落实畜禽产品质量安全追溯和责任追究制度。

第七十三条 县级以上人民政府农业农村主管部门应当制定畜禽质量安全监督抽查计划，并按照计划开展监督抽查工作。

第七十四条 省级以上人民政府农业农村主管部门应当组织制定畜禽生产规范，指导畜禽的安全生产。

第七十五条 国家建立统一的畜禽生产和畜禽产品市场监测预警制度，逐步完善有关畜禽产品储备调节机制，加强市场调控，促进市场供需平衡和畜牧业健康发展。

县级以上人民政府有关部门应当及时发布畜禽产销信息，为畜禽生产经营者提供信息服务。

第七十六条 国家加强畜禽生产、加工、销售、运输体系建设，提升畜禽产品供应安全保障能力。

省、自治区、直辖市人民政府负责保障本行政区域内的畜禽产品供给，建立稳产保供的政策保障和责任考核体系。

国家鼓励畜禽主销区通过跨区域合作、建立养殖基地等方式，与主产区建立稳定的合作关系。

第九章 法律责任

第七十七条 违反本法规定，县级以上人民政府农业农村主管部门及其工作人员有下列行为之一的，对直接负责的主管人员和其他直接责任人员依法给予处分：

（一）利用职务上的便利，收受他人财物或者牟取其他利益；

（二）对不符合条件的申请人准予许可，或者超越法定职权准予许可；

（三）发现违法行为不予查处；

（四）其他滥用职权、玩忽职守、徇私舞弊等不依法履行监督管理工作职责的行为。

第七十八条 违反本法第十四条第二款规定，擅自处理受保护的畜禽遗传资源，造成畜禽遗传资源损失的，由省级以上人民政府农业农村主管部门处十万元以上一百万元以下罚款。

第七十九条 违反本法规定，有下列行为之一的，由省级以上人民政府农业农村主管部门责令停止违法行为，没收畜禽遗传资源和违法所得，并处五万元以上五十万元以下罚款：

（一）未经审核批准，从境外引进畜禽遗传资源；

（二）未经审核批准，在境内与境外机构、个人合作研究利用列入保护名录的畜禽遗传资源；

（三）在境内与境外机构、个人合作研究利用未经国家畜禽遗传资源委员会鉴定的新发现的畜禽遗传资源。

第八十条　违反本法规定，未经国务院农业农村主管部门批准，向境外输出畜禽遗传资源的，依照《中华人民共和国海关法》的有关规定追究法律责任。海关应当将扣留的畜禽遗传资源移送省、自治区、直辖市人民政府农业农村主管部门处理。

第八十一条　违反本法规定，销售、推广未经审定或者鉴定的畜禽品种、配套系的，由县级以上地方人民政府农业农村主管部门责令停止违法行为，没收畜禽和违法所得；违法所得在五万元以上的，并处违法所得一倍以上三倍以下罚款；没有违法所得或者违法所得不足五万元的，并处五千元以上五万元以下罚款。

第八十二条　违反本法规定，无种畜禽生产经营许可证或者违反种畜禽生产经营许可证规定生产经营，或者伪造、变造、转让、租借种畜禽生产经营许可证的，由县级以上地方人民政府农业农村主管部门责令停止违法行为，收缴伪造、变造的种畜禽生产经营许可证，没收种畜禽、商品代仔畜、雏禽和违法所得；违法所得在三万元以上的，并处违法所得一倍以上三倍以下罚款；没有违法所得或者违法所得不足三万元的，并处三千元以上三万元以下罚款。违反种畜禽生产经营许可证的规定生产经营或者转让、租借种畜禽生产经营许可证，情节严重的，并处吊销种畜禽生产经营许可证。

第八十三条　违反本法第二十九条规定的，依照《中华人民共和国广告法》的有关规定追究法律责任。

第八十四条　违反本法规定，使用的种畜禽不符合种用标准的，由县级以上地方人民政府农业农村主管部门责令停止违法行为，没收种畜禽和违法所得；违法所得在五千元以上的，并处违法所得一倍以上二倍以下罚款；没有违法所得或者违法所得不足五千元的，并处一千元以上五千元以下罚款。

第八十五条　销售种畜禽有本法第三十一条第一项至第四项违法行为之一的，由县级以上地方人民政府农业农村主管部门和市场监督管理部门按照职责分工责令停止销售，没收违法销售的（种）畜禽和违法所得；违法所得在五万元以上的，并处违法所得一倍以上五倍以下罚款；没有违法所得或者违法所得不足五万元的，并处五千元以上五万元以下罚款；情节严重的，并处吊销种畜禽生产经营许可证或者营业执照。

第八十六条　违反本法规定，兴办畜禽养殖场未备案，畜禽养殖场未建立养殖档案或者未按照规定保存养殖档案的，由县级以上地方人民政府农业农村主管部门责令限期改正，可以处一万元以下罚款。

第八十七条　违反本法第四十三条规定养殖畜禽的，依照有关法律、行政法规的规定处理、处罚。

第八十八条　违反本法规定，销售的种畜禽未附具种畜禽合格证明、家畜系谱，销售、收购国务院农业农村主管部门规定应当加施标识而没有标识的畜禽，或者重复使用畜禽标识的，由县级以上地方人民政府农业农村主管部门和市场监督管理部门按照职责分工责令改正，可以处二千元以下罚款。

销售的种畜禽未附具检疫证明，伪造、变造畜禽标识，或者持有、使用伪造、变造的畜禽标识的，依照《中华人民共和国动物防疫法》的有关规定追究法律责任。

第八十九条　违反本法规定，未经定点从事畜禽屠宰活动的，依照有关法律法规的规定处理、处罚。

第九十条　县级以上地方人民政府农业农村主管部门发现畜禽屠宰企业不再具备本法规定条件的，应当责令停业整顿，并限期整改；逾期仍未达到本法规定条件的，责令关闭，对实行定点屠宰管理的，由发证机关依法吊销定点屠宰证书。

第九十一条　违反本法第六十八条规定，畜禽屠宰企业未建立畜禽屠宰质量安全管理制度，或者畜禽屠宰经营者对经检验不合格的畜禽产品未按照国家有关规定处理的，由县级以上地方人民政府农业农村主管部门责令改正，给予警告；拒不改正的，责令停业整顿，并处五千元以上五万元以下罚款，对直接负责的主管人员和其他直接责任人员处二千元以上二万元以下罚款；情节严重的，责令关闭，对实行定点屠宰管理的，由发证机关依法吊销定点屠宰证书。

违反本法第六十八条规定的其他行为的，依照有关法律法规的规定处理、处罚。

第九十二条　违反本法规定，构成犯罪的，依法追究刑事责任。

第十章　附　　则

第九十三条　本法所称畜禽遗传资源，是指畜禽及其卵子（蛋）、精液、胚胎、基因物质等遗传材料。

本法所称种畜禽，是指经过选育、具有种用价值、适于繁殖后代的畜禽及其卵子（蛋）、精液、胚胎等。

第九十四条　本法自 2023 年 3 月 1 日起施行。

附录Ⅱ　中华人民共和国动物防疫法

(1997 年 7 月 3 日第八届全国人民代表大会常务委员会第二十六次会议通过　2007 年 8 月 30 日第十届全国人民代表大会常务委员会第二十九次会议第一次修订　根据 2013 年 6 月 29 日第十二届全国人民代表大会常务委员会第三次会议《关于修改〈中华人民共和国文物保护法〉等十二部法律的决定》第一次修正　根据 2015 年 4 月 24 日第十二届全国人民代表大会常务委员会第十四次会议《关于修改〈中华人民共和国电力法〉等六部法律的决定》第二次修正　2021 年 1 月 22 日第十三届全国人民代表大会常务委员会第二十五次会议第二次修订)

第一章　总　　则

第一条　为了加强对动物防疫活动的管理，预防、控制、净化、消灭动物疫病，促进养殖业发展，防控人畜共患传染病，保障公共卫生安全和人体健康，制定本法。

第二条　本法适用于在中华人民共和国领域内的动物防疫及其监督管理活动。进出境动物、动物产品的检疫，适用《中华人民共和国进出境动植物检疫法》。

第三条　本法所称动物，是指家畜家禽和人工饲养、捕获的其他动物。本法所称动物产品，是指动物的肉、生皮、原毛、绒、脏器、脂、血液、精液、卵、胚胎、骨、蹄、头、角、筋以及可能传播动物疫病的奶、蛋等。本法所称动物疫病，是指动物传染病，包括寄生虫病。本法所称动物防疫，是指动物疫病的预防、控制、诊疗、净化、消灭和动物、动物产品的检疫，以及病死动物、病害动物产品的无害化处理。

第四条　根据动物疫病对养殖业生产和人体健康的危害程度，本法规定的动物疫病分为下列三类：

（一）一类疫病，是指口蹄疫、非洲猪瘟、高致病性禽流感等对人、动物构成特别严重危害，可能造成重大经济损失和社会影响，需要采取紧急、严厉的强制预防、控制等措施的；

（二）二类疫病，是指狂犬病、布鲁氏菌病、草鱼出血病等对人、动物构成严重危害，可能造成较大经济损失和社会影响，需要采取严格预防、控制等措施的；

（三）三类疫病，是指大肠杆菌病、禽结核病、鳖腮腺炎病等常见多发，对人、动物构成危害，可能造成一定程度的经济损失和社会影响，需要及时预防、控制的。

前款一、二、三类动物疫病具体病种名录由国务院农业农村主管部门制定并公布。国务院农业农村主管部门应当根据动物疫病发生、流行情况和危害程度，及时增加、减少或者调整一、二、三类动物疫病具体病种并予以公布。

人畜共患传染病名录由国务院农业农村主管部门会同国务院卫生健康、野生动物保护等主管部门制定并公布。

第五条　动物防疫实行预防为主，预防与控制、净化、消灭相结合的方针。

第六条　国家鼓励社会力量参与动物防疫工作。各级人民政府采取措施，支持单位和个人参与动物防疫的宣传教育、疫情报告、志愿服务和捐赠等活动。

第七条　从事动物饲养、屠宰、经营、隔离、运输以及动物产品生产、经营、加工、贮藏等活动的单位和个人，依照本法和国务院农业农村主管部门的规定，做好免疫、消毒、检测、隔离、净化、消灭、无害化处理等动物防疫工作，承担动物防疫相关责任。

第八条　县级以上人民政府对动物防疫工作实行统一领导，采取有效措施稳定基层机构队伍，加强动物防疫队伍建设，建立健全动物防疫体系，制定并组织实施动物疫病防治规划。

乡级人民政府、街道办事处组织群众做好本辖区的动物疫病预防与控制工作，村民委员会、居民委员会予以协助。

第九条　国务院农业农村主管部门主管全国的动物防疫工作。县级以上地方人民政府农业农村主管部门主管本行政区域的动物防疫工作。县级以上人民政府其他有关部门在各自职责范围内做好动物防疫工作。军队动物卫生监督职能部门负责军队现役动物和饲养自用动物的防疫工作。

第十条　县级以上人民政府卫生健康主管部门和本级人民政府农业农村、野生动物保护等主管部门应当建立人兽共患传染病防治的协作机制。国务院农业农村主管部门和海关总署等部门应当建立防止境外动物疫病输入的协作机制。

第十一条　县级以上地方人民政府的动物卫生监督机构依照本法规定，负责动物、动物产品的检疫工作。

第十二条　县级以上人民政府按照国务院的规定，根据统筹规划、合理布局、综合设置的原则建立动物疫病预防控制机构。动物疫病预防控制机构承担动物疫病的监测、检测、诊断、流行病学调查、疫情报告以及其他预防、控制等技术工作；承担动物疫病净化、消灭的技术工作。

第十三条　国家鼓励和支持开展动物疫病的科学研究以及国际合作与交流，推广先进适用的科学研究成果，提高动物疫病防治的科学技术水平。各级人民政府和有关部门、新闻媒体，应当加强对动物防疫法律法规和动物防疫知识的宣传。

第十四条　对在动物防疫工作、相关科学研究、动物疫情扑灭中做出贡献的单位和个人，各级人民政府和有关部门按照国家有关规定给予表彰、奖励。有关单位应当依法为动物防疫人员缴纳工伤保险费。对因参与动物防疫工作致病、致残、死亡的人员，按照国家有关规定给予补助或者抚恤。

第二章　动物疫病的预防

第十五条　国家建立动物疫病风险评估制度。国务院农业农村主管部门根据国内外动物疫情以及保护养殖业生产和人体健康的需要，及时会同国务院卫生健康等有关部门对动物疫病进行风险评估，并制定、公布动物疫病预防、控制、净化、消灭措施和技术规范。

省、自治区、直辖市人民政府农业农村主管部门会同本级人民政府卫生健康等有关部门开展本行政区域的动物疫病风险评估，并落实动物疫病预防、控制、净化、消灭措施。

第十六条　国家对严重危害养殖业生产和人体健康的动物疫病实施强制免疫。国务院农业农村主管部门确定强制免疫的动物疫病病种和区域。省、自治区、直辖市人民政府农业农村主管部门制订本行政区域的强制免疫计划；根据本行政区域动物疫病流行情况增加实施强制免疫的动物疫病病种和区域，报本级人民政府批准后执行，并报国务院农业农村主管部门备案。

第十七条　饲养动物的单位和个人应当履行动物疫病强制免疫义务，按照强制免疫计划和技术规范，对动物实施免疫接种，并按照国家有关规定建立免疫档案、加施畜禽标识，保证可追溯。实施强制免疫接种的动物未达到免疫质量要求，实施补充免疫接种后仍不符合免疫质量要求的，有关单位和个人应当按照国家有关规定处理。用于预防接种的疫苗应当符合国家质量标准。

第十八条　县级以上地方人民政府农业农村主管部门负责组织实施动物疫病强制免疫计划，并对饲养动物的单位和个人履行强制免疫义务的情况进行监督检查。乡级人民政府、街道办事处组织本辖区饲养动物的单位和个人做好强制免疫，协助做好监督检查；村民委员会、居民委员会协助做好相关工作。县级以上地方人民政府农业农村主管部门应当定期对本行政区域的强制免疫计划实施情况和效果进行评估，并向社会公布评估结果。

第十九条　国家实行动物疫病监测和疫情预警制度。县级以上人民政府建立健全动物疫病监测网络，加强动物疫病监测。国务院农业农村主管部门会同国务院有关部门制定国家动物疫病监测计划。省、自治区、直辖市人民政府农业农村主管部门根据国家动物疫病监测计划，制定本行政区域的动物疫病监测计划。动物疫病预防控制机构按照国务院农业农村主管部门的规定和动物疫病监测计划，对动物疫病的发生、流行等情况进行监测；从事动物饲养、屠宰、经营、隔离、运输以及动物产品生产、经营、加工、贮藏、无害化处理等活动的单位和个人不得拒绝或者阻碍。国务院农业农村主管部门和省、自治区、直辖市人民政府农业农村主管部门根据对动物疫病发生、流行趋势的预测，及时发出动物疫情预警。地方各级人民政府接到动物疫情预警后，应当及时采取预防、控制措施。

第二十条　陆路边境省、自治区人民政府根据动物疫病防控需要，合理设置动物疫病监测站点，健全监测工作机制，防范境外动物疫病传入。科技、海关等部门按照本法和有关法律法规的规定做好动物疫病监测预警工作，并定期与农业农村主管部门互通情况，紧急情况及时通报。县级以上人民政府应当完善野生动物疫源疫病监测体系和工作机制，根据需要合理布局监测站点；野生动物保护、农业农村主管部门按照职责分工做好野生动物疫源疫病监测等工作，并定期互通情况，紧急情况及时通报。

第二十一条　国家支持地方建立无规定动物疫病区，鼓励动物饲养场建设无规定动物疫病生物安全隔离区。对符合国务院农业农村主管部门规定标准的无规定动物疫病区和无规定动物疫病生物安全隔离区，国务院农业农村主管部门验收合格予以公布，并对其维持情况进行监督检查。省、自治区、直辖市人民政府制定并组织实施本行政区域的无规定动物疫病区建设方案。国务院农业农村主管部门指导跨省、自治区、直辖市无规定动物疫病区建设。国务院农业农村主管部门根据行政区划、养殖屠宰产业布局、风险评估情况等对动物疫病实施分区防控，可以采取禁止或者限制特定动物、动物产品跨区域调运等措施。

第二十二条　国务院农业农村主管部门制定并组织实施动物疫病净化、消灭规划。县级以上地方人民政府根据动物疫病净化、消灭规划，制定并组织实施本行政区域的动物疫病净化、消灭计划。动物疫病预防控制机构按照动物疫病净化、消灭规划、计划，开展动物疫病净化技术指导、培训，对动物疫病净化效果进行监测、评估。国家推进动物疫病净化，鼓励和支持饲养动物的单位和个人开展动物疫病净化。饲养动物的单位和个人达到国务院农业农村主管部门规定的净化标准的，由省级以上人民政府农业农村主管部门予以公布。

第二十三条　种用、乳用动物应当符合国务院农业农村主管部门规定的健康标准。饲养种用、乳用动物的单位和个人，应当按照国务院农业农村主管部门的要求，定期开展动物疫病检测；检测不合格的，应当按照国家有关规定处理。

第二十四条　动物饲养场和隔离场所、动物屠宰加工场所以及动物和动物产品无害化处理场所，应当符合下列动物防疫条件：（一）场所的位置与居民生活区、生活饮用水水源地、学校、医院等公共场所的距离符合国务院农业农村主管部门的规定；（二）生产经营区域封闭隔离，工程设计和有关流程符合动物防疫要求；（三）有与其规模相适应的污水、污物处理设施，病死动物、病害动物产品无害化处理设施设备或者冷藏冷冻设施设备，以及清洗消毒设施设备；（四）有与其规模相适应的执业兽医或者动物防疫技术人员；（五）有完善的隔离消毒、购销台账、日常巡查等动物防疫制度；（六）具备国务院农业农村主管部门规定的其他动物防疫条件。动物和动物产品无害化处理场所除应当符合前款规定的条件外，还应当具有病原检测设备、检测能力和符合动物防疫要求的专用运输车辆。

第二十五条　国家实行动物防疫条件审查制度。开办动物饲养场和隔离场所、动物屠宰加工场所以及动物和动物产品无害化处理场所，应当向县级以上地方人民政府农业农村主管部门提出申请，并附具相关材料。受理申请的农业农村主管部门应当依照本法和《中华人民共和国行政许可法》的规定进行审查。经审查合格的，发给动物防疫条件合格证；不合格的，应当通知申请人并说明理由。动物防疫条件合格证应当载明申请人的名称（姓名）、场（厂）址、动物（动物产品）种类等事项。

第二十六条　经营动物、动物产品的集贸市场应当具备国务院农业农村主管部门规定的动物防疫条件，并接受农业农村主管部门的监督检查。具体办法由国务院农业农村主管部门制定。县级以上地方人民政府应当根据本地情况，决定在城市特定区域禁止家畜家禽活体交易。

第二十七条　动物、动物产品的运载工具、垫料、包装物、容器等应当符合国务院农业农村主管部门规定的动物防疫要求。染疫动物及其排泄物、染疫动物产品，运载工具中的动物排泄物以及垫料、包装物、容器等被污染的物品，应当按照国家有关规定处理，不得随意处置。

第二十八条　采集、保存、运输动物病料或者病原微生物以及从事病原微生物研究、教学、检测、诊断等活动，应当遵守国家有关病原微生物实验室管理的规定。

第二十九条　禁止屠宰、经营、运输下列动物和生产、经营、加工、贮藏、运输下列动物产品：（一）封锁疫区内与所发生动物疫病有关的；（二）疫区内易感染的；（三）依法应当检疫而未经检疫或者检疫不合格的；（四）染疫或者疑似染疫的；（五）病死或者死因不明的；（六）其他不符合国务院农业农村主管部门有关动物防疫规定的。因实施集中无害化处理需要暂存、运输动物和动物产品并按照规定采取防疫措施的，不适用前款规定。

第三十条　单位和个人饲养犬只，应当按照规定定期免疫接种狂犬病疫苗，凭动物诊疗机构出具的免疫证明向所在地养犬登记机关申请登记。携带犬只出户的，应当按照规定佩戴犬牌并采取系犬绳等措施，防止犬只伤人、疫病传播。街道办事处、乡级人民政府组织协调居民委员会、村民委员会，做好本辖区流浪犬、猫的控制和处置，防止疫病传播。县级人民政府和乡级人民政府、街道办事处应当结合本地实际，做好农村地区饲养犬只的防疫管理工作。饲养犬只防疫管理的具体办法，由省、自治区、直辖市制定。

第三章 动物疫情的报告、通报和公布

第三十一条 从事动物疫病监测、检测、检验检疫、研究、诊疗以及动物饲养、屠宰、经营、隔离、运输等活动的单位和个人,发现动物染疫或者疑似染疫的,应当立即向所在地农业农村主管部门或者动物疫病预防控制机构报告,并迅速采取隔离等控制措施,防止动物疫情扩散。其他单位和个人发现动物染疫或者疑似染疫的,应当及时报告。接到动物疫情报告的单位,应当及时采取临时隔离控制等必要措施,防止延误防控时机,并及时按照国家规定的程序上报。

第三十二条 动物疫情由县级以上人民政府农业农村主管部门认定;其中重大动物疫情由省、自治区、直辖市人民政府农业农村主管部门认定,必要时报国务院农业农村主管部门认定。本法所称重大动物疫情,是指一、二、三类动物疫病突然发生,迅速传播,给养殖业生产安全造成严重威胁、危害,以及可能对公众身体健康与生命安全造成危害的情形。在重大动物疫情报告期间,必要时,所在地县级以上地方人民政府可以作出封锁决定并采取扑杀、销毁等措施。

第三十三条 国家实行动物疫情通报制度。国务院农业农村主管部门应当及时向国务院卫生健康等有关部门和军队有关部门以及省、自治区、直辖市人民政府农业农村主管部门通报重大动物疫情的发生和处置情况。海关发现进出境动物和动物产品染疫或者疑似染疫的,应当及时处置并向农业农村主管部门通报。县级以上地方人民政府野生动物保护主管部门发现野生动物染疫或者疑似染疫的,应当及时处置并向本级人民政府农业农村主管部门通报。国务院农业农村主管部门应当依照我国缔结或者参加的条约、协定,及时向有关国际组织或者贸易方通报重大动物疫情的发生和处置情况。

第三十四条 发生人兽共患传染病疫情时,县级以上人民政府农业农村主管部门与本级人民政府卫生健康、野生动物保护等主管部门应当及时相互通报。发生人兽共患传染病时,卫生健康主管部门应当对疫区易感染的人群进行监测,并应当依照《中华人民共和国传染病防治法》的规定及时公布疫情,采取相应的预防、控制措施。

第三十五条 患有人兽共患传染病的人员不得直接从事动物疫病监测、检测、检验检疫、诊疗以及易感染动物的饲养、屠宰、经营、隔离、运输等活动。

第三十六条 国务院农业农村主管部门向社会及时公布全国动物疫情,也可以根据需要授权省、自治区、直辖市人民政府农业农村主管部门公布本行政区域的动物疫情。其他单位和个人不得发布动物疫情。

第三十七条 任何单位和个人不得瞒报、谎报、迟报、漏报动物疫情,不得授意他人瞒报、谎报、迟报动物疫情,不得阻碍他人报告动物疫情。

第四章 动物疫病的控制

第三十八条 发生一类动物疫病时,应当采取下列控制措施:(一)所在地县级以上地方人民政府农业农村主管部门应当立即派人到现场,划定疫点、疫区、受威胁区,调查疫源,及时报请本级人民政府对疫区实行封锁。疫区范围涉及两个以上行政区域的,由有关行政区域共同的上一级人民政府对疫区实行封锁,或者由各有关行政区域的上一级人民政府共同对疫区实行封锁。必要时,上级人民政府可以责成下级人民政府对疫区实行封锁(二)县级以上地方人民政府应当立即组织有关部门和单位采取封锁、隔离、扑杀、销毁、消毒、无害化处理、紧急免疫

接种等强制性措施;(三)在封锁期间,禁止染疫、疑似染疫和易感染的动物、动物产品流出疫区,禁止非疫区的易感染动物进入疫区,并根据需要对出入疫区的人员、运输工具及有关物品采取消毒和其他限制性措施。

第三十九条　发生二类动物疫病时,应当采取下列控制措施:(一)所在地县级以上地方人民政府农业农村主管部门应当划定疫点、疫区、受威胁区;(二)县级以上地方人民政府根据需要组织有关部门和单位采取隔离、扑杀、销毁、消毒、无害化处理、紧急免疫接种、限制易感染的动物和动物产品及有关物品出入等措施。

第四十条　疫点、疫区、受威胁区的撤销和疫区封锁的解除,按照国务院农业农村主管部门规定的标准和程序评估后,由原决定机关决定并宣布。

第四十一条　发生三类动物疫病时,所在地县级、乡级人民政府应当按照国务院农业农村主管部门的规定组织防治。

第四十二条　二、三类动物疫病呈暴发性流行时,按照一类动物疫病处理。

第四十三条　疫区内有关单位和个人,应当遵守县级以上人民政府及其农业农村主管部门依法作出的有关控制动物疫病的规定。任何单位和个人不得藏匿、转移、盗掘已被依法隔离、封存、处理的动物和动物产品。

第四十四条　发生动物疫情时,航空、铁路、道路、水路运输企业应当优先组织运送防疫人员和物资。

第四十五条　国务院农业农村主管部门根据动物疫病的性质、特点和可能造成的社会危害,制定国家重大动物疫情应急预案报国务院批准,并按照不同动物疫病病种、流行特点和危害程度,分别制定实施方案。县级以上地方人民政府根据上级重大动物疫情应急预案和本地区的实际情况,制定本行政区域的重大动物疫情应急预案,报上一级人民政府农业农村主管部门备案,并抄送上一级人民政府应急管理部门。县级以上地方人民政府农业农村主管部门按照不同动物疫病病种、流行特点和危害程度,分别制定实施方案。重大动物疫情应急预案和实施方案根据疫情状况及时调整。

第四十六条　发生重大动物疫情时,国务院农业农村主管部门负责划定动物疫病风险区,禁止或者限制特定动物、动物产品由高风险区向低风险区调运。

第四十七条　发生重大动物疫情时,依照法律和国务院的规定以及应急预案采取应急处置措施。

第五章　动物和动物产品的检疫

第四十八条　动物卫生监督机构依照本法和国务院农业农村主管部门的规定对动物、动物产品实施检疫。动物卫生监督机构的官方兽医具体实施动物、动物产品检疫。

第四十九条　屠宰、出售或者运输动物以及出售或者运输动物产品前,货主应当按照国务院农业农村主管部门的规定向所在地动物卫生监督机构申报检疫。动物卫生监督机构接到检疫申报后,应当及时指派官方兽医对动物、动物产品实施检疫;检疫合格的,出具检疫证明、加施检疫标志。实施检疫的官方兽医应当在检疫证明、检疫标志上签字或者盖章,并对检疫结论负责。动物饲养场、屠宰企业的执业兽医或者动物防疫技术人员,应当协助官方兽医实施检疫。

第五十条　因科研、药用、展示等特殊情形需要非食用性利用的野生动物,应当按照国家有关规定报动物卫生监督机构检疫，检疫合格的，方可利用。人工捕获的野生动物，应当按照国家有关规定报捕获地动物卫生监督机构检疫，检疫合格的，方可饲养、经营和运输。国务院农业农村主管部门会同国务院野生动物保护主管部门制定野生动物检疫办法。

第五十一条　屠宰、经营、运输的动物，以及用于科研、展示、演出和比赛等非食用性利用的动物，应当附有检疫证明；经营和运输的动物产品，应当附有检疫证明、检疫标志。

第五十二条　经航空、铁路、道路、水路运输动物和动物产品的，托运人托运时应当提供检疫证明；没有检疫证明的，承运人不得承运。进出口动物和动物产品，承运人凭进口报关单证或者海关签发的检疫单证运递。从事动物运输的单位、个人以及车辆，应当向所在地县级人民政府农业农村主管部门备案，妥善保存行程路线和托运人提供的动物名称、检疫证明编号、数量等信息。具体办法由国务院农业农村主管部门制定。运载工具在装载前和卸载后应当及时清洗、消毒。

第五十三条　省、自治区、直辖市人民政府确定并公布道路运输的动物进入本行政区域的指定通道，设置引导标志。跨省、自治区、直辖市通过道路运输动物的，应当经省、自治区、直辖市人民政府设立的指定通道入省境或者过省境。

第五十四条　输入到无规定动物疫病区的动物、动物产品，货主应当按照国务院农业农村主管部门的规定向无规定动物疫病区所在地动物卫生监督机构申报检疫，经检疫合格的，方可进入。

第五十五条　跨省、自治区、直辖市引进的种用、乳用动物到达输入地后，货主应当按照国务院农业农村主管部门的规定对引进的种用、乳用动物进行隔离观察。

第五十六条　经检疫不合格的动物、动物产品，货主应当在农业农村主管部门的监督下按照国家有关规定处理，处理费用由货主承担。

第六章　病死动物和病害动物产品的无害化处理

第五十七条　从事动物饲养、屠宰、经营、隔离以及动物产品生产、经营、加工、贮藏等活动的单位和个人，应当按照国家有关规定做好病死动物、病害动物产品的无害化处理，或者委托动物和动物产品无害化处理场所处理。从事动物、动物产品运输的单位和个人，应当配合做好病死动物和病害动物产品的无害化处理，不得在途中擅自弃置和处理有关动物和动物产品。任何单位和个人不得买卖、加工、随意弃置病死动物和病害动物产品。动物和动物产品无害化处理管理办法由国务院农业农村、野生动物保护主管部门按照职责制定。

第五十八条　在江河、湖泊、水库等水域发现的死亡畜禽，由所在地县级人民政府组织收集、处理并溯源。在城市公共场所和乡村发现的死亡畜禽，由所在地街道办事处、乡级人民政府组织收集、处理并溯源。在野外环境发现的死亡野生动物，由所在地野生动物保护主管部门收集、处理。

第五十九条　省、自治区、直辖市人民政府制定动物和动物产品集中无害化处理场所建设规划，建立政府主导、市场运作的无害化处理机制。

第六十条　各级财政对病死动物无害化处理提供补助。具体补助标准和办法由县级以上人民政府财政部门会同本级人民政府农业农村、野生动物保护等有关部门制定。

第七章 动物诊疗

第六十一条 从事动物诊疗活动的机构，应当具备下列条件：（一）有与动物诊疗活动相适应并符合动物防疫条件的场所；（二）有与动物诊疗活动相适应的执业兽医；（三）有与动物诊疗活动相适应的兽医器械和设备；（四）有完善的管理制度。动物诊疗机构包括动物医院、动物诊所以及其他提供动物诊疗服务的机构。

第六十二条 从事动物诊疗活动的机构，应当向县级以上地方人民政府农业农村主管部门申请动物诊疗许可证。受理申请的农业农村主管部门应当依照本法和《中华人民共和国行政许可法》的规定进行审查。经审查合格的，发给动物诊疗许可证；不合格的，应当通知申请人并说明理由。

第六十三条 动物诊疗许可证应当载明诊疗机构名称、诊疗活动范围、从业地点和法定代表人（负责人）等事项。动物诊疗许可证载明事项变更的，应当申请变更或者换发动物诊疗许可证。

第六十四条 动物诊疗机构应当按照国务院农业农村主管部门的规定，做好诊疗活动中的卫生安全防护、消毒、隔离和诊疗废弃物处置等工作。

第六十五条 从事动物诊疗活动，应当遵守有关动物诊疗的操作技术规范，使用符合规定的兽药和兽医器械。兽药和兽医器械的管理办法由国务院规定。

第八章 兽医管理

第六十六条 国家实行官方兽医任命制度。官方兽医应当具备国务院农业农村主管部门规定的条件，由省、自治区、直辖市人民政府农业农村主管部门按照程序确认，由所在地县级以上人民政府农业农村主管部门任命。具体办法由国务院农业农村主管部门制定。海关的官方兽医应当具备规定的条件，由海关总署任命。具体办法由海关总署会同国务院农业农村主管部门制定。

第六十七条 官方兽医依法履行动物、动物产品检疫职责，任何单位和个人不得拒绝或者阻碍。

第六十八条 县级以上人民政府农业农村主管部门制定官方兽医培训计划，提供培训条件，定期对官方兽医进行培训和考核。

第六十九条 国家实行执业兽医资格考试制度。具有兽医相关专业大学专科以上学历的人员或者符合条件的乡村兽医，通过执业兽医资格考试的，由省、自治区、直辖市人民政府农业农村主管部门颁发执业兽医资格证书；从事动物诊疗等经营活动的，还应当向所在地县级人民政府农业农村主管部门备案。执业兽医资格考试办法由国务院农业农村主管部门商国务院人力资源主管部门制定。

第七十条 执业兽医开具兽医处方应当亲自诊断，并对诊断结论负责。国家鼓励执业兽医接受继续教育。执业兽医所在机构应当支持执业兽医参加继续教育。

第七十一条 乡村兽医可以在乡村从事动物诊疗活动。具体管理办法由国务院农业农村主管部门制定。

第七十二条 执业兽医、乡村兽医应当按照所在地人民政府和农业农村主管部门的要求，参加动物疫病预防、控制和动物疫情扑灭等活动。

第七十三条　兽医行业协会提供兽医信息、技术、培训等服务，维护成员合法权益，按照章程建立健全行业规范和奖惩机制，加强行业自律，推动行业诚信建设，宣传动物防疫和兽医知识。

第九章　监督管理

第七十四条　县级以上地方人民政府农业农村主管部门依照本法规定，对动物饲养、屠宰、经营、隔离、运输以及动物产品生产、经营、加工、贮藏、运输等活动中的动物防疫实施监督管理。

第七十五条　为控制动物疫病，县级人民政府农业农村主管部门应当派人在所在地依法设立的现有检查站执行监督检查任务；必要时，经省、自治区、直辖市人民政府批准，可以设立临时性的动物防疫检查站，执行监督检查任务。

第七十六条　县级以上地方人民政府农业农村主管部门执行监督检查任务，可以采取下列措施，有关单位和个人不得拒绝或者阻碍：(一)对动物、动物产品按照规定采样、留验、抽检；(二)对染疫或者疑似染疫的动物、动物产品及相关物品进行隔离、查封、扣押和处理；(三)对依法应当检疫而未经检疫的动物和动物产品，具备补检条件的实施补检，不具备补检条件的予以收缴销毁；(四)查验检疫证明、检疫标志和畜禽标识；(五)进入有关场所调查取证，查阅、复制与动物防疫有关的资料。县级以上地方人民政府农业农村主管部门根据动物疫病预防、控制需要，经所在地县级以上地方人民政府批准，可以在车站、港口、机场等相关场所派驻官方兽医或者工作人员。

第七十七条　执法人员执行动物防疫监督检查任务，应当出示行政执法证件，佩戴统一标志。县级以上人民政府农业农村主管部门及其工作人员不得从事与动物防疫有关的经营性活动，进行监督检查不得收取任何费用。

第七十八条　禁止转让、伪造或者变造检疫证明、检疫标志或者畜禽标识。禁止持有、使用伪造或者变造的检疫证明、检疫标志或者畜禽标识。检疫证明、检疫标志的管理办法由国务院农业农村主管部门制定。

第十章　保障措施

第七十九条　县级以上人民政府应当将动物防疫工作纳入本级国民经济和社会发展规划及年度计划。

第八十条　国家鼓励和支持动物防疫领域新技术、新设备、新产品等科学技术研究开发。

第八十一条　县级人民政府应当为动物卫生监督机构配备与动物、动物产品检疫工作相适应的官方兽医，保障检疫工作条件。县级人民政府农业农村主管部门可以根据动物防疫工作需要，向乡、镇或者特定区域派驻兽医机构或者工作人员。

第八十二条　国家鼓励和支持执业兽医、乡村兽医和动物诊疗机构开展动物防疫和疫病诊疗活动；鼓励养殖企业、兽药及饲料生产企业组建动物防疫服务团队，提供防疫服务。地方人民政府组织村级防疫员参加动物疫病防治工作的，应当保障村级防疫员合理劳务报酬。

第八十三条　县级以上人民政府按照本级政府职责，将动物疫病的监测、预防、控制、净化、消灭，动物、动物产品的检疫和病死动物的无害化处理，以及监督管理所需经费纳入本级预算。

第八十四条　县级以上人民政府应当储备动物疫情应急处置所需的防疫物资。

第八十五条　对在动物疫病预防、控制、净化、消灭过程中强制扑杀的动物、销毁的动物产品和相关物品，县级以上人民政府给予补偿。具体补偿标准和办法由国务院财政部门会同有关部门制定。

第八十六条　对从事动物疫病预防、检疫、监督检查、现场处理疫情以及在工作中接触动物疫病病原体的人员，有关单位按照国家规定，采取有效的卫生防护、医疗保健措施，给予畜牧兽医医疗卫生津贴等相关待遇。

第十一章　法律责任

第八十七条　地方各级人民政府及其工作人员未依照本法规定履行职责的，对直接负责的主管人员和其他直接责任人员依法给予处分。

第八十八条　县级以上人民政府农业农村主管部门及其工作人员违反本法规定，有下列行为之一的，由本级人民政府责令改正，通报批评；对直接负责的主管人员和其他直接责任人员依法给予处分：(一)未及时采取预防、控制、扑灭等措施的；(二)对不符合条件的颁发动物防疫条件合格证、动物诊疗许可证，或者对符合条件的拒不颁发动物防疫条件合格证、动物诊疗许可证的；(三)从事与动物防疫有关的经营性活动，或者违法收取费用的；(四)其他未依照本法规定履行职责的行为。

第八十九条　动物卫生监督机构及其工作人员违反本法规定，有下列行为之一的，由本级人民政府或者农业农村主管部门责令改正，通报批评；对直接负责的主管人员和其他直接责任人员依法给予处分：(一)对未经检疫或者检疫不合格的动物、动物产品出具检疫证明、加施检疫标志，或者对检疫合格的动物、动物产品拒不出具检疫证明、加施检疫标志的；(二)对附有检疫证明、检疫标志的动物、动物产品重复检疫的；(三)从事与动物防疫有关的经营性活动，或者违法收取费用的；(四)其他未依照本法规定履行职责的行为。

第九十条　动物疫病预防控制机构及其工作人员违反本法规定，有下列行为之一的，由本级人民政府或者农业农村主管部门责令改正，通报批评；对直接负责的主管人员和其他直接责任人员依法给予处分：(一)未履行动物疫病监测、检测、评估职责或者伪造监测、检测、评估结果的；(二)发生动物疫情时未及时进行诊断、调查的；(三)接到染疫或者疑似染疫报告后，未及时按照国家规定采取措施、上报的；(四)其他未依照本法规定履行职责的行为。

第九十一条　地方各级人民政府、有关部门及其工作人员瞒报、谎报、迟报、漏报或者授意他人瞒报、谎报、迟报动物疫情，或者阻碍他人报告动物疫情的，由上级人民政府或者有关部门责令改正，通报批评；对直接负责的主管人员和其他直接责任人员依法给予处分。

第九十二条　违反本法规定，有下列行为之一的，由县级以上地方人民政府农业农村主管部门责令限期改正，可以处一千元以下罚款；逾期不改正的，处一千元以上五千元以下罚款，由县级以上地方人民政府农业农村主管部门委托动物诊疗机构、无害化处理场所等代为处理，所需费用由违法行为人承担：(一)对饲养的动物未按照动物疫病强制免疫计划或者免疫技术规范实施免疫接种的；(二)对饲养的种用、乳用动物未按照国务院农业农村主管部门的要求定期开展疫病检测，或者经检测不合格而未按照规定处理的；(三)对饲养的犬只未按照规定定期进行狂犬病免疫接种的；(四)动物、动物产品的运载工具在装载前和卸载后未按照规定及时清洗、消毒的。

第九十三条　违反本法规定，对经强制免疫的动物未按照规定建立免疫档案，或者未按照规定加施畜禽标识的，依照《中华人民共和国畜牧法》的有关规定处罚。

第九十四条　违反本法规定，动物、动物产品的运载工具、垫料、包装物、容器等不符合国务院农业农村主管部门规定的动物防疫要求的，由县级以上地方人民政府农业农村主管部门责令改正，可以处五千元以下罚款；情节严重的，处五千元以上五万元以下罚款。

第九十五条　违反本法规定，对染疫动物及其排泄物、染疫动物产品或者被染疫动物、动物产品污染的运载工具、垫料、包装物、容器等未按照规定处置的，由县级以上地方人民政府农业农村主管部门责令限期处理；逾期不处理的，由县级以上地方人民政府农业农村主管部门委托有关单位代为处理，所需费用由违法行为人承担，处五千元以上五万元以下罚款。造成环境污染或者生态破坏的，依照环境保护有关法律法规进行处罚。

第九十六条　违反本法规定，患有人兽共患传染病的人员，直接从事动物疫病监测、检测、检验检疫，动物诊疗以及易感染动物的饲养、屠宰、经营、隔离、运输等活动的，由县级以上地方人民政府农业农村或者野生动物保护主管部门责令改正；拒不改正的，处一千元以上一万元以下罚款；情节严重的，处一万元以上五万元以下罚款。

第九十七条　违反本法第二十九条规定，屠宰、经营、运输动物或者生产、经营、加工、贮藏、运输动物产品的，由县级以上地方人民政府农业农村主管部门责令改正、采取补救措施，没收违法所得、动物和动物产品，并处同类检疫合格动物、动物产品货值金额十五倍以上三十倍以下罚款；同类检疫合格动物、动物产品货值金额不足一万元的，并处五万元以上十五万元以下罚款；其中依法应当检疫而未检疫的，依照本法第一百条的规定处罚。

前款规定的违法行为人及其法定代表人（负责人）、直接负责的主管人员和其他直接责任人员，自处罚决定作出之日起五年内不得从事相关活动；构成犯罪的，终身不得从事屠宰、经营、运输动物或者生产、经营、加工、贮藏、运输动物产品等相关活动。

第九十八条　违反本法规定，有下列行为之一的，由县级以上地方人民政府农业农村主管部门责令改正，处三千元以上三万元以下罚款；情节严重的，责令停业整顿，并处三万元以上十万元以下罚款：（一）开办动物饲养场和隔离场所、动物屠宰加工场所以及动物和动物产品无害化处理场所，未取得动物防疫条件合格证的；（二）经营动物、动物产品的集贸市场不具备国务院农业农村主管部门规定的防疫条件的；（三）未经备案从事动物运输的；（四）未按照规定保存行程路线和托运人提供的动物名称、检疫证明编号、数量等信息的；（五）未经检疫合格，向无规定动物疫病区输入动物、动物产品的；（六）跨省、自治区、直辖市引进种用、乳用动物到达输入地后未按照规定进行隔离观察的；（七）未按照规定处理或者随意弃置病死动物、病害动物产品的。

第九十九条　动物饲养场和隔离场所、动物屠宰加工场所以及动物和动物产品无害化处理场所，生产经营条件发生变化，不再符合本法第二十四条规定的动物防疫条件继续从事相关活动的，由县级以上地方人民政府农业农村主管部门给予警告，责令限期改正；逾期仍达不到规定条件的，吊销动物防疫条件合格证，并通报市场监督管理部门依法处理。

第一百条　违反本法规定，屠宰、经营、运输的动物未附有检疫证明，经营和运输的动物产品未附有检疫证明、检疫标志的，由县级以上地方人民政府农业农村主管部门责令改正，处同类检疫合格动物、动物产品货值金额一倍以下罚款；对货主以外的承运人处运输费用三倍以上五倍以下罚款，情节严重的，处五倍以上十倍以下罚款。违反本法规定，用于科研、展示、演出和比赛等非食用性利用的动物未附有检疫证明的，由县级以上地方人民政府农业农村主管部门责令改正，处三千元以上一万元以下罚款。

第一百零一条 违反本法规定，将禁止或者限制调运的特定动物、动物产品由动物疫病高风险区调入低风险区的，由县级以上地方人民政府农业农村主管部门没收运输费用、违法运输的动物和动物产品，并处运输费用一倍以上五倍以下罚款。

第一百零二条 违反本法规定，通过道路跨省、自治区、直辖市运输动物，未经省、自治区、直辖市人民政府设立的指定通道入省境或者过省境的，由县级以上地方人民政府农业农村主管部门对运输人处五千元以上一万元以下罚款；情节严重的，处一万元以上五万元以下罚款。

第一百零三条 违反本法规定，转让、伪造或者变造检疫证明、检疫标志或者畜禽标识的，由县级以上地方人民政府农业农村主管部门没收违法所得和检疫证明、检疫标志、畜禽标识，并处五千元以上五万元以下罚款。持有、使用伪造或者变造的检疫证明、检疫标志或者畜禽标识的，由县级以上人民政府农业农村主管部门没收检疫证明、检疫标志、畜禽标识和对应的动物、动物产品，并处三千元以上三万元以下罚款。

第一百零四条 违反本法规定，有下列行为之一的，由县级以上地方人民政府农业农村主管部门责令改正，处三千元以上三万元以下罚款：(一)擅自发布动物疫情的；(二)不遵守县级以上人民政府及其农业农村主管部门依法作出的有关控制动物疫病规定的；(三)藏匿、转移、盗掘已被依法隔离、封存、处理的动物和动物产品的。

第一百零五条 违反本法规定，未取得动物诊疗许可证从事动物诊疗活动的，由县级以上地方人民政府农业农村主管部门责令停止诊疗活动，没收违法所得，并处违法所得一倍以上三倍以下罚款；违法所得不足三万元的，并处三千元以上三万元以下罚款。动物诊疗机构违反本法规定，未按照规定实施卫生安全防护、消毒、隔离和处置诊疗废弃物的，由县级以上地方人民政府农业农村主管部门责令改正，处一千元以上一万元以下罚款；造成动物疫病扩散的，处一万元以上五万元以下罚款；情节严重的，吊销动物诊疗许可证。

第一百零六条 违反本法规定，未经执业兽医备案从事经营性动物诊疗活动的，由县级以上地方人民政府农业农村主管部门责令停止动物诊疗活动，没收违法所得，并处三千元以上三万元以下罚款；对其所在的动物诊疗机构处一万元以上五万元以下罚款。

执业兽医有下列行为之一的，由县级以上地方人民政府农业农村主管部门给予警告，责令暂停六个月以上一年以下动物诊疗活动；情节严重的，吊销执业兽医资格证书：(一)违反有关动物诊疗的操作技术规范，造成或者可能造成动物疫病传播、流行的；(二)使用不符合规定的兽药和兽医器械的；(三)未按照当地人民政府或者农业农村主管部门要求参加动物疫病预防、控制和动物疫情扑灭活动的。

第一百零七条 违反本法规定，生产经营兽医器械，产品质量不符合要求的，由县级以上地方人民政府农业农村主管部门责令限期整改；情节严重的，责令停业整顿，并处二万元以上十万元以下罚款。

第一百零八条 违反本法规定，从事动物疫病研究、诊疗和动物饲养、屠宰、经营、隔离、运输，以及动物产品生产、经营、加工、贮藏、无害化处理等活动的单位和个人，有下列行为之一的，由县级以上地方人民政府农业农村主管部门责令改正，可以处一万元以下罚款；拒不改正的，处一万元以上五万元以下罚款，并可以责令停业整顿：(一)发现动物染疫、疑似染疫未报告，或者未采取隔离等控制措施的；(二)不如实提供与动物防疫有关的资料的；(三)拒绝或者阻碍农业农村主管部门进行监督检查的;(四)拒绝或者阻碍动物疫病预防控制机构进行动物疫病监测、检测、评估的;(五)拒绝或者阻碍官方兽医依法履行职责的。

第一百零九条 违反本法规定,造成人畜共患传染病传播、流行的,依法从重给予处分、处罚。违反本法规定,构成违反治安管理行为的,依法给予治安管理处罚;构成犯罪的,依法追究刑事责任。违反本法规定,给他人人身、财产造成损害的,依法承担民事责任。

第十二章 附 则

第一百一十条 本法下列用语的含义:(一)无规定动物疫病区,是指具有天然屏障或者采取人工措施,在一定期限内没有发生规定的一种或者几种动物疫病,并经验收合格的区域;(二)无规定动物疫病生物安全隔离区,是指处于同一生物安全管理体系下,在一定期限内没有发生规定的一种或者几种动物疫病的若干动物饲养场及其辅助生产场所构成的,并经验收合格的特定小型区域;(三)病死动物,是指染疫死亡、因病死亡、死因不明或者经检验检疫可能危害人体或者动物健康的死亡动物;(四)病害动物产品,是指来源于病死动物的产品,或者经检验检疫可能危害人体或者动物健康的动物产品。

第一百一十一条 境外无规定动物疫病区和无规定动物疫病生物安全隔离区的无疫等效性评估,参照本法有关规定执行。

第一百一十二条 实验动物防疫有特殊要求的,按照实验动物管理的有关规定执行。

第一百一十三条 本法自 2021 年 5 月 1 日起施行。

附录Ⅲ　中华人民共和国进出境动植物检疫法

（1991 年 10 月 30 日第七届全国人民代表大会常务委员会
第二十二次会议通过、主席令第 53 号公布）

第一章　总　　则

第一条　为防止动物传染病、寄生虫病和植物危险性病、虫、杂草以及其他有害生物（以下简称病虫害）传入、传出国境，保护农、林、牧、渔业生产和人体健康，促进对外经济贸易的发展，制定本法。

第二条　进出境的动植物、动植物产品和其他检疫物，装载动植物、动植物产品和其他检疫物的装载容器、包装物，以及来自动植物疫区的运输工具，依照本法规定实施检疫。

第三条　国务院设立动植物检疫机关（以下简称国家动植物检疫机关），统一管理全国进出境动植物检疫工作。国家动植物检疫机关在对外开放的口岸和进出境动植物检疫业务集中的地点设立的口岸动植物检疫机关，依照本法规定实施进出境动植物检疫。贸易性动物产品出境的检疫机关，由国务院根据情况规定。国务院农业行政主管部门主管全国进出境动植物检疫工作。

第四条　口岸动植物检疫机关在实施检疫时可以行使下列职权：（一）依照本法规定登船、登车、登机实施检疫；（二）进入港口、机场、车站、邮局以及检疫物的存放、加工、养殖、种植场所实施检疫，并依照规定采样；（三）根据检疫需要，进入有关生产、仓库等场所，进行疫情监测、调查和检疫监督管理；（四）查阅、复制、摘录与检疫物有关的运行日志、货运单、合同、发票及其他单证。

第五条　国家禁止下列各物进境：（一）动植物病原体（包括菌种、毒种等）、害虫及其他有害生物；（二）动植物疫情流行的国家和地区的有关动植物、动植物产品和其他检疫物；（三）动物尸体；（四）土壤。口岸动植物检疫机关发现有前款规定的禁止进境物的，作退回或者销毁处理。因科学研究等特殊需要引进本条第一款规定的禁止进境物的，必须事先提出申请，经国家动植物检疫机关批准。

本条第一款第二项规定的禁止进境物的名录，由国务院农业行政主管部门制定并公布。

第六条　国外发生重大动植物疫情并可能传入中国时，国务院应当采取紧急预防措施，必要时可以下令禁止来自动植物疫区的运输工具进境或者封锁有关口岸；受动植物疫情威胁地区的地方人民政府和有关口岸动植物检疫机关，应当立即采取紧急措施，同时向上级人民政府和国家动植物检疫机关报告。邮电、运输部门对重大动植物疫情报告和送检材料应当优先传送。

第七条　国家动植物检疫机关和口岸动植物检疫机关对进出境动植物、动植物产品的生产、加工、存放过程，实行检疫监督制度。

第八条 口岸动植物检疫机关在港口、机场、车站、邮局执行检疫任务时，海关、交通、民航、铁路、邮电等有关部门应当配合。

第九条 动植物检疫机关检疫人员必须忠于职守，秉公执法。动植物检疫机关检疫人员依法执行公务，任何单位和个人不得阻挠。

第二章 进境检疫

第十条 输入动物、动物产品、植物种子、种苗及其他繁殖材料的，必须事先提出申请，办理检疫审批手续。

第十一条 通过贸易、科技合作、交换、赠送、援助等方式输入动植物、动植物产品和其他检疫物的，应当在合同或者协议中订明中国法定的检疫要求，并订明必须附有输出国家或者地区政府动植物检疫机关出具的检疫证书。

第十二条 货主或者其代理人应当在动植物、动植物产品和其他检疫物进境前或者进境时持输出国家或者地区的检疫证书、贸易合同等单证，向进境口岸动植物检疫机关报检。

第十三条 装载动物的运输工具抵达口岸时，口岸动植物检疫机关应当采取现场预防措施，对上下运输工具或者接近动物的人员、装载动物的运输工具和被污染的场地作防疫消毒处理。

第十四条 输入动植物、动植物产品和其他检疫物，应当在进境口岸实施检疫。未经口岸动植物检疫机关同意，不得卸离运输工具。

输入动植物，需隔离检疫的，在口岸动植物检疫机关指定的隔离场所检疫。

因口岸条件限制等原因，可以由国家动植物检疫机关决定将动植物、动植物产品和其他检疫物运往指定地点检疫。在运输、装卸过程中，货主或者其代理人应当采取防疫措施。指定的存放、加工和隔离饲养或者隔离种植的场所，应当符合动植物检疫和防疫的规定。

第十五条 输入动植物、动植物产品和其他检疫物，经检疫合格的，准予进境；海关凭口岸动植物检疫机关签发的检疫单证或者在报关单上加盖的印章验放。

输入动植物、动植物产品和其他检疫物，需调离海关监管区检疫的，海关凭口岸动植物检疫机关签发的《检疫调离通知单》验放。

第十六条 输入动物，经检疫不合格的，由口岸动植物检疫机关签发《检疫处理通知单》，通知货主或者其代理人作如下处理：

（一）检出一类传染病、寄生虫病的动物，连同其同群动物全群退回或者全群扑杀并销毁尸体；

（二）检出二类传染病、寄生虫病的动物，退回或者扑杀，同群其他动物在隔离场或者其他指定地点隔离观察。

输入动物产品和其他检疫物经检疫不合格的，由口岸动植物检疫机关签发《检疫处理通知单》，通知货主或者其代理人作除害、退回或者销毁处理。经除害处理合格的，准予进境。

第十七条 输入植物、植物产品和其他检疫物，经检疫发现有植物危险性病、虫、杂草的，由口岸动植物检疫机关签发《检疫处理通知单》，通知货主或者其代理人作除害、退回或者销毁处理。经除害处理合格的，准予进境。

第十八条 本法第十六条第一款第一项、第二项所称一类、二类动物传染病、寄生虫病的名录和本法第十七条所称植物危险性病、虫、杂草的名录，由国务院农业行政主管部门制定并公布。

第十九条　输入动植物、动植物产品和其他检疫物，经检疫发现有本法第十八条规定的名录之外，对农、林、牧、渔业有严重危害的其他病虫害的，由口岸动植物检疫机关依照国务院农业行政主管部门的规定，通知货主或者其代理人作除害、退回或者销毁处理。经除害处理合格的，准予进境。

第三章　出境检疫

第二十条　货主或者其代理人在动植物、动植物产品和其他检疫物出境前，向口岸动植物检疫机关报检。

出境前需经隔离检疫的动物，在口岸动植物检疫机关指定的隔离场所检疫。

第二十一条　输出动植物、动植物产品和其他检疫物，由口岸动植物检疫机关实施检疫，经检疫合格或者经除害处理合格的，准予出境；海关凭口岸动植物检疫机关签发的检疫证书或者在报关单上加盖的印章验放。检疫不合格又无有效方法作除害处理的，不准出境。

第二十二条　经检疫合格的动植物、动植物产品和其他检疫物，有下列情形之一的，货主或者其代理人应当重新报检：

（一）更改输入国家或者地区，更改后的输入国家或者地区又有不同检疫要求的；

（二）改换包装或者原未拼装后来拼装的；

（三）超过检疫规定有效期限的。

第四章　过境检疫

第二十三条　要求运输动物过境的，必须事先商得中国国家动植物检疫机关同意，并按照指定的口岸和路线过境。

装载过境动物的运输工具、装载容器、饲料和铺垫材料，必须符合中国动植物检疫的规定。

第二十四条　运输动植物、动植物产品和其他检疫物过境的，由承运人或者押运人持货运单和输出国家或者地区政府动植物检疫机关出具的检疫证书，在进境时向口岸动植物检疫机关报检，出境口岸不再检疫。

第二十五条　过境的动物经检疫合格的，准予过境；发现有本法第十八条规定的名录所列的动物传染病、寄生虫病的，全群动物不准过境。

过境动物的饲料受病虫害污染的，作除害、不准过境或者销毁处理。

过境动物的尸体、排泄物、铺垫材料及其他废弃物，必须按照动植物检疫机关的规定处理，不得擅自抛弃。

第二十六条　对过境植物、动植物产品和其他检疫物，口岸动植物检疫机关检查运输工具或者包装，经检疫合格的，准予过境；发现有本法第十八条规定的名录所列的病虫害的，作除害处理或者不准过境。

第二十七条　动植物、动植物产品和其他检疫物过境期间，未经动植物检疫机关批准，不得开拆包装或者卸离运输工具。

第五章　携带、邮寄物检疫

第二十八条　携带、邮寄植物种子、种苗及其他繁殖材料进境的，必须事先提出申请，办理检疫审批手续。

第二十九条　禁止携带、邮寄进境的动植物、动植物产品和其他检疫物的名录，由国务院农业行政主管部门制定并公布。

携带、邮寄前款规定的名录所列的动植物、动植物产品和其他检疫物进境的，作退回或者销毁处理。

第三十条　携带本法第二十九条规定的名录以外的动植物、动植物产品和其他检疫物进境的，在进境时向海关申报并接受口岸动植物检疫机关检疫。

携带动物进境的，必须持有输出国家或者地区的检疫证书等证件。

第三十一条　邮寄本法第二十九条规定的名录以外的动植物、动植物产品和其他检疫物进境的，由口岸动植物检疫机关在国际邮件互换局实施检疫，必要时可以取回口岸动植物检疫机关检疫；未经检疫不得运递。

第三十二条　邮寄进境的动植物、动植物产品和其他检疫物，经检疫或者除害处理合格后放行；经检疫不合格又无有效方法作除害处理的，作退回或者销毁处理，并签发《检疫处理通知单》。

第三十三条　携带、邮寄出境的动植物、动植物产品和其他检疫物，物主有检疫要求的，由口岸动植物检疫机关实施检疫。

第六章　运输工具检疫

第三十四条　来自动植物疫区的船舶、飞机、火车抵达口岸时，由口岸动植物检疫机关实施检疫。发现有本法第十八条规定的名录所列的病虫害的，作不准带离运输工具、除害、封存或者销毁处理。

第三十五条　进境的车辆，由口岸动植物检疫机关作防疫消毒处理。

第三十六条　进出境运输工具上的泔水、动植物性废弃物，依照口岸动植物检疫机关的规定处理，不得擅自抛弃。

第三十七条　装载出境的动植物、动植物产品和其他检疫物的运输工具，应当符合动植物检疫和防疫的规定。

第三十八条　进境供拆船用的废旧船舶，由口岸动植物检疫机关实施检疫，发现有本法第十八条规定的名录所列的病虫害的，作除害处理。

第七章　法律责任

第三十九条　违反本法规定，有下列行为之一的，由口岸动植物检疫机关处以罚款：

（一）未报检或者未依法办理检疫审批手续的；

（二）未经口岸动植物检疫机关许可擅自将进境动植物、动植物产品或者其他检疫物卸离运输工具或者运递的；

（三）擅自调离或者处理在口岸动植物检疫机关指定的隔离场所中隔离检疫的动植物的。

第四十条　报检的动植物、动植物产品或者其他检疫物与实际不符的，由口岸动植物检疫机关处以罚款；已取得检疫单证的，予以吊销。

第四十一条　违反本法规定，擅自开拆过境动植物、动植物产品或者其他检疫物的包装的，擅自将过境动植物、动植物产品或者其他检疫物卸离运输工具的，擅自抛弃过境动物的尸体、排泄物、铺垫材料或者其他废弃物的，由动植物检疫机关处以罚款。

第四十二条　违反本法规定，引起重大动植物疫情的，比照刑法第一百七十八条的规定追究刑事责任。

第四十三条　伪造、变造检疫单证、印章、标志、封识，依照刑法第一百六十七条的规定追究刑事责任。

第四十四条　当事人对动植物检疫机关的处罚决定不服的，可以在接到处罚通知之日起十五日内向作出处罚决定的机关的上一级机关申请复议；当事人也可以在接到处罚通知之日起十五日内直接向人民法院起诉。

复议机关应当在接到复议申请之日起六十日内作出复议决定。当事人对复议决定不服的，可以在接到复议决定之日起十五日内向人民法院起诉。复议机关逾期不作出复议决定的，当事人可以在复议期满之日起十五日内向人民法院起诉。

当事人逾期不申请复议也不向人民法院起诉、又不履行处罚决定的，作出处罚决定的机关可以申请人民法院强制执行。

第四十五条　动植物检疫机关检疫人员滥用职权，徇私舞弊，伪造检疫结果，或者玩忽职守，延误检疫出证，构成犯罪的，依法追究刑事责任；不构成犯罪的，给予行政处分。

第八章　附　　则

第四十六条　本法下列用语的含义是：

（一）“动物”是指饲养、野生的活动物，如畜、禽、兽、蛇、龟、鱼、虾、蟹、贝、蚕、蜂等；

（二）“动物产品”是指来源于动物未经加工或者虽经加工但仍有可能传播疫病的产品，如生皮张、毛类、肉类、脏器、油脂、动物水产品、奶制品、蛋类、血液、精液、胚胎、骨、蹄、角等；

（三）“植物”是指栽培植物、野生植物及其种子、种苗及其他繁殖材料等；

（四）“植物产品”是指来源于植物未经加工或者虽经加工但仍有可能传播病虫害的产品，如粮食、豆、棉花、油、麻、烟草、籽仁、干果、鲜果、蔬菜、生药材、木材、饲料等；

（五）“其他检疫物”是指动物疫苗、血清、诊断液、动植物性废弃物等。

第四十七条　中华人民共和国缔结或者参加的有关动植物检疫的国际条约与本法有不同规定的，适用该国际条约的规定。但是，中华人民共和国声明保留的条款除外。

第四十八条　口岸动植物检疫机关实施检疫依照规定收费。收费办法由国务院农业行政主管部门会同国务院物价等有关主管部门制定。

第四十九条　国务院根据本法制定实施条例。

第五十条　本法自一九九二年四月一日起施行。一九八二年六月四日国务院发布的《中华人民共和国进出口动植物检疫条例》同时废止。

附录Ⅳ　中华人民共和国草原法

(1985年6月18日第六届全国人民代表大会常务委员会第十一次会议通过、2002年12月28日第九届全国人民代表大会常务委员会第三十一次会议修订、2013年6月29日第十二届全国人民代表大会常务委员会第三次会议第二次修正、2021年4月29日第十三届全国人民代表大会常务委员会第三次修正)

第一章　总　　则

第一条　为了保护、建设和合理利用草原，改善生态环境，维护生物多样性，发展现代畜牧业，促进经济和社会的可持续发展，制定本法。

第二条　在中华人民共和国领域内从事草原规划、保护、建设、利用和管理活动，适用本法。

本法所称草原，是指天然草原和人工草地。

第三条　国家对草原实行科学规划、全面保护、重点建设、合理利用的方针，促进草原的可持续利用和生态、经济、社会的协调发展。

第四条　各级人民政府应当加强对草原保护、建设和利用的管理，将草原的保护、建设和利用纳入国民经济和社会发展计划。

各级人民政府应当加强保护、建设和合理利用草原的宣传教育。

第五条　任何单位和个人都有遵守草原法律法规、保护草原的义务，同时享有对违反草原法律法规、破坏草原的行为进行监督、检举和控告的权利。

第六条　国家鼓励与支持开展草原保护、建设、利用和监测方面的科学研究，推广先进技术和先进成果，培养科学技术人才。

第七条　国家对在草原管理、保护、建设、合理利用和科学研究等工作中做出显著成绩的单位和个人，给予奖励。

第八条　国务院草原行政主管部门主管全国草原监督管理工作。

县级以上地方人民政府草原行政主管部门主管本行政区域内草原监督管理工作。

乡(镇)人民政府应当加强对本行政区域内草原保护、建设和利用情况的监督检查，根据需要可以设专职或者兼职人员负责具体监督检查工作。

第二章　草原权属

第九条　草原属于国家所有，由法律规定属于集体所有的除外。国家所有的草原，由国务院代表国家行使所有权。

任何单位或者个人不得侵占、买卖或者以其他形式非法转让草原。

第十条　国家所有的草原，可以依法确定给全民所有制单位、集体经济组织等使用。

使用草原的单位，应当履行保护、建设和合理利用草原的义务。

第十一条　依法确定给全民所有制单位、集体经济组织等使用的国家所有的草原，由县级以上人民政府登记，核发使用权证，确认草原使用权。

未确定使用权的国家所有的草原，由县级以上人民政府登记造册，并负责保护管理。

集体所有的草原，由县级人民政府登记，核发所有权证，确认草原所有权。

依法改变草原权属的，应当办理草原权属变更登记手续。

第十二条　依法登记的草原所有权和使用权受法律保护，任何单位或者个人不得侵犯。

第十三条　集体所有的草原或者依法确定给集体经济组织使用的国家所有的草原，可以由本集体经济组织内的家庭或者联户承包经营。

在草原承包经营期内，不得对承包经营者使用的草原进行调整；个别确需适当调整的，必须经本集体经济组织成员的村（牧）民会议三分之二以上成员或者三分之二以上村（牧）民代表的同意，并报乡（镇）人民政府和县级人民政府草原行政主管部门批准。

集体所有的草原或者依法确定给集体经济组织使用的国家所有的草原由本集体经济组织以外的单位或者个人承包经营的，必须经本集体经济组织成员的村（牧）民会议三分之二以上成员或者三分之二以上村（牧）民代表的同意，并报乡（镇）人民政府批准。

第十四条　承包经营草原，发包方和承包方应当签订书面合同。草原承包合同的内容应当包括双方的权利和义务、承包草原四至界限、面积和等级、承包期和起止日期、承包草原用途和违约责任等。承包期届满，原承包经营者在同等条件下享有优先承包权。

承包经营草原的单位和个人，应当履行保护、建设和按照承包合同约定的用途合理利用草原的义务。

第十五条　草原承包经营权受法律保护，可以按照自愿、有偿的原则依法转让。

草原承包经营权转让的受让方必须具有从事畜牧业生产的能力，并应当履行保护、建设和按照承包合同约定的用途合理利用草原的义务。

草原承包经营权转让应当经发包方同意。承包方与受让方在转让合同中约定的转让期限，不得超过原承包合同剩余的期限。

第十六条　草原所有权、使用权的争议，由当事人协商解决；协商不成的，由有关人民政府处理。

单位之间的争议，由县级以上人民政府处理；个人之间、个人与单位之间的争议，由乡（镇）人民政府或者县级以上人民政府处理。

当事人对有关人民政府的处理决定不服的，可以依法向人民法院起诉。

在草原权属争议解决前，任何一方不得改变草原利用现状，不得破坏草原和草原上的设施。

第三章　规　　划

第十七条　国家对草原保护、建设、利用实行统一规划制度。国务院草原行政主管部门会同国务院有关部门编制全国草原保护、建设、利用规划，报国务院批准后实施。

县级以上地方人民政府草原行政主管部门会同同级有关部门依据上一级草原保护、建设、利用规划编制本行政区域的草原保护、建设、利用规划，报本级人民政府批准后实施。

经批准的草原保护、建设、利用规划确需调整或者修改时，须经原批准机关批准。

第十八条　编制草原保护、建设、利用规划，应当依据国民经济和社会发展规划并遵循下列原则：

（一）改善生态环境，维护生物多样性，促进草原的可持续利用；

（二）以现有草原为基础，因地制宜，统筹规划，分类指导；

（三）保护为主、加强建设、分批改良、合理利用；

（四）生态效益、经济效益、社会效益相结合。

第十九条　草原保护、建设、利用规划应当包括：草原保护、建设、利用的目标和措施，草原功能分区和各项建设的总体部署，各项专业规划等。

第二十条　草原保护、建设、利用规划应当与土地利用总体规划相衔接，与环境保护规划、水土保持规划、防沙治沙规划、水资源规划、林业长远规划、城市总体规划、村庄和集镇规划以及其他有关规划相协调。

第二十一条　草原保护、建设、利用规划一经批准，必须严格执行。

第二十二条　国家建立草原调查制度。

县级以上人民政府草原行政主管部门会同同级有关部门定期进行草原调查；草原所有者或者使用者应当支持、配合调查，并提供有关资料。

第二十三条　国务院草原行政主管部门会同国务院有关部门制定全国草原等级评定标准。

县级以上人民政府草原行政主管部门根据草原调查结果、草原的质量，依据草原等级评定标准，对草原进行评等定级。

第二十四条　国家建立草原统计制度。

县级以上人民政府草原行政主管部门和同级统计部门共同制定草原统计调查办法，依法对草原的面积、等级、产草量、载畜量等进行统计，定期发布草原统计资料。

草原统计资料是各级人民政府编制草原保护、建设、利用规划的依据。

第二十五条　国家建立草原生产、生态监测预警系统。

县级以上人民政府草原行政主管部门对草原的面积、等级、植被构成、生产能力、自然灾害、生物灾害等草原基本状况实行动态监测，及时为本级政府和有关部门提供动态监测和预警信息服务。

第四章　建　　设

第二十六条　县级以上人民政府应当增加草原建设的投入，支持草原建设。

国家鼓励单位和个人投资建设草原，按照谁投资谁受益的原则保护草原投资建设者的合法权益。

第二十七条　国家鼓励与支持人工草地建设、天然草原改良和饲草饲料基地建设，稳定和提高草原生产能力。

第二十八条　县级以上人民政府应当支持、鼓励和引导农牧民开展草原围栏、饲草饲料储备、牲畜圈舍、牧民定居点等生产生活设施的建设。

县级以上地方人民政府应当支持草原水利设施建设，发展草原节水灌溉，改善人畜饮水条件。

第二十九条　县级以上人民政府应当按照草原保护、建设、利用规划加强草种基地建设，鼓励选育、引进、推广优良草品种。

新草品种必须经全国草品种审定委员会审定，由国务院草原行政主管部门公告后方可推广。从境外引进草种必须依法进行审批。

县级以上人民政府草原行政主管部门应当依法加强对草种生产、加工、检疫、检验的监督管理，保证草种质量。

第三十条　县级以上人民政府应当有计划地进行火情监测、防火物资储备、防火隔离带等草原防火设施的建设，确保防火需要。

第三十一条　对退化、沙化、盐碱化、石漠化和水土流失的草原，地方各级人民政府应当按照草原保护、建设、利用规划，划定治理区，组织专项治理。

大规模的草原综合治理，列入国家国土整治计划。

第三十二条　县级以上人民政府应当根据草原保护、建设、利用规划，在本级国民经济和社会发展计划中安排资金用于草原改良、人工种草和草种生产，任何单位或者个人不得截留、挪用；县级以上人民政府财政部门和审计部门应当加强监督管理。

第五章　利　　用

第三十三条　草原承包经营者应当合理利用草原，不得超过草原行政主管部门核定的载畜量；草原承包经营者应当采取种植和储备饲草饲料、增加饲草饲料供应量、调剂处理牲畜、优化畜群结构、提高出栏率等措施，保持草畜平衡。

草原载畜量标准和草畜平衡管理办法由国务院草原行政主管部门规定。

第三十四条　牧区的草原承包经营者应当实行划区轮牧，合理配置畜群，均衡利用草原。

第三十五条　国家提倡在农区、半农半牧区和有条件的牧区实行牲畜圈养。草原承包经营者应当按照饲养牲畜的种类和数量，调剂、储备饲草饲料，采用青贮和饲草饲料加工等新技术，逐步改变依赖天然草地放牧的生产方式。

在草原禁牧、休牧、轮牧区，国家对实行舍饲圈养的给予粮食和资金补助，具体办法由国务院或者国务院授权的有关部门规定。

第三十六条　县级以上地方人民政府草原行政主管部门对割草场和野生草种基地应当规定合理的割草期、采种期以及留茬高度和采割强度，实行轮割轮采。

第三十七条　遇到自然灾害等特殊情况，需要临时调剂使用草原的，按照自愿互利的原则，由双方协商解决；需要跨县临时调剂使用草原的，由有关县级人民政府或者共同的上级人民政府组织协商解决。

第三十八条　进行矿藏开采和工程建设，应当不占或者少占草原；确需征收、征用或者使用草原的，必须经省级以上人民政府草原行政主管部门审核同意后，依照有关土地管理的法律、行政法规办理建设用地审批手续。

第三十九条　因建设征收、征用集体所有的草原的，应当依照《中华人民共和国土地管理法》的规定给予补偿；因建设使用国家所有的草原的，应当依照国务院有关规定对草原承包经营者给予补偿。

因建设征收、征用或者使用草原的，应当交纳草原植被恢复费。草原植被恢复费专款专用，由草原行政主管部门按照规定用于恢复草原植被，任何单位和个人不得截留、挪用。草原植被恢复费的征收、使用和管理办法，由国务院价格主管部门和国务院财政部门会同国务院草原行政主管部门制定。

第四十条　需要临时占用草原的，应当经县级以上地方人民政府草原行政主管部门审核同意。

临时占用草原的期限不得超过二年，并不得在临时占用的草原上修建永久性建筑物、构筑物；占用期满，用地单位必须恢复草原植被并及时退还。

第四十一条　在草原上修建直接为草原保护和畜牧业生产服务的工程设施，需要使用草原的，由县级以上人民政府草原行政主管部门批准；修筑其他工程，需要将草原转为非畜牧业生产用地的，必须依法办理建设用地审批手续。

前款所称直接为草原保护和畜牧业生产服务的工程设施，是指：

（一）生产、贮存草种和饲草饲料的设施；

（二）牲畜圈舍、配种点、剪毛点、药浴池、人畜饮水设施；

（三）科研、试验、示范基地；

（四）草原防火和灌溉设施。

第六章　保　　护

第四十二条　国家实行基本草原保护制度。下列草原应当划为基本草原，实施严格管理：

（一）重要放牧场；

（二）割草地；

（三）用于畜牧业生产的人工草地、退耕还草地以及改良草地、草种基地；

（四）对调节气候、涵养水源、保持水土、防风固沙具有特殊作用的草原；

（五）作为国家重点保护野生动植物生存环境的草原；

（六）草原科研、教学试验基地；

（七）国务院规定应当划为基本草原的其他草原。

基本草原的保护管理办法，由国务院制定。

第四十三条　国务院草原行政主管部门或者省、自治区、直辖市人民政府可以按照自然保护区管理的有关规定在下列地区建立草原自然保护区：

（一）具有代表性的草原类型；

（二）珍稀濒危野生动植物分布区；

（三）具有重要生态功能和经济科研价值的草原。

第四十四条　县级以上人民政府应当依法加强对草原珍稀濒危野生植物和种质资源的保护、管理。

第四十五条　国家对草原实行以草定畜、草畜平衡制度。县级以上地方人民政府草原行政主管部门应当按照国务院草原行政主管部门制定的草原载畜量标准，结合当地实际情况，定期核定草原载畜量。各级人民政府应当采取有效措施，防止超载过牧。

第四十六条　禁止开垦草原。对水土流失严重、有沙化趋势、需要改善生态环境的已垦草原，应当有计划、有步骤地退耕还草；已造成沙化、盐碱化、石漠化的，应当限期治理。

第四十七条　对严重退化、沙化、盐碱化、石漠化的草原和生态脆弱区的草原，实行禁牧、休牧制度。

第四十八条　国家支持依法实行退耕还草和禁牧、休牧。具体办法由国务院或者省、自治区、直辖市人民政府制定。

对在国务院批准规划范围内实施退耕还草的农牧民，按照国家规定给予粮食、现金、草种费补助。退耕还草完成后，由县级以上人民政府草原行政主管部门核实登记，依法履行土地用途变更手续，发放草原权属证书。

第四十九条　禁止在荒漠、半荒漠和严重退化、沙化、盐碱化、石漠化、水土流失的草原以及生态脆弱区的草原上采挖植物和从事破坏草原植被的其他活动。

第五十条　在草原上从事采土、采砂、采石等作业活动，应当报县级人民政府草原行政主管部门批准；开采矿产资源的，并应当依法办理有关手续。

经批准在草原上从事本条第一款所列活动的，应当在规定的时间、区域内，按照准许的采挖方式作业，并采取保护草原植被的措施。

在他人使用的草原上从事本条第一款所列活动的，还应当事先征得草原使用者的同意。

第五十一条　在草原上种植牧草或者饲料作物，应当符合草原保护、建设、利用规划；县级以上地方人民政府草原行政主管部门应当加强监督管理，防止草原沙化和水土流失。

第五十二条　在草原上开展经营性旅游活动，应当符合有关草原保护、建设、利用规划，并不得侵犯草原所有者、使用者和承包经营者的合法权益，不得破坏草原植被。

第五十三条　草原防火工作贯彻预防为主、防消结合的方针。

各级人民政府应当建立草原防火责任制，规定草原防火期，制定草原防火扑火预案，切实做好草原火灾的预防和扑救工作。

第五十四条　县级以上地方人民政府应当做好草原鼠害、病虫害和毒害草防治的组织管理工作。县级以上地方人民政府草原行政主管部门应当采取措施，加强草原鼠害、病虫害和毒害草监测预警、调查以及防治工作，组织研究和推广综合防治的办法。

禁止在草原上使用剧毒、高残留以及可能导致二次中毒的农药。

第五十五条　除抢险救灾和牧民搬迁的机动车辆外，禁止机动车辆离开道路在草原上行驶，破坏草原植被；因从事地质勘探、科学考察等活动确需离开道路在草原上行驶的，应当事先向所在地县级人民政府草原行政主管部门报告行驶区域和行驶路线，并按照报告的行驶区域和行驶路线在草原上行驶。

第七章　监督检查

第五十六条　国务院草原行政主管部门和草原面积较大的省、自治区的县级以上地方人民政府草原行政主管部门设立草原监督管理机构，负责草原法律、法规执行情况的监督检查，对违反草原法律、法规的行为进行查处。

草原行政主管部门和草原监督管理机构应当加强执法队伍建设，提高草原监督检查人员的政治、业务素质。草原监督检查人员应当忠于职守，秉公执法。

第五十七条　草原监督检查人员履行监督检查职责时，有权采取下列措施：

(一)要求被检查单位或者个人提供有关草原权属的文件和资料，进行查阅或者复制；

(二)要求被检查单位或者个人对草原权属等问题作出说明；

(三)进入违法现场进行拍照、摄像和勘测；

（四）责令被检查单位或者个人停止违反草原法律、法规的行为，履行法定义务。

第五十八条　国务院草原行政主管部门和省、自治区、直辖市人民政府草原行政主管部门，应当加强对草原监督检查人员的培训和考核。

第五十九条　有关单位和个人对草原监督检查人员的监督检查工作应当给予支持、配合，不得拒绝或者阻碍草原监督检查人员依法执行职务。

草原监督检查人员在履行监督检查职责时，应当向被检查单位和个人出示执法证件。

第六十条　对违反草原法律、法规的行为，应当依法作出行政处理，有关草原行政主管部门不作出行政处理决定的，上级草原行政主管部门有权责令有关草原行政主管部门作出行政处理决定或者直接作出行政处理决定。

第八章　法律责任

第六十一条　草原行政主管部门工作人员及其他国家机关有关工作人员玩忽职守、滥用职权，不依法履行监督管理职责，或者发现违法行为不予查处，造成严重后果，构成犯罪的，依法追究刑事责任；尚不够刑事处罚的，依法给予行政处分。

第六十二条　截留、挪用草原改良、人工种草和草种生产资金或者草原植被恢复费，构成犯罪的，依法追究刑事责任；尚不够刑事处罚的，依法给予行政处分。

第六十三条　无权批准征收、征用、使用草原的单位或者个人非法批准征收、征用、使用草原的，超越批准权限非法批准征收、征用、使用草原的，或者违反法律规定的程序批准征收、征用、使用草原，构成犯罪的，依法追究刑事责任；尚不够刑事处罚的，依法给予行政处分。非法批准征收、征用、使用草原的文件无效。非法批准征收、征用、使用的草原应当收回，当事人拒不归还的，以非法使用草原论处。

非法批准征收、征用、使用草原，给当事人造成损失的，依法承担赔偿责任。

第六十四条　买卖或者以其他形式非法转让草原，构成犯罪的，依法追究刑事责任；尚不够刑事处罚的，由县级以上人民政府草原行政主管部门依据职权责令限期改正，没收违法所得，并处违法所得一倍以上五倍以下的罚款。

第六十五条　未经批准或者采取欺骗手段骗取批准，非法使用草原，构成犯罪的，依法追究刑事责任；尚不够刑事处罚的，由县级以上人民政府草原行政主管部门依据职权责令退还非法使用的草原，对违反草原保护、建设、利用规划擅自将草原改为建设用地的，限期拆除在非法使用的草原上新建的建筑物和其他设施，恢复草原植被，并处草原被非法使用前三年平均产值六倍以上十二倍以下的罚款。

第六十六条　非法开垦草原，构成犯罪的，依法追究刑事责任；尚不够刑事处罚的，由县级以上人民政府草原行政主管部门依据职权责令停止违法行为，限期恢复植被，没收非法财物和违法所得，并处违法所得一倍以上五倍以下的罚款；没有违法所得的，并处五万元以下的罚款；给草原所有者或者使用者造成损失的，依法承担赔偿责任。

第六十七条　在荒漠、半荒漠和严重退化、沙化、盐碱化、石漠化、水土流失的草原，以及生态脆弱区的草原上采挖植物或者从事破坏草原植被的其他活动的，由县级以上地方人民政府草原行政主管部门依据职权责令停止违法行为，没收非法财物和违法所得，可以并处违法所得一倍以上五倍以下的罚款；没有违法所得的，可以并处五万元以下的罚款；给草原所有者或者使用者造成损失的，依法承担赔偿责任。

第六十八条 未经批准或者未按照规定的时间、区域和采挖方式在草原上进行采土、采砂、采石等活动的，由县级人民政府草原行政主管部门责令停止违法行为，限期恢复植被，没收非法财物和违法所得，可以并处违法所得一倍以上二倍以下的罚款；没有违法所得的，可以并处二万元以下的罚款；给草原所有者或者使用者造成损失的，依法承担赔偿责任。

第六十九条 违反本法第五十二条规定，在草原上开展经营性旅游活动，破坏草原植被的，由县级以上地方人民政府草原行政主管部门依据职权责令停止违法行为，限期恢复植被，没收违法所得，可以并处违法所得一倍以上二倍以下的罚款；没有违法所得的，可以并处草原被破坏前三年平均产值六倍以上十二倍以下的罚款；给草原所有者或者使用者造成损失的，依法承担赔偿责任。

第七十条 非抢险救灾和牧民搬迁的机动车辆离开道路在草原上行驶，或者从事地质勘探、科学考察等活动，未事先向所在地县级人民政府草原行政主管部门报告或者未按照报告的行驶区域和行驶路线在草原上行驶，破坏草原植被的，由县级人民政府草原行政主管部门责令停止违法行为，限期恢复植被，可以并处草原被破坏前三年平均产值三倍以上九倍以下的罚款；给草原所有者或者使用者造成损失的，依法承担赔偿责任。

第七十一条 在临时占用的草原上修建永久性建筑物、构筑物的，由县级以上地方人民政府草原行政主管部门依据职权责令限期拆除；逾期不拆除的，依法强制拆除，所需费用由违法者承担。

临时占用草原，占用期届满，用地单位不予恢复草原植被的，由县级以上地方人民政府草原行政主管部门依据职权责令限期恢复；逾期不恢复的，由县级以上地方人民政府草原行政主管部门代为恢复，所需费用由违法者承担。

第七十二条 未经批准，擅自改变草原保护、建设、利用规划的，由县级以上人民政府责令限期改正；对直接负责的主管人员和其他直接责任人员，依法给予行政处分。

第七十三条 对违反本法有关草畜平衡制度的规定，牲畜饲养量超过县级以上地方人民政府草原行政主管部门核定的草原载畜量标准的纠正或者处罚措施，由省、自治区、直辖市人民代表大会或者其常务委员会规定。

第九章 附 则

第七十四条 本法第二条第二款中所称的天然草原包括草地、草山和草坡，人工草地包括改良草地和退耕还草地，不包括城镇草地。

第七十五条 本法自 2003 年 3 月 1 日起施行。

附录Ⅴ　重大动物疫情应急条例

（2005 年 11 月 16 日国务院第 113 次常务会议通过，2005 年 11 月 18 日公布，2017 年 10 月 7 日，国务院令第 687 号修订）

第一章　总　　则

第一条　为了迅速控制、扑灭重大动物疫情，保障养殖业生产安全，保护公众身体健康与生命安全，维护正常的社会秩序，根据《中华人民共和国动物防疫法》，制定本条例。

第二条　本条例所称重大动物疫情，是指高致病性禽流感等发病率或者死亡率高的动物疫病突然发生，迅速传播，给养殖业生产安全造成严重威胁、危害，以及可能对公众身体健康与生命安全造成危害的情形，包括特别重大动物疫情。

第三条　重大动物疫情应急工作应当坚持加强领导、密切配合，依靠科学、依法防治，群防群控、果断处置的方针，及时发现，快速反应，严格处理，减少损失。

第四条　重大动物疫情应急工作按照属地管理的原则，实行政府统一领导、部门分工负责，逐级建立责任制。

县级以上人民政府兽医主管部门具体负责组织重大动物疫情的监测、调查、控制、扑灭等应急工作。

县级以上人民政府林业主管部门、兽医主管部门按照职责分工，加强对陆生野生动物疫源疫病的监测。

县级以上人民政府其他有关部门在各自的职责范围内，做好重大动物疫情的应急工作。

第五条　出入境检验检疫机关应当及时收集境外重大动物疫情信息，加强进出境动物及其产品的检验检疫工作，防止动物疫病传入和传出。兽医主管部门要及时向出入境检验检疫机关通报国内重大动物疫情。

第六条　国家鼓励、支持开展重大动物疫情监测、预防、应急处理等有关技术的科学研究和国际交流与合作。

第七条　县级以上人民政府应当对参加重大动物疫情应急处理的人员给予适当补助，对做出贡献的人员给予表彰和奖励。

第八条　对不履行或者不按照规定履行重大动物疫情应急处理职责的行为，任何单位和个人有权检举控告。

第二章　应急准备

第九条　国务院兽医主管部门应当制定全国重大动物疫情应急预案，报国务院批准，并按照不同动物疫病病种及其流行特点和危害程度，分别制定实施方案，报国务院备案。

县级以上地方人民政府根据本地区的实际情况，制定本行政区域的重大动物疫情应急预案，报上一级人民政府兽医主管部门备案。县级以上地方人民政府兽医主管部门，应当按照不同动物疫病病种及其流行特点和危害程度，分别制定实施方案。

重大动物疫情应急预案及其实施方案应当根据疫情的发展变化和实施情况，及时修改、完善。

第十条　重大动物疫情应急预案主要包括下列内容：

（一）应急指挥部的职责、组成以及成员单位的分工；

（二）重大动物疫情的监测、信息收集、报告和通报；

（三）动物疫病的确认、重大动物疫情的分级和相应的应急处理工作方案；

（四）重大动物疫情疫源的追踪和流行病学调查分析；

（五）预防、控制、扑灭重大动物疫情所需资金的来源、物资和技术的储备与调度；

（六）重大动物疫情应急处理设施和专业队伍建设。

第十一条　国务院有关部门和县级以上地方人民政府及其有关部门，应当根据重大动物疫情应急预案的要求，确保应急处理所需的疫苗、药品、设施设备和防护用品等物资的储备。

第十二条　县级以上人民政府应当建立和完善重大动物疫情监测网络和预防控制体系，加强动物防疫基础设施和乡镇动物防疫组织建设，并保证其正常运行，提高对重大动物疫情的应急处理能力。

第十三条　县级以上地方人民政府根据重大动物疫情应急需要，可以成立应急预备队，在重大动物疫情应急指挥部的指挥下，具体承担疫情的控制和扑灭任务。

应急预备队由当地兽医行政管理人员、动物防疫工作人员、有关专家、执业兽医等组成；必要时，可以组织动员社会上有一定专业知识的人员参加。公安机关、中国人民武装警察部队应当依法协助其执行任务。

应急预备队应当定期进行技术培训和应急演练。

第十四条　县级以上人民政府及其兽医主管部门应当加强对重大动物疫情应急知识和重大动物疫病科普知识的宣传，增强全社会的重大动物疫情防范意识。

第三章　监测、报告和公布

第十五条　动物防疫监督机构负责重大动物疫情的监测，饲养、经营动物和生产、经营动物产品的单位和个人应当配合，不得拒绝和阻碍。

第十六条　从事动物隔离、疫情监测、疫病研究与诊疗、检验检疫以及动物饲养、屠宰加工、运输、经营等活动的有关单位和个人，发现动物出现群体发病或者死亡的，应当立即向所在地的县（市）动物防疫监督机构报告。

第十七条　县（市）动物防疫监督机构接到报告后，应当立即赶赴现场调查核实。初步认为属于重大动物疫情的，应当在 2 小时内将情况逐级报省、自治区、直辖市动物防疫监督机构，并同时报所在地人民政府兽医主管部门；兽医主管部门应当及时通报同级卫生主管部门。

省、自治区、直辖市动物防疫监督机构应当在接到报告后 1 小时内，向省、自治区、直辖市人民政府兽医主管部门和国务院兽医主管部门所属的动物防疫监督机构报告。

省、自治区、直辖市人民政府兽医主管部门应当在接到报告后 1 小时内报本级人民政府和国务院兽医主管部门。

重大动物疫情发生后，省、自治区、直辖市人民政府和国务院兽医主管部门应当在 4 小时内向国务院报告。

第十八条　重大动物疫情报告包括下列内容：

(一)疫情发生的时间、地点；

(二)染疫、疑似染疫动物种类和数量、同群动物数量、免疫情况、死亡数量、临床症状、病理变化、诊断情况；

(三)流行病学和疫源追踪情况；

(四)已采取的控制措施；

(五)疫情报告的单位、负责人、报告人及联系方式。

第十九条　重大动物疫情由省、自治区、直辖市人民政府兽医主管部门认定；必要时，由国务院兽医主管部门认定。

第二十条　重大动物疫情由国务院兽医主管部门按照国家规定的程序，及时准确公布；其他任何单位和个人不得公布重大动物疫情。

第二十一条　重大动物疫病应当由动物防疫监督机构采集病料。其他单位和个人采集病料的，应当具备以下条件：

(一)重大动物疫病病料采集目的、病原微生物的用途应当符合国务院兽医主管部门的规定；

(二)具有与采集病料相适应的动物病原微生物实验室条件；

(三)具有与采集病料所需要的生物安全防护水平相适应的设备，以及防止病原感染和扩散的有效措施。"

从事重大动物疫病病原分离的，应当遵守国家有关生物安全管理规定，防止病原扩散。

第二十二条　国务院兽医主管部门应当及时向国务院有关部门和军队有关部门以及各省、自治区、直辖市人民政府兽医主管部门通报重大动物疫情的发生和处理情况。

第二十三条　发生重大动物疫情可能感染人群时，卫生主管部门应当对疫区内易受感染的人群进行监测，并采取相应的预防、控制措施。卫生主管部门和兽医主管部门应当及时相互通报情况。

第二十四条　有关单位和个人对重大动物疫情不得瞒报、谎报、迟报，不得授意他人瞒报、谎报、迟报，不得阻碍他人报告。

第二十五条　在重大动物疫情报告期间，有关动物防疫监督机构应当立即采取临时隔离控制措施；必要时，当地县级以上地方人民政府可以作出封锁决定并采取扑杀、销毁等措施。有关单位和个人应当执行。

第四章　应急处理

第二十六条　重大动物疫情发生后，国务院和有关地方人民政府设立的重大动物疫情应急指挥部统一领导、指挥重大动物疫情应急工作。

第二十七条　重大动物疫情发生后，县级以上地方人民政府兽医主管部门应当立即划定疫点、疫区和受威胁区，调查疫源，向本级人民政府提出启动重大动物疫情应急指挥系统、应急预案和对疫区实行封锁的建议，有关人民政府应当立即作出决定。

疫点、疫区和受威胁区的范围应当按照不同动物疫病病种及其流行特点和危害程度划定，具体划定标准由国务院兽医主管部门制定。

第二十八条　国家对重大动物疫情应急处理实行分级管理，按照应急预案确定的疫情等级，由有关人民政府采取相应的应急控制措施。

第二十九条　对疫点应当采取下列措施：

（一）扑杀并销毁染疫动物和易感染的动物及其产品；

（二）对病死的动物、动物排泄物、被污染饲料、垫料、污水进行无害化处理；

（三）对被污染的物品、用具、动物圈舍、场地进行严格消毒。

第三十条　对疫区应当采取下列措施：

（一）在疫区周围设置警示标志，在出入疫区的交通路口设置临时动物检疫消毒站，对出入的人员和车辆进行消毒；

（二）扑杀并销毁染疫和疑似染疫动物及其同群动物，销毁染疫和疑似染疫的动物产品，对其他易感染的动物实行圈养或者在指定地点放养，役用动物限制在疫区内使役；

（三）对易感染的动物进行监测，并按照国务院兽医主管部门的规定实施紧急免疫接种，必要时对易感染的动物进行扑杀；

（四）关闭动物及动物产品交易市场，禁止动物进出疫区和动物产品运出疫区；

（五）对动物圈舍、动物排泄物、垫料、污水和其他可能受污染的物品、场地，进行消毒或者无害化处理。

第三十一条　对受威胁区应当采取下列措施：

（一）对易感染的动物进行监测；

（二）对易感染的动物根据需要实施紧急免疫接种。

第三十二条　重大动物疫情应急处理中设置临时动物检疫消毒站以及采取隔离、扑杀、销毁、消毒、紧急免疫接种等控制、扑灭措施的，由有关重大动物疫情应急指挥部决定，有关单位和个人必须服从；拒不服从的，由公安机关协助执行。

第三十三条　国家对疫区、受威胁区内易感染的动物免费实施紧急免疫接种；对因采取扑杀、销毁等措施给当事人造成的已经证实的损失，给予合理补偿。紧急免疫接种和补偿所需费用，由中央财政和地方财政分担。

第三十四条　重大动物疫情应急指挥部根据应急处理需要，有权紧急调集人员、物资、运输工具以及相关设施、设备。

单位和个人的物资、运输工具以及相关设施、设备被征集使用的，有关人民政府应当及时归还并给予合理补偿。

第三十五条　重大动物疫情发生后，县级以上人民政府兽医主管部门应当及时提出疫点、疫区、受威胁区的处理方案，加强疫情监测、流行病学调查、疫源追踪工作，对染疫和疑似染疫动物及其同群动物和其他易感染动物的扑杀、销毁进行技术指导，并组织实施检验检疫、消毒、无害化处理和紧急免疫接种。

第三十六条　重大动物疫情应急处理中，县级以上人民政府有关部门应当在各自的职责范围内，做好重大动物疫情应急所需的物资紧急调度和运输、应急经费安排、疫区群众救济、人的疫病防治、肉食品供应、动物及其产品市场监管、出入境检验检疫和社会治安维护等工作。

中国人民解放军、中国人民武装警察部队应当支持配合驻地人民政府做好重大动物疫情的应急工作。

第三十七条　重大动物疫情应急处理中，乡镇人民政府、村民委员会、居民委员会应当组织力量，向村民、居民宣传动物疫病防治的相关知识，协助做好疫情信息的收集、报告和各项应急处理措施的落实工作。

第三十八条　重大动物疫情发生地的人民政府和毗邻地区的人民政府应当通力合作，相互配合，做好重大动物疫情的控制、扑灭工作。

第三十九条　有关人民政府及其有关部门对参加重大动物疫情应急处理的人员，应当采取必要的卫生防护和技术指导等措施。

第四十条　自疫区内最后一头（只）发病动物及其同群动物处理完毕起，经过一个潜伏期以上的监测，未出现新的病例的，彻底消毒后，经上一级动物防疫监督机构验收合格，由原发布封锁令的人民政府宣布解除封锁，撤销疫区；由原批准机关撤销在该疫区设立的临时动物检疫消毒站。

第四十一条　县级以上人民政府应当将重大动物疫情确认、疫区封锁、扑杀及其补偿、消毒、无害化处理、疫源追踪、疫情监测以及应急物资储备等应急经费列入本级财政预算。

第五章　法律责任

第四十二条　违反本条例规定，兽医主管部门及其所属的动物防疫监督机构有下列行为之一的，由本级人民政府或者上级人民政府有关部门责令立即改正、通报批评、给予警告；对主要负责人、负有责任的主管人员和其他责任人员，依法给予记大过、降级、撤职直至开除的行政处分；构成犯罪的，依法追究刑事责任：

（一）不履行疫情报告职责，瞒报、谎报、迟报或者授意他人瞒报、谎报、迟报，阻碍他人报告重大动物疫情的；

（二）在重大动物疫情报告期间，不采取临时隔离控制措施，导致动物疫情扩散的；

（三）不及时划定疫点、疫区和受威胁区，不及时向本级人民政府提出应急处理建议，或者不按照规定对疫点、疫区和受威胁区采取预防、控制、扑灭措施的；

（四）不向本级人民政府提出启动应急指挥系统、应急预案和对疫区的封锁建议的；

（五）对动物扑杀、销毁不进行技术指导或者指导不力，或者不组织实施检验检疫、消毒、无害化处理和紧急免疫接种的；

（六）其他不履行本条例规定的职责，导致动物疫病传播、流行，或者对养殖业生产安全和公众身体健康与生命安全造成严重危害的。

第四十三条　违反本条例规定，县级以上人民政府有关部门不履行应急处理职责，不执行对疫点、疫区和受威胁区采取的措施，或者对上级人民政府有关部门的疫情调查不予配合或者阻碍、拒绝的，由本级人民政府或者上级人民政府有关部门责令立即改正、通报批评、给予警告；对主要负责人、负有责任的主管人员和其他责任人员，依法给予记大过、降级、撤职直至开除的行政处分；构成犯罪的，依法追究刑事责任。

第四十四条　违反本条例规定，有关地方人民政府阻碍报告重大动物疫情，不履行应急处理职责，不按照规定对疫点、疫区和受威胁区采取预防、控制、扑灭措施，或者对上级人民政府有关部门的疫情调查不予配合或者阻碍、拒绝的，由上级人民政府责令立即改正、通报批评、给予警告；对政府主要领导人依法给予记大过、降级、撤职直至开除的行政处分；构成犯罪的，依法追究刑事责任。

第四十五条　截留、挪用重大动物疫情应急经费，或者侵占、挪用应急储备物资的，按照

《财政违法行为处罚处分条例》的规定处理；构成犯罪的，依法追究刑事责任。

第四十六条 违反本条例规定，拒绝、阻碍动物防疫监督机构进行重大动物疫情监测，或者发现动物出现群体发病或者死亡，不向当地动物防疫监督机构报告的，由动物防疫监督机构给予警告，并处 2 000 元以上 5 000 元以下的罚款；构成犯罪的，依法追究刑事责任。

第四十七条 违反本条例规定，不符合相应条件采集重大动物疫病病料，或者在重大动物疫病病原分离时不遵守国家有关生物安全管理规定的，由动物防疫监督机构给予警告，并处 5 000 元以下的罚款；构成犯罪的，依法追究刑事责任。

第四十八条 在重大动物疫情发生期间，哄抬物价、欺骗消费者，散布谣言、扰乱社会秩序和市场秩序的，由价格主管部门、工商行政管理部门或者公安机关依法给予行政处罚；构成犯罪的，依法追究刑事责任。

第六章 附 则

第四十九条 本条例自公布之日起施行。

附录Ⅵ　动物检疫管理办法

（2010 年 1 月 4 日农业部第一次常务会议审议通过，2010 年 1 月 21 日发布，
中华人民共和国农业农村部令 2019 年 第 2 号修改）

第一章　总　　则

第一条　为加强动物检疫活动管理，预防、控制和扑灭动物疫病，保障动物及动物产品安全，保护人体健康，维护公共卫生安全，根据《中华人民共和国动物防疫法》（以下简称《动物防疫法》），制定本办法。

第二条　本办法适用于中华人民共和国领域内的动物检疫活动。

第三条　农业部主管全国动物检疫工作。

县级以上地方人民政府兽医主管部门主管本行政区域内的动物检疫工作。

县级以上地方人民政府设立的动物卫生监督机构负责本行政区域内动物、动物产品的检疫及其监督管理工作。

第四条　动物检疫的范围、对象和规程由农业部制定、调整并公布。

第五条　动物卫生监督机构指派官方兽医按照《动物防疫法》和本办法的规定对动物、动物产品实施检疫，出具检疫证明，加施检疫标志。

动物卫生监督机构可以根据检疫工作需要，指定兽医专业人员协助官方兽医实施动物检疫。

第六条　动物检疫遵循过程监管、风险控制、区域化和可追溯管理相结合的原则。

第二章　检疫申报

第七条　国家实行动物检疫申报制度。

动物卫生监督机构应当根据检疫工作需要，合理设置动物检疫申报点，并向社会公布动物检疫申报点、检疫范围和检疫对象。

县级以上人民政府兽医主管部门应当加强动物检疫申报点的建设和管理。

第八条　下列动物、动物产品在离开产地前，货主应当按规定时限向所在地动物卫生监督机构申报检疫：

（一）出售、运输动物产品和供屠宰、继续饲养的动物，应当提前 3 天申报检疫。

（二）出售、运输乳用动物、种用动物及其精液、卵、胚胎、种蛋，以及参加展览、演出和比赛的动物，应当提前 15 天申报检疫。

（三）向无规定动物疫病区输入相关易感动物、易感动物产品的，货主除按规定向输出地动物卫生监督机构申报检疫外，还应当在起运 3 天前向输入地省级动物卫生监督机构申报检疫。

第九条　合法捕获野生动物的，应当在捕获后 3 天内向捕获地县级动物卫生监督机构申

报检疫。

第十条 屠宰动物的，应当提前6小时向所在地动物卫生监督机构申报检疫；急宰动物的，可以随时申报。

第十一条 申报检疫的，应当提交检疫申报单；跨省、自治区、直辖市调运乳用动物、种用动物及其精液、胚胎、种蛋的，还应当同时提交输入地省、自治区、直辖市动物卫生监督机构批准的《跨省引进乳用种用动物检疫审批表》。

申报检疫采取申报点填报、传真、电话等方式申报。采用电话申报的，需在现场补填检疫申报单。

第十二条 动物卫生监督机构受理检疫申报后，应当派出官方兽医到现场或指定地点实施检疫；不予受理的，应当说明理由。

第三章 产地检疫

第十三条 出售或者运输的动物、动物产品经所在地县级动物卫生监督机构的官方兽医检疫合格，并取得《动物检疫合格证明》后，方可离开产地。

第十四条 出售或者运输的动物，经检疫符合下列条件，由官方兽医出具《动物检疫合格证明》：

（一）来自非封锁区或者未发生相关动物疫情的饲养场（户）；

（二）按照国家规定进行了强制免疫，并在有效保护期内；

（三）临床检查健康；

（四）农业部规定需要进行实验室疫病检测的，检测结果符合要求；

（五）养殖档案相关记录和畜禽标识符合农业部规定。

乳用、种用动物和宠物，还应当符合农业部规定的健康标准。

第十五条 合法捕获的野生动物，经检疫符合下列条件，由官方兽医出具《动物检疫合格证明》后，方可饲养、经营和运输：

（一）来自非封锁区；

（二）临床检查健康；

（三）农业部规定需要进行实验室疫病检测的，检测结果符合要求。

第十六条 出售、运输的种用动物精液、卵、胚胎、种蛋，经检疫符合下列条件，由官方兽医出具《动物检疫合格证明》：

（一）来自非封锁区，或者未发生相关动物疫情的种用动物饲养场；

（二）供体动物按照国家规定进行了强制免疫，并在有效保护期内；

（三）供体动物符合动物健康标准；

（四）农业部规定需要进行实验室疫病检测的，检测结果符合要求；

（五）供体动物的养殖档案相关记录和畜禽标识符合农业部规定。

第十七条 出售、运输的骨、角、生皮、原毛、绒等产品，经检疫符合下列条件，由官方兽医出具《动物检疫合格证明》：

（一）来自非封锁区，或者未发生相关动物疫情的饲养场（户）；

（二）按有关规定消毒合格；

（三）农业部规定需要进行实验室疫病检测的，检测结果符合要求。

第十八条　经检疫不合格的动物、动物产品，由官方兽医出具检疫处理通知单，并监督货主按照农业部规定的技术规范处理。

第十九条　跨省、自治区、直辖市引进用于饲养的非乳用、非种用动物到达目的地后，货主或者承运人应当在24小时内向所在地县级动物卫生监督机构报告，并接受监督检查。

第二十条　跨省、自治区、直辖市引进的乳用、种用动物到达输入地后，在所在地动物卫生监督机构的监督下，应当在隔离场或饲养场(养殖小区)内的隔离舍进行隔离观察，大、中型动物隔离期为45天，小型动物隔离期为30天。经隔离观察合格的方可混群饲养；不合格的，按照有关规定进行处理。隔离观察合格后需继续在省内运输的，货主应当申请更换《动物检疫合格证明》。动物卫生监督机构更换《动物检疫合格证明》不得收费。

第四章　屠宰检疫

第二十一条　县级动物卫生监督机构依法向屠宰场(厂、点)派驻(出)官方兽医实施检疫。屠宰场(厂、点)应当提供与屠宰规模相适应的官方兽医驻场检疫室和检疫操作台等设施。出场(厂、点)的动物产品应当经官方兽医检疫合格，加施检疫标志，并附有《动物检疫合格证明》。

第二十二条　进入屠宰场(厂、点)的动物应当附有《动物检疫合格证明》，并佩戴有农业部规定的畜禽标识。

官方兽医应当查验进场动物附具的《动物检疫合格证明》和佩戴的畜禽标识，检查待宰动物健康状况，对疑似染疫的动物进行隔离观察。

官方兽医应当按照农业部规定，在动物屠宰过程中实施全流程同步检疫和必要的实验室疫病检测。

第二十三条　经检疫符合下列条件的，由官方兽医出具《动物检疫合格证明》，对胴体及分割、包装的动物产品加盖检疫验讫印章或者加施其他检疫标志：

(一)无规定的传染病和寄生虫病；

(二)符合农业部规定的相关屠宰检疫规程要求；

(三)需要进行实验室疫病检测的，检测结果符合要求。

骨、角、生皮、原毛、绒的检疫还应当符合本办法第十七条有关规定。

第二十四条　经检疫不合格的动物、动物产品，由官方兽医出具检疫处理通知单，并监督屠宰场(厂、点)或者货主按照农业部规定的技术规范处理。

第二十五条　官方兽医应当回收进入屠宰场(厂、点)动物附具的《动物检疫合格证明》，填写屠宰检疫记录。回收的《动物检疫合格证明》应当保存十二个月以上。

第二十六条　经检疫合格的动物产品到达目的地后，需要直接在当地分销的，货主可以向输入地动物卫生监督机构申请换证，换证不得收费。换证应当符合下列条件：

(一)提供原始有效《动物检疫合格证明》，检疫标志完整，且证物相符；

(二)在有关国家标准规定的保质期内，且无腐败变质。

第二十七条　经检疫合格的动物产品到达目的地，贮藏后需继续调运或者分销的，货主可以向输入地动物卫生监督机构重新申报检疫。输入地县级以上动物卫生监督机构对符合下列条件的动物产品，出具《动物检疫合格证明》。

(一)提供原始有效《动物检疫合格证明》，检疫标志完整，且证物相符；

(二)在有关国家标准规定的保质期内，无腐败变质；

(三)有健全的出入库登记记录;

(四)农业部规定进行必要的实验室疫病检测的,检测结果符合要求。

第五章　水产苗种产地检疫

第二十八条　出售或者运输水生动物的亲本、稚体、幼体、受精卵、发眼卵及其他遗传育种材料等水产苗种的,货主应当提前20天向所在地县级动物卫生监督机构申报检疫;经检疫合格,并取得《动物检疫合格证明》后,方可离开产地。

第二十九条　养殖、出售或者运输合法捕获的野生水产苗种的,货主应当在捕获野生水产苗种后2天内向所在地县级动物卫生监督机构申报检疫;经检疫合格,并取得《动物检疫合格证明》后,方可投放养殖场所、出售或者运输。

合法捕获的野生水产苗种实施检疫前,货主应当将其隔离在符合下列条件的临时检疫场地:

(一)与其他养殖场所有物理隔离设施;

(二)具有独立的进排水和废水无害化处理设施以及专用渔具;

(三)农业部规定的其他防疫条件。

第三十条　水产苗种经检疫符合下列条件的,由官方兽医出具《动物检疫合格证明》:

(一)该苗种生产场近期未发生相关水生动物疫情;

(二)临床健康检查合格;

(三)农业部规定需要经水生动物疫病诊断实验室检验的,检验结果符合要求。

检疫不合格的,动物卫生监督机构应当监督货主按照农业部规定的技术规范处理。

第三十一条　跨省、自治区、直辖市引进水产苗种到达目的地后,货主或承运人应当在24小时内按照有关规定报告,并接受当地动物卫生监督机构的监督检查。

第六章　无规定动物疫病区动物检疫

第三十二条　向无规定动物疫病区运输相关易感动物、动物产品的,除附有输出地动物卫生监督机构出具的《动物检疫合格证明》外,还应当向输入地省、自治区、直辖市动物卫生监督机构申报检疫,并按照本办法第三十三条、第三十四条规定取得输入地《动物检疫合格证明》。

第三十三条　输入到无规定动物疫病区的相关易感动物,应当在输入地省、自治区、直辖市动物卫生监督机构指定的隔离场所,按照农业部规定的无规定动物疫病区有关检疫要求隔离检疫。大中型动物隔离检疫期为45天,小型动物隔离检疫期为30天。隔离检疫合格的,由输入地省、自治区、直辖市动物卫生监督机构的官方兽医出具《动物检疫合格证明》;不合格的,不准进入,并依法处理。

第三十四条　输入到无规定动物疫病区的相关易感动物产品,应当在输入地省、自治区、直辖市动物卫生监督机构指定的地点,按照农业部规定的无规定动物疫病区有关检疫要求进行检疫。检疫合格的,由输入地省、自治区、直辖市动物卫生监督机构的官方兽医出具《动物检疫合格证明》;不合格的,不准进入,并依法处理。

第七章　乳用种用动物检疫审批

第三十五条　跨省、自治区、直辖市引进乳用动物、种用动物及其精液、胚胎、种蛋的,货主应当填写《跨省引进乳用种用动物检疫审批表》,向输入地省、自治区、直辖市动物卫生监督机构申请办理审批手续。

第三十六条　输入地省、自治区、直辖市动物卫生监督机构应当自受理申请之日起 10 个工作日内,做出是否同意引进的决定。符合下列条件的,签发《跨省引进乳用种用动物检疫审批表》;不符合下列条件的,书面告知申请人,并说明理由。

(一)输出和输入饲养场、养殖小区取得《动物防疫条件合格证》;

(二)输入饲养场、养殖小区存栏的动物符合动物健康标准;

(三)输出的乳用、种用动物养殖档案相关记录符合农业部规定;

(四)输出的精液、胚胎、种蛋的供体符合动物健康标准。

第三十七条　货主凭输入地省、自治区、直辖市动物卫生监督机构签发的《跨省引进乳用种用动物检疫审批表》,按照本办法规定向输出地县级动物卫生监督机构申报检疫。输出地县级动物卫生监督机构应当按照本办法的规定实施检疫。

第三十八条　跨省引进乳用种用动物应当在《跨省引进乳用种用动物检疫审批表》有效期内运输。逾期引进的,货主应当重新办理审批手续。

第八章　检疫监督

第三十九条　屠宰、经营、运输以及参加展览、演出和比赛的动物,应当附有《动物检疫合格证明》;经营、运输的动物产品应当附有《动物检疫合格证明》和检疫标志。

对符合前款规定的动物、动物产品,动物卫生监督机构可以查验检疫证明、检疫标志,对动物、动物产品进行采样、留验、抽检,但不得重复检疫收费。

第四十条　依法应当检疫而未经检疫的动物,由动物卫生监督机构依照本条第二款规定补检,并依照《动物防疫法》处理处罚。

符合下列条件的,由动物卫生监督机构出具《动物检疫合格证明》;不符合的,按照农业部有关规定进行处理。

(一)畜禽标识符合农业部规定;

(二)临床检查健康;

(三)农业部规定需要进行实验室疫病检测的,检测结果符合要求。

第四十一条　依法应当检疫而未经检疫的骨、角、生皮、原毛、绒等产品,符合下列条件的,由动物卫生监督机构出具《动物检疫合格证明》;不符合的,予以没收销毁。同时,依照《动物防疫法》处理处罚。

(一) 经外观检查无腐烂变质;

(二) 按有关规定重新消毒;

(三) 农业部规定需要进行实验室疫病检测的,检测结果符合要求。

第四十二条　依法应当检疫而未经检疫的精液、胚胎、种蛋等,符合下列条件的,由动物卫生监督机构出具《动物检疫合格证明》;不符合的,予以没收销毁。同时,依照《动物防疫法》处理处罚。

(一)货主在 5 天内提供输出地动物卫生监督机构出具的来自非封锁区的证明和供体动物符合健康标准的证明;

(二)在规定的保质期内,并经外观检查无腐败变质;

(三)农业部规定需要进行实验室疫病检测的，检测结果符合要求。

第四十三条　依法应当检疫而未经检疫的肉、脏器、脂、头、蹄、血液、筋等，符合下列条件的，由动物卫生监督机构出具《动物检疫合格证明》，并依照《动物防疫法》第七十八条的规定进行处罚；不符合下列条件的，予以没收销毁，并依照《动物防疫法》第七十六条的规定进行处罚：

(一)货主在 5 天内提供输出地动物卫生监督机构出具的来自非封锁区的证明；

(二)经外观检查无病变、无腐败变质；

(三)农业部规定需要进行实验室疫病检测的，检测结果符合要求。

第四十四条　经铁路、公路、水路、航空运输依法应当检疫的动物、动物产品的，托运人托运时应当提供《动物检疫合格证明》。没有《动物检疫合格证明》的，承运人不得承运。

第四十五条　货主或者承运人应当在装载前和卸载后，对动物、动物产品的运载工具以及饲养用具、装载用具等，按照农业部规定的技术规范进行消毒，并对清除的垫料、粪便、污物等进行无害化处理。

第四十六条　封锁区内的商品蛋、生鲜奶的运输监管按照《重大动物疫情应急条例》实施。

第四十七条　经检疫合格的动物、动物产品应当在规定时间内到达目的地。经检疫合格的动物在运输途中发生疫情，应按有关规定报告并处置。

第九章　罚　　则

第四十八条　违反本办法第十九条、第三十一条规定，跨省、自治区、直辖市引进用于饲养的非乳用、非种用动物和水产苗种到达目的地后，未向所在地动物卫生监督机构报告的，由动物卫生监督机构处五百元以上二千元以下罚款。

第四十九条　违反本办法第二十条规定，跨省、自治区、直辖市引进的乳用、种用动物到达输入地后，未按规定进行隔离观察的，由动物卫生监督机构责令改正，处二千元以上一万元以下罚款。

第五十条　其他违反本办法规定的行为，依照《动物防疫法》有关规定予以处罚。

第十章　附　　则

第五十一条　动物卫生监督证章标志格式或样式由农业部统一制定。

第五十二条　水产苗种产地检疫，由地方动物卫生监督机构委托同级渔业主管部门实施。水产苗种以外的其他水生动物及其产品不实施检疫。

第五十三条　本办法自 2010 年 3 月 1 日起施行。农业部 2002 年 5 月 24 日发布的《动物检疫管理办法》(农业部令第 14 号)自本办法施行之日起废止。

附录Ⅶ　动物诊疗机构管理办法

（2008 年 11 月 4 日农业部第 8 次常务会议审议通过，2008 年 11 月 26 日，2016 年 5 月 30 日农业部令 2016 年第 3 号、2017 年 11 月 30 日农业部令 2017 年第 8 号修订）

第一章　总　　则

第一条　为了加强动物诊疗机构管理，规范动物诊疗行为，保障公共卫生安全，根据《中华人民共和国动物防疫法》，制定本办法。

第二条　在中华人民共和国境内从事动物诊疗活动的机构，应当遵守本办法。

本办法所称动物诊疗，是指动物疾病的预防、诊断、治疗和动物绝育手术等经营性活动。

第三条　农业部负责全国动物诊疗机构的监督管理。

县级以上地方人民政府兽医主管部门负责本行政区域内动物诊疗机构的管理。

县级以上地方人民政府设立的动物卫生监督机构负责本行政区域内动物诊疗机构的监督执法工作。

第二章　诊疗许可

第四条　国家实行动物诊疗许可制度。从事动物诊疗活动的机构，应当取得动物诊疗许可证，并在规定的诊疗活动范围内开展动物诊疗活动。

第五条　申请设立动物诊疗机构的，应当具备下列条件

（一）有固定的动物诊疗场所，且动物诊疗场所使用面积符合省、自治区、直辖市人民政府兽医主管部门的规定；

（二）动物诊疗场所选址距离畜禽养殖场、屠宰加工场、动物交易场所不少于 200 米；

（三）动物诊疗场所设有独立的出入口，出入口不得设在居民住宅楼内或者院内，不得与同一建筑物的其他用户共用通道；

（四）具有布局合理的诊疗室、手术室、药房等设施；

（五）具有诊断、手术、消毒、冷藏、常规化验、污水处理等器械设备；

（六）具有 1 名以上取得执业兽医师资格证书的人员；

（七）具有完善的诊疗服务、疫情报告、卫生消毒、兽药处方、药物和无害化处理等管理制度。

第六条　动物诊疗机构从事动物颅腔、胸腔和腹腔手术的，除具备本办法第五条规定的条件外，还应当具备以下条件：

（一）具有手术台、X 光机或者 B 超等器械设备；

（二）具有 3 名以上取得执业兽医师资格证书的人员。

第七条　设立动物诊疗机构，应当向动物诊疗场所所在地的发证机关提出申请，并提交下列材料：

（一）动物诊疗许可证申请表；

（二）动物诊疗场所地理方位图、室内平面图和各功能区布局图；

（三）动物诊疗场所使用权证明；

（四）法定代表人（负责人）身份证明；

（五）执业兽医师资格证书原件及复印件；

（六）设施设备清单；

（七）管理制度文本；

（八）执业兽医和服务人员的健康证明材料。

申请材料不齐全或者不符合规定条件的，发证机关应当自收到申请材料之日起 5 个工作日内一次告知申请人需补正的内容。

第八条　动物诊疗机构应当使用规范的名称。不具备从事动物颅腔、胸腔和腹腔手术能力的，不得使用“动物医院”的名称。

第九条　发证机关受理申请后，应当在 20 个工作日内完成对申请材料的审核和对动物诊疗场所的实地考察。符合规定条件的，发证机关应当向申请人颁发动物诊疗许可证；不符合条件的，书面通知申请人，并说明理由。

专门从事水生动物疫病诊疗的，发证机关在核发动物诊疗许可证时，应当征求同级渔业行政主管部门的意见。

第十条　动物诊疗许可证应当载明诊疗机构名称、诊疗活动范围、从业地点和法定代表人（负责人）等事项。

动物诊疗许可证格式由农业部统一规定。

第十一条　动物诊疗机构设立分支机构的，应当按照本办法的规定另行办理动物诊疗许可证。

第十二条　动物诊疗机构变更名称或者法定代表人（负责人）的，应当在办理工商变更登记手续后 15 个工作日内，向原发证机关申请办理变更手续。

动物诊疗机构变更从业地点、诊疗活动范围的，应当按照本办法规定重新办理动物诊疗许可手续，申请换发动物诊疗许可证。

第十三条　动物诊疗许可证不得伪造、变造、转让、出租、出借。

动物诊疗许可证遗失的，应当及时向原发证机关申请补发。

第十四条　发证机关办理动物诊疗许可证，不得向申请人收取费用。

第三章　诊疗活动管理

第十五条　动物诊疗机构应当依法从事动物诊疗活动，建立健全内部管理制度，在诊疗场所的显著位置悬挂动物诊疗许可证和公示从业人员基本情况。

第十六条　动物诊疗机构应当按照国家兽药管理的规定使用兽药，不得使用假劣兽药和农业部规定禁止使用的药品及其他化合物。

第十七条　动物诊疗机构兼营宠物用品、宠物食品、宠物美容等项目的，兼营区域与动物诊疗区域应当分别独立设置。

第十八条　动物诊疗机构应当使用规范的病历、处方笺，病历、处方笺应当印有动物诊疗机构名称。病历档案应当保存 3 年以上。

第十九条　动物诊疗机构安装、使用具有放射性的诊疗设备的，应当依法经环境保护部门批准。

第二十条　动物诊疗机构发现动物染疫或者疑似染疫的，应当按照国家规定立即向当地兽医主管部门、动物卫生监督机构或者动物疫病预防控制机构报告，并采取隔离等控制措施，防止动物疫情扩散。

动物诊疗机构发现动物患有或者疑似患有国家规定应当扑杀的疫病时，不得擅自进行治疗。

第二十一条　动物诊疗机构应当按照农业部规定处理病死动物和动物病理组织。

动物诊疗机构应当参照《医疗废弃物管理条例》的有关规定处理医疗废弃物。

第二十二条　动物诊疗机构的执业兽医应当按照当地人民政府或者兽医主管部门的要求，参加预防、控制和扑灭动物疫病活动。

第二十三条　动物诊疗机构应当配合兽医主管部门、动物卫生监督机构、动物疫病预防控制机构进行有关法律法规宣传、流行病学调查和监测工作。

第二十四条　动物诊疗机构不得随意抛弃病死动物、动物病理组织和医疗废弃物，不得排放未经无害化处理或者处理不达标的诊疗废水。

第二十五条　动物诊疗机构应当定期对本单位工作人员进行专业知识和相关政策、法规培训。

第二十六条　动物诊疗机构应当于每年 3 月底前将上年度动物诊疗活动情况向发证机关报告。

第二十七条　动物卫生监督机构应当建立健全日常监管制度，对辖区内动物诊疗机构和人员执行法律、法规、规章的情况进行监督检查。

兽医主管部门应当设立动物诊疗违法行为举报电话，并向社会公示。

第四章　罚　　则

第二十八条　违反本办法规定，动物诊疗机构有下列情形之一的，由动物卫生监督机构按照《中华人民共和国动物防疫法》第八十一条第一款的规定予以处罚；情节严重的，并报原发证机关收回、注销其动物诊疗许可证：

（一）超出动物诊疗许可证核定的诊疗活动范围从事动物诊疗活动的；

（二）变更从业地点、诊疗活动范围未重新办理动物诊疗许可证的。

第二十九条　使用伪造、变造、受让、租用、借用的动物诊疗许可证的，动物卫生监督机构应当依法收缴，并按照《中华人民共和国动物防疫法》第八十一条第一款的规定予以处罚出让、出租、出借动物诊疗许可证的，原发证机关应当收回、注销其动物诊疗许可证。

第三十条　动物诊疗场所不再具备本办法第五条、第六条规定条件的，由动物卫生监督机构给予警告，责令限期改正；逾期仍达不到规定条件的，由原发证机关收回、注销其动物诊疗许可证。

第三十一条　动物诊疗机构连续停业两年以上的，或者连续两年未向发证机关报告动物诊疗活动情况，拒不改正的，由原发证机关收回、注销其动物诊疗许可证。

第三十二条　违反本办法规定，动物诊疗机构有下列情形之一的，由动物卫生监督机构给予警告，责令限期改正；拒不改正或者再次出现同类违法行为的，处以一千元以下罚款。

（一）变更机构名称或者法定代表人未办理变更手续的；

（二）未在诊疗场所悬挂动物诊疗许可证或者公示从业人员基本情况的；

（三）不使用病历，或者应当开具处方未开具处方的；

（四）使用不规范的病历、处方笺的。

第三十三条　动物诊疗机构在动物诊疗活动中，违法使用兽药的，或者违法处理医疗废弃物的，依照有关法律、行政法规的规定予以处罚。

第三十四条　动物诊疗机构违反本办法第二十四条规定的，由动物卫生监督机构按照《中华人民共和国动物防疫法》第七十五条的规定予以处罚。

第三十五条　发证机关及其动物卫生监督机构不依法履行审查和监督管理职责，玩忽职守、滥用职权或者徇私舞弊的，依照有关规定给予处分；构成犯罪的，依法追究刑事责任。

第五章　附　　则

第三十六条　乡村兽医在乡村从事动物诊疗活动的具体管理办法由农业部另行规定。

第三十七条　本办法所称发证机关，是指县（市辖区）级人民政府兽医主管部门；市辖区未设立兽医主管部门的，发证机关为上一级兽医主管部门。

第三十八条　本办法自 2009 年 1 月 1 日起施行。

本办法施行前已开办的动物诊疗机构，应当自本办法施行之日起 12 个月内，依照本办法的规定，办理动物诊疗许可证。

附录Ⅷ 执业兽医管理办法

（2008 年 11 月 4 日农业部第 8 次常务会议审议通过，2008 年 11 月 26 日发布，农业部令 2013 年第 5 号修订）

第一章 总 则

第一条 为了规范执业兽医执业行为，提高执业兽医业务素质和职业道德水平，保障执业兽医合法权益，保护动物健康和公共卫生安全，根据《中华人民共和国动物防疫法》，制定本办法。

第二条 在中华人民共和国境内从事动物诊疗和动物保健活动的兽医人员适用本办法。

第三条 本办法所称执业兽医，包括执业兽医师和执业助理兽医师。

第四条 农业部主管全国执业兽医管理工作。

县级以上地方人民政府兽医主管部门主管本行政区域内的执业兽医管理工作。

县级以上地方人民政府设立的动物卫生监督机构负责执业兽医的监督执法工作。

第五条 县级以上人民政府兽医主管部门应当对在预防、控制和扑灭动物疫病工作中做出突出贡献的执业兽医，按照国家有关规定给予表彰和奖励。

第六条 执业兽医应当具备良好的职业道德，按照有关动物防疫、动物诊疗和兽药管理等法律、行政法规和技术规范的要求，依法执业。

执业兽医应当定期参加兽医专业知识和相关政策法规教育培训，不断提高业务素质。

第七条 执业兽医依法履行职责，其权益受法律保护。

鼓励成立兽医行业协会，实行行业自律，规范从业行为，提高服务水平。

第二章 资格考试

第八条 国家实行执业兽医资格考试制度。执业兽医资格考试由农业部组织，全国统一大纲、统一命题、统一考试。

第九条 具有兽医、畜牧兽医、中兽医（民族兽医）或者水产养殖专业大学专科以上学历的人员，可以参加执业兽医资格考试。

第十条 执业兽医资格考试内容包括兽医综合知识和临床技能两部分。

第十一条 农业部组织成立全国执业兽医资格考试委员会。考试委员会负责审定考试科目、考试大纲、考试试题，对考试工作进行监督、指导和确定合格标准。

第十二条 农业部执业兽医管理办公室承担考试委员会的日常工作，负责拟订考试科目、编写考试大纲、建立考试题库、组织考试命题，并提出考试合格标准建议等。

第十三条 执业兽医资格考试成绩符合执业兽医师标准的，取得执业兽医师资格证书；符合执业助理兽医师资格标准的，取得执业助理兽医师资格证书。

执业兽医师资格证书和执业助理兽医师资格证书由省、自治区、直辖市人民政府兽医主管部门颁发。

第三章　执业注册和备案

第十四条　取得执业兽医师资格证书，从事动物诊疗活动的，应当向注册机关申请兽医执业注册；取得执业助理兽医师资格证书，从事动物诊疗辅助活动的，应当向注册机关备案。

第十五条　申请兽医执业注册或者备案的，应当向注册机关提交下列材料：

（一）注册申请表或者备案表；

（二）执业兽医资格证书及其复印件；

（三）医疗机构出具的6个月内的健康体检证明；

（四）身份证明原件及其复印件；

（五）动物诊疗机构聘用证明及其复印件；申请人是动物诊疗机构法定代表人（负责人）的，提供动物诊疗许可证复印件。

第十六条　注册机关收到执业兽医师注册申请后，应当在20个工作日内完成对申请材料的审核。经审核合格的，发给兽医师执业证书；不合格的，书面通知申请人，并说明理由。

注册机关收到执业助理兽医师备案材料后，应当及时对备案材料进行审查，材料齐全、真实的，应当发给助理兽医师执业证书。

第十七条　兽医师执业证书和助理兽医师执业证书应当载明姓名、执业范围、受聘动物诊疗机构名称等事项。

兽医师执业证书和助理兽医师执业证书的格式由农业部规定，由省、自治区、直辖市人民政府兽医主管部门统一印制。

第十八条　有下列情形之一的，不予发放兽医师执业证书或者助理兽医师执业证书：

（一）不具有完全民事行为能力的；

（二）被吊销兽医师执业证书或者助理兽医师执业证书不满2年的；

（三）患有国家规定不得从事动物诊疗活动的人畜共患传染病的。

第十九条　执业兽医变更受聘的动物诊疗机构的，应当按照本办法的规定重新办理注册或者备案手续。

第二十条　县级以上地方人民政府兽医主管部门应当将注册和备案的执业兽医名单逐级汇总报农业部。

第四章　执业活动管理

第二十一条　执业兽医不得同时在两个或者两个以上动物诊疗机构执业，但动物诊疗机构间的会诊、支援、应邀出诊、急救除外。

第二十二条　执业兽医师可以从事动物疾病的预防、诊断、治疗和开具处方、填写诊断书、出具有关证明文件等活动。

第二十三条　执业助理兽医师在执业兽医师指导下协助开展兽医执业活动，但不得开具处方、填写诊断书、出具有关证明文件。

第二十四条　兽医、畜牧兽医、中兽医（民族兽医）、水产养殖专业的学生可以在执业兽医师指导下进行专业实习。

第二十五条　经注册和备案专门从事水生动物疫病诊疗的执业兽医师和执业助理兽医师，不得从事其他动物疫病诊疗。

第二十六条　执业兽医在执业活动中应当履行下列义务：

（一）遵守法律、法规、规章和有关管理规定；

（二）按照技术操作规范从事动物诊疗和动物诊疗辅助活动；

（三）遵守职业道德，履行兽医职责；

（四）爱护动物，宣传动物保健知识和动物福利。

第二十七条　执业兽医师应当使用规范的处方笺、病历册，并在处方笺、病历册上签名。未经亲自诊断、治疗，不得开具处方药、填写诊断书、出具有关证明文件。

执业兽医师不得伪造诊断结果，出具虚假证明文件。

第二十八条　执业兽医在动物诊疗活动中发现动物染疫或者疑似染疫的，应当按照国家规定立即向当地兽医主管部门、动物卫生监督机构或者动物疫病预防控制机构报告，并采取隔离等控制措施，防止动物疫情扩散。

执业兽医在动物诊疗活动中发现动物患有或者疑似患有国家规定应当扑杀的疫病时，不得擅自进行治疗。

第二十九条　执业兽医应当按照国家有关规定合理用药，不得使用假劣兽药和农业部规定禁止使用的药品及其他化合物。

执业兽医师发现可能与兽药使用有关的严重不良反应的，应当立即向所在地人民政府兽医主管部门报告。

第三十条　执业兽医应当按照当地人民政府或者兽医主管部门的要求，参加预防、控制和扑灭动物疫病活动，其所在单位不得阻碍、拒绝。

第三十一条　执业兽医应当于每年 3 月底前将上年度兽医执业活动情况向注册机关报告。

第五章　罚　　则

第三十二条　违反本办法规定，执业兽医有下列情形之一的，由动物卫生监督机构按照《中华人民共和国动物防疫法》第八十二条第一款的规定予以处罚；情节严重的，并报原注册机关收回、注销兽医师执业证书或者助理兽医师执业证书：

（一）超出注册机关核定的执业范围从事动物诊疗活动的；

（二）变更受聘的动物诊疗机构未重新办理注册或者备案的。

第三十三条　使用伪造、变造、受让、租用、借用的兽医师执业证书或者助理兽医师执业证书的，动物卫生监督机构应当依法收缴，并按照《中华人民共和国动物防疫法》第八十二条第一款的规定予以处罚。

第三十四条　执业兽医有下列情形之一的，原注册机关应当收回、注销兽医师执业证书或者助理兽医师执业证书：

（一）死亡或者被宣告失踪的；

（二）中止兽医执业活动满 2 年的；

（三）被吊销兽医师执业证书或者助理兽医师执业证书的；

（四）连续 2 年没有将兽医执业活动情况向注册机关报告，且拒不改正的；

(五)出让、出租、出借兽医师执业证书或者助理兽医师执业证书的。

第三十五条　执业兽医师在动物诊疗活动中有下列情形之一的,由动物卫生监督机构给予警告,责令限期改正;拒不改正或者再次出现同类违法行为的,处1 000元以下罚款:

(一)不使用病历,或者应当开具处方未开具处方的;

(二)使用不规范的处方笺、病历册,或者未在处方笺、病历册上签名的;

(三)未经亲自诊断、治疗,开具处方药、填写诊断书、出具有关证明文件的;

(四)伪造诊断结果,出具虚假证明文件的。

第三十六条　执业兽医在动物诊疗活动中,违法使用兽药的,依照有关法律、行政法规的规定予以处罚。

第三十七条　注册机关及动物卫生监督机构不依法履行审查和监督管理职责,玩忽职守、滥用职权或者徇私舞弊的,对直接负责的主管人员和其他直接责任人员,依照有关规定给予处分;构成犯罪的,依法追究刑事责任。

第六章　附　　则

第三十八条　本办法施行前,不具有大学专科以上学历,但已取得兽医师以上专业技术职称,经县级以上地方人民政府兽医主管部门考核合格的,可以参加执业兽医资格考试。

第三十九条　本办法施行前,具有兽医、水产养殖本科以上学历,从事兽医临床教学或者动物诊疗活动,并取得高级兽医师、水产养殖高级工程师以上专业技术职称或者具有同等专业技术职称,经省、自治区、直辖市人民政府兽医主管部门考核合格,报农业部审核批准后颁发执业兽医师资格证书。

第四十条　动物饲养场(养殖小区)、实验动物饲育单位、兽药生产企业、动物园等单位聘用的取得执业兽医师资格证书和执业助理兽医师资格证书的兽医人员,可以凭聘用合同申请兽医执业注册或者备案,但不得对外开展兽医执业活动。

第四十一条　省级人民政府兽医主管部门根据本地区实际,可以决定取得执业助理兽医师资格证书的兽医人员,依照本办法第三章规定的程序注册后,在一定期限内可以开具兽医处方笺。

前款期限由省级人民政府兽医主管部门确定,但不得超过2017年12月31日。

经注册的执业助理兽医师,注册机关应当在其执业证书上载明"依法注册"字样和期限,并按执业兽医师进行执业活动管理。

第四十二条　乡村兽医的具体管理办法由农业部另行规定。

第四十三条　外国人和香港、澳门、台湾居民申请执业兽医资格考试、注册和备案的具体办法另行制定。

第四十四条　本办法所称注册机关,是指县(市辖区)级人民政府兽医主管部门;市辖区未设立兽医主管部门的,注册机关为上一级兽医主管部门。

第四十五条　本办法自2009年1月1日起施行。

附录Ⅸ　乡村兽医管理办法

（2008 年 11 月 4 日农业部第 8 次常务会议审议通过，
2008 年 11 月 26 日发布　农业农村部 2019 年第 2 号修改）

第一条　为了加强乡村兽医从业管理，提高乡村兽医业务素质和职业道德水平，保障乡村兽医合法权益，保护动物健康和公共卫生安全，根据《中华人民共和国动物防疫法》，制定本办法。

第二条　乡村兽医在乡村从事动物诊疗服务活动的，应当遵守本办法。

第三条　本办法所称乡村兽医，是指尚未取得执业兽医资格，经登记在乡村从事动物诊疗服务活动的人员。

第四条　农业部主管全国乡村兽医管理工作。

县级以上地方人民政府兽医主管部门主管本行政区域内乡村兽医管理工作。

县级以上地方人民政府设立的动物卫生监督机构负责本行政区域内乡村兽医监督执法工作。

第五条　国家鼓励符合条件的乡村兽医参加执业兽医资格考试，鼓励取得执业兽医资格的人员到乡村从事动物诊疗服务活动。

第六条　国家实行乡村兽医登记制度。符合下列条件之一的，可以向县级人民政府兽医主管部门申请乡村兽医登记：

（一）取得中等以上兽医、畜牧（畜牧兽医）、中兽医（民族兽医）或水产养殖专业学历的；

（二）取得中级以上动物疫病防治员、水生动物病害防治员职业技能鉴定证书的；

（三）在乡村从事动物诊疗服务连续 5 年以上的；

（四）经县级人民政府兽医主管部门培训合格的。

第七条　申请乡村兽医登记的，应当提交下列材料：

（一）乡村兽医登记申请表；

（二）学历证明、职业技能鉴定证书、培训合格证书或者乡镇畜牧兽医站出具的从业年限证明；

（三）申请人身份证明和复印件。

第八条　县级人民政府兽医主管部门应当在收到申请材料之日起 20 个工作日内完成审核。审核合格的，予以登记，并颁发乡村兽医登记证；不合格的，书面通知申请人，并说明理由。

乡村兽医登记证应当载明乡村兽医姓名、从业区域、有效期等事项。

乡村兽医登记证有效期五年，有效期届满需要继续从事动物诊疗服务活动的，应当在有效期届满三个月前申请续展。

第九条　乡村兽医登记证格式由农业部规定，各省、自治区、直辖市人民政府兽医主管部门统一印制。

县级人民政府兽医主管部门办理乡村兽医登记，不得收取任何费用。

第十条 县级人民政府兽医主管部门应当将登记的乡村兽医名单逐级汇总报省、自治区、直辖市人民政府兽医主管部门备案。

第十一条 乡村兽医只能在本乡镇从事动物诊疗服务活动，不得在城区从业。

第十二条 乡村兽医在乡村从事动物诊疗服务活动的，应当有固定的从业场所和必要的兽医器械。

第十三条 乡村兽医应当按照《兽药管理条例》和农业部的规定使用兽药，并如实记录用药情况。

第十四条 乡村兽医在动物诊疗服务活动中，应当按照规定处理使用过的兽医器械和医疗废弃物。

第十五条 乡村兽医在动物诊疗服务活动中发现动物染疫或者疑似染疫的，应当按照国家规定立即报告，并采取隔离等控制措施，防止动物疫情扩散。

乡村兽医在动物诊疗服务活动中发现动物患有或者疑似患有国家规定应当扑杀的疫病时，不得擅自进行治疗。

第十六条 发生突发动物疫情时，乡村兽医应当参加当地人民政府或者有关部门组织的预防、控制和扑灭工作，不得拒绝和阻碍。

第十七条 省、自治区、直辖市人民政府兽医主管部门应当制订乡村兽医培训规划，保证乡村兽医至少每两年接受一次培训。县级人民政府兽医主管部门应当根据培训规划制订本地区乡村兽医培训计划。

第十八条 县级人民政府兽医主管部门和乡（镇）人民政府应当按照《中华人民共和国动物防疫法》的规定，优先确定乡村兽医作为村级动物防疫员。

第十九条 乡村兽医有下列行为之一的，由动物卫生监督机构给予警告，责令暂停六个月以上一年以下动物诊疗服务活动；情节严重的，由原登记机关收回、注销乡村兽医登记证：

（一）不按照规定区域从业的；

（二）不按照当地人民政府或者有关部门的要求参加动物疫病预防、控制和扑灭活动的。

第二十条 乡村兽医有下列情形之一的，原登记机关应当收回、注销乡村兽医登记证：

（一）死亡或者被宣告失踪的；

（二）中止兽医服务活动满二年的。

第二十一条 乡村兽医在动物诊疗服务活动中，违法使用兽药的，依照有关法律、行政法规的规定予以处罚。

第二十二条 从事水生动物疫病防治的乡村兽医由县级人民政府渔业行政主管部门依照本办法的规定进行登记和监管。

县级人民政府渔业行政主管部门应当将登记的从事水生动物疫病防治的乡村兽医信息汇总通报同级兽医主管部门。

第二十三条 本办法自 2009 年 1 月 1 日起施行。

附录X　生猪屠宰管理条例

（1997年12月19日中华人民共和国国务院令第238号公布　2008年5月25日中华人民共和国国务院令第525号第一次修订　根据2011年1月8日《国务院关于废止和修改部分行政法规的决定》第二次修订　根据2016年2月6日《国务院关于修改部分行政法规的决定》第三次修订　2021年6月25日中华人民共和国国务院令第742号第四次修订）

第一章　总　　则

第一条　为了加强生猪屠宰管理，保证生猪产品质量安全，保障人民身体健康，制定本条例。

第二条　国家实行生猪定点屠宰、集中检疫制度。

除农村地区个人自宰自食的不实行定点屠宰外，任何单位和个人未经定点不得从事生猪屠宰活动。

在边远和交通不便的农村地区，可以设置仅限于向本地市场供应生猪产品的小型生猪屠宰场点，具体管理办法由省、自治区、直辖市制定。

第三条　国务院农业农村主管部门负责全国生猪屠宰的行业管理工作。县级以上地方人民政府农业农村主管部门负责本行政区域内生猪屠宰活动的监督管理。

县级以上人民政府有关部门在各自职责范围内负责生猪屠宰活动的相关管理工作。

第四条　县级以上地方人民政府应当加强对生猪屠宰监督管理工作的领导，及时协调、解决生猪屠宰监督管理工作中的重大问题。

乡镇人民政府、街道办事处应当加强生猪定点屠宰的宣传教育，协助做好生猪屠宰监督管理工作。

第五条　国家鼓励生猪养殖、屠宰、加工、配送、销售一体化发展，推行标准化屠宰，支持建设冷链流通和配送体系。

第六条　国家根据生猪定点屠宰厂（场）的规模、生产和技术条件以及质量安全管理状况，推行生猪定点屠宰厂（场）分级管理制度，鼓励、引导、扶持生猪定点屠宰厂（场）改善生产和技术条件，加强质量安全管理，提高生猪产品质量安全水平。生猪定点屠宰厂（场）分级管理的具体办法由国务院农业农村主管部门制定。

第七条　县级以上人民政府农业农村主管部门应当建立生猪定点屠宰厂（场）信用档案，记录日常监督检查结果、违法行为查处等情况，并依法向社会公示。

第二章　生猪定点屠宰

第八条　省、自治区、直辖市人民政府农业农村主管部门会同生态环境主管部门以及其他有关部门，按照科学布局、集中屠宰、有利流通、方便群众的原则，结合生猪养殖、动物疫病防控和生猪产品消费实际情况制订生猪屠宰行业发展规划，报本级人民政府批准后实施。

生猪屠宰行业发展规划应当包括发展目标、屠宰厂（场）设置、政策措施等内容。

第九条　生猪定点屠宰厂（场）由设区的市级人民政府根据生猪屠宰行业发展规划，组织农业农村、生态环境主管部门以及其他有关部门，依照本条例规定的条件进行审查，经征求省、自治区、直辖市人民政府农业农村主管部门的意见确定，并颁发生猪定点屠宰证书和生猪定点屠宰标志牌。

生猪定点屠宰证书应当载明屠宰厂（场）名称、生产地址和法定代表人（负责人）等事项。

生猪定点屠宰厂（场）变更生产地址的，应当依照本条例的规定，重新申请生猪定点屠宰证书；变更屠宰厂（场）名称、法定代表人（负责人）的，应当在市场监督管理部门办理变更登记手续后 15 个工作日内，向原发证机关办理变更生猪定点屠宰证书。

设区的市级人民政府应当将其确定的生猪定点屠宰厂（场）名单及时向社会公布，并报省、自治区、直辖市人民政府备案。

第十条　生猪定点屠宰厂（场）应当将生猪定点屠宰标志牌悬挂于厂（场）区的显著位置。

生猪定点屠宰证书和生猪定点屠宰标志牌不得出借、转让。任何单位和个人不得冒用或者使用伪造的生猪定点屠宰证书和生猪定点屠宰标志牌。

第十一条　生猪定点屠宰厂（场）应当具备下列条件：

（一）有与屠宰规模相适应、水质符合国家规定标准的水源条件；

（二）有符合国家规定要求的待宰间、屠宰间、急宰间、检验室以及生猪屠宰设备和运载工具；

（三）有依法取得健康证明的屠宰技术人员；

（四）有经考核合格的兽医卫生检验人员；

（五）有符合国家规定要求的检验设备、消毒设施以及符合环境保护要求的污染防治设施；

（六）有病害生猪及生猪产品无害化处理设施或者无害化处理委托协议；

（七）依法取得动物防疫条件合格证。

第十二条　生猪定点屠宰厂（场）屠宰的生猪，应当依法经动物卫生监督机构检疫合格，并附有检疫证明。

第十三条　生猪定点屠宰厂（场）应当建立生猪进厂（场）查验登记制度。

生猪定点屠宰厂（场）应当依法查验检疫证明等文件，利用信息化手段核实相关信息，如实记录屠宰生猪的来源、数量、检疫证明号和供货者名称、地址、联系方式等内容，并保存相关凭证。发现伪造、变造检疫证明的，应当及时报告农业农村主管部门。发生动物疫情时，还应当查验、记录运输车辆基本情况。记录、凭证保存期限不得少于 2 年。

生猪定点屠宰厂（场）接受委托屠宰的，应当与委托人签订委托屠宰协议，明确生猪产品质量安全责任。委托屠宰协议自协议期满后保存期限不得少于 2 年。

第十四条　生猪定点屠宰厂（场）屠宰生猪，应当遵守国家规定的操作规程、技术要求和生猪屠宰质量管理规范，并严格执行消毒技术规范。发生动物疫情时，应当按照国务院农业农村主管部门的规定，开展动物疫病检测，做好动物疫情排查和报告。

第十五条　生猪定点屠宰厂（场）应当建立严格的肉品品质检验管理制度。肉品品质检验应当遵守生猪屠宰肉品品质检验规程，与生猪屠宰同步进行，并如实记录检验结果。检验结果记录保存期限不得少于2年。

经肉品品质检验合格的生猪产品，生猪定点屠宰厂（场）应当加盖肉品品质检验合格验讫印章，附具肉品品质检验合格证。未经肉品品质检验或者经肉品品质检验不合格的生猪产品，不得出厂（场）。经检验不合格的生猪产品，应当在兽医卫生检验人员的监督下，按照国家有关规定处理，并如实记录处理情况；处理情况记录保存期限不得少于2年。

生猪屠宰肉品品质检验规程由国务院农业农村主管部门制定。

第十六条　生猪屠宰的检疫及其监督，依照动物防疫法和国务院的有关规定执行。县级以上地方人民政府按照本级政府职责，将生猪、生猪产品的检疫和监督管理所需经费纳入本级预算。

县级以上地方人民政府农业农村主管部门应当按照规定足额配备农业农村主管部门任命的兽医，由其监督生猪定点屠宰厂（场）依法查验检疫证明等文件。

农业农村主管部门任命的兽医对屠宰的生猪实施检疫。检疫合格的，出具检疫证明、加施检疫标志，并在检疫证明、检疫标志上签字或者盖章，对检疫结论负责。未经检疫或者经检疫不合格的生猪产品，不得出厂（场）。经检疫不合格的生猪及生猪产品，应当在农业农村主管部门的监督下，按照国家有关规定处理。

第十七条　生猪定点屠宰厂（场）应当建立生猪产品出厂（场）记录制度，如实记录出厂（场）生猪产品的名称、规格、数量、检疫证明号、肉品品质检验合格证号、屠宰日期、出厂（场）日期以及购货者名称、地址、联系方式等内容，并保存相关凭证。记录、凭证保存期限不得少于2年。

第十八条　生猪定点屠宰厂（场）对其生产的生猪产品质量安全负责，发现其生产的生猪产品不符合食品安全标准、有证据证明可能危害人体健康、染疫或者疑似染疫的，应当立即停止屠宰，报告农业农村主管部门，通知销售者或者委托人，召回已经销售的生猪产品，并记录通知和召回情况。

生猪定点屠宰厂（场）应当对召回的生猪产品采取无害化处理等措施，防止其再次流入市场。

第十九条　生猪定点屠宰厂（场）对病害生猪及生猪产品进行无害化处理的费用和损失，由地方各级人民政府结合本地实际予以适当补贴。

第二十条　严禁生猪定点屠宰厂（场）以及其他任何单位和个人对生猪、生猪产品注水或者注入其他物质。

严禁生猪定点屠宰厂（场）屠宰注水或者注入其他物质的生猪。

第二十一条　生猪定点屠宰厂（场）对未能及时出厂（场）的生猪产品，应当采取冷冻或者冷藏等必要措施予以储存。

第二十二条　严禁任何单位和个人为未经定点违法从事生猪屠宰活动的单位和个人提供生猪屠宰场所或者生猪产品储存设施，严禁为对生猪、生猪产品注水或者注入其他物质的单位和个人提供场所。

第二十三条　从事生猪产品销售、肉食品生产加工的单位和个人以及餐饮服务经营者、集中用餐单位生产经营的生猪产品，必须是生猪定点屠宰厂（场）经检疫和肉品品质检验合格的生猪产品。

第二十四条　地方人民政府及其有关部门不得限制外地生猪定点屠宰厂（场）经检疫和肉

品品质检验合格的生猪产品进入本地市场。

第三章 监督管理

第二十五条 国家实行生猪屠宰质量安全风险监测制度。国务院农业农村主管部门负责组织制定国家生猪屠宰质量安全风险监测计划，对生猪屠宰环节的风险因素进行监测。

省、自治区、直辖市人民政府农业农村主管部门根据国家生猪屠宰质量安全风险监测计划，结合本行政区域实际情况，制定本行政区域生猪屠宰质量安全风险监测方案并组织实施，同时报国务院农业农村主管部门备案。

第二十六条 县级以上地方人民政府农业农村主管部门应当根据生猪屠宰质量安全风险监测结果和国务院农业农村主管部门的规定，加强对生猪定点屠宰厂（场）质量安全管理状况的监督检查。

第二十七条 农业农村主管部门应当依照本条例的规定严格履行职责，加强对生猪屠宰活动的日常监督检查，建立健全随机抽查机制。

农业农村主管部门依法进行监督检查，可以采取下列措施：

（一）进入生猪屠宰等有关场所实施现场检查；

（二）向有关单位和个人了解情况；

（三）查阅、复制有关记录、票据以及其他资料；

（四）查封与违法生猪屠宰活动有关的场所、设施，扣押与违法生猪屠宰活动有关的生猪、生猪产品以及屠宰工具和设备。

农业农村主管部门进行监督检查时，监督检查人员不得少于 2 人，并应当出示执法证件。

对农业农村主管部门依法进行的监督检查，有关单位和个人应当予以配合，不得拒绝、阻挠。

第二十八条 农业农村主管部门应当建立举报制度，公布举报电话、信箱或者电子邮箱，受理对违反本条例规定行为的举报，并及时依法处理。

第二十九条 农业农村主管部门发现生猪屠宰涉嫌犯罪的，应当按照有关规定及时将案件移送同级公安机关。

公安机关在生猪屠宰相关犯罪案件侦查过程中认为没有犯罪事实或者犯罪事实显著轻微，不需要追究刑事责任的，应当及时将案件移送同级农业农村主管部门。公安机关在侦查过程中，需要农业农村主管部门给予检验、认定等协助的，农业农村主管部门应当给予协助。

第四章 法律责任

第三十条 农业农村主管部门在监督检查中发现生猪定点屠宰厂（场）不再具备本条例规定条件的，应当责令停业整顿，并限期整改；逾期仍达不到本条例规定条件的，由设区的市级人民政府吊销生猪定点屠宰证书，收回生猪定点屠宰标志牌。

第三十一条 违反本条例规定，未经定点从事生猪屠宰活动的，由农业农村主管部门责令关闭，没收生猪、生猪产品、屠宰工具和设备以及违法所得；货值金额不足 1 万元的，并处 5 万元以上 10 万元以下的罚款；货值金额 1 万元以上的，并处货值金额 10 倍以上 20 倍以下的罚款。

冒用或者使用伪造的生猪定点屠宰证书或者生猪定点屠宰标志牌的，依照前款的规定处罚。

生猪定点屠宰厂(场)出借、转让生猪定点屠宰证书或者生猪定点屠宰标志牌的,由设区的市级人民政府吊销生猪定点屠宰证书,收回生猪定点屠宰标志牌;有违法所得的,由农业农村主管部门没收违法所得,并处5万元以上10万元以下的罚款。

第三十二条 违反本条例规定,生猪定点屠宰厂(场)有下列情形之一的,由农业农村主管部门责令改正,给予警告;拒不改正的,责令停业整顿,处5 000元以上5万元以下的罚款,对其直接负责的主管人员和其他直接责任人员处2万元以上5万元以下的罚款;情节严重的,由设区的市级人民政府吊销生猪定点屠宰证书,收回生猪定点屠宰标志牌:

(一)未按照规定建立并遵守生猪进厂(场)查验登记制度、生猪产品出厂(场)记录制度的;

(二)未按照规定签订、保存委托屠宰协议的;

(三)屠宰生猪不遵守国家规定的操作规程、技术要求和生猪屠宰质量管理规范以及消毒技术规范的;

(四)未按照规定建立并遵守肉品品质检验制度的;

(五)对经肉品品质检验不合格的生猪产品未按照国家有关规定处理并如实记录处理情况的。

发生动物疫情时,生猪定点屠宰厂(场)未按照规定开展动物疫病检测的,由农业农村主管部门责令停业整顿,并处5 000元以上5万元以下的罚款,对其直接负责的主管人员和其他直接责任人员处2万元以上5万元以下的罚款;情节严重的,由设区的市级人民政府吊销生猪定点屠宰证书,收回生猪定点屠宰标志牌。

第三十三条 违反本条例规定,生猪定点屠宰厂(场)出厂(场)未经肉品品质检验或者经肉品品质检验不合格的生猪产品的,由农业农村主管部门责令停业整顿,没收生猪产品和违法所得;货值金额不足1万元的,并处10万元以上15万元以下的罚款;货值金额1万元以上的,并处货值金额15倍以上30倍以下的罚款;对其直接负责的主管人员和其他直接责任人员处5万元以上10万元以下的罚款;情节严重的,由设区的市级人民政府吊销生猪定点屠宰证书,收回生猪定点屠宰标志牌,并可以由公安机关依照《中华人民共和国食品安全法》的规定,对其直接负责的主管人员和其他直接责任人员处5日以上15日以下拘留。

第三十四条 生猪定点屠宰厂(场)依照本条例规定应当召回生猪产品而不召回的,由农业农村主管部门责令召回,停止屠宰;拒不召回或者拒不停止屠宰的,责令停业整顿,没收生猪产品和违法所得;货值金额不足1万元的,并处5万元以上10万元以下的罚款;货值金额1万元以上的,并处货值金额10倍以上20倍以下的罚款;对其直接负责的主管人员和其他直接责任人员处5万元以上10万元以下的罚款;情节严重的,由设区的市级人民政府吊销生猪定点屠宰证书,收回生猪定点屠宰标志牌。

委托人拒不执行召回规定的,依照前款规定处罚。

第三十五条 违反本条例规定,生猪定点屠宰厂(场)、其他单位和个人对生猪、生猪产品注水或者注入其他物质的,由农业农村主管部门没收注水或者注入其他物质的生猪、生猪产品、注水工具和设备以及违法所得;货值金额不足1万元的,并处5万元以上10万元以下的罚款;货值金额1万元以上的,并处货值金额10倍以上20倍以下的罚款;对生猪定点屠宰厂(场)或者其他单位的直接负责的主管人员和其他直接责任人员处5万元以上10万元以下的罚款。注入其他物质的,还可以由公安机关依照《中华人民共和国食品安全法》的规定,对其直接负责的主管人员和其他直接责任人员处 5 日以上 15 日以下拘留。

生猪定点屠宰厂（场）对生猪、生猪产品注水或者注入其他物质的，除依照前款规定处罚外，还应当由农业农村主管部门责令停业整顿；情节严重的，由设区的市级人民政府吊销生猪定点屠宰证书，收回生猪定点屠宰标志牌。

第三十六条　违反本条例规定，生猪定点屠宰厂（场）屠宰注水或者注入其他物质的生猪的，由农业农村主管部门责令停业整顿，没收注水或者注入其他物质的生猪、生猪产品和违法所得；货值金额不足 1 万元的，并处 5 万元以上 10 万元以下的罚款；货值金额 1 万元以上的，并处货值金额 10 倍以上 20 倍以下的罚款；对其直接负责的主管人员和其他直接责任人员处 5 万元以上 10 万元以下的罚款；情节严重的，由设区的市级人民政府吊销生猪定点屠宰证书，收回生猪定点屠宰标志牌。

第三十七条　违反本条例规定，为未经定点违法从事生猪屠宰活动的单位和个人提供生猪屠宰场所或者生猪产品储存设施，或者为对生猪、生猪产品注水或者注入其他物质的单位和个人提供场所的，由农业农村主管部门责令改正，没收违法所得，并处 5 万元以上 10 万元以下的罚款。

第三十八条　违反本条例规定，生猪定点屠宰厂（场）被吊销生猪定点屠宰证书的，其法定代表人（负责人）、直接负责的主管人员和其他直接责任人员自处罚决定作出之日起 5 年内不得申请生猪定点屠宰证书或者从事生猪屠宰管理活动；因食品安全犯罪被判处有期徒刑以上刑罚的，终身不得从事生猪屠宰管理活动。

第三十九条　农业农村主管部门和其他有关部门的工作人员在生猪屠宰监督管理工作中滥用职权、玩忽职守、徇私舞弊，尚不构成犯罪的，依法给予处分。

第四十条　本条例规定的货值金额按照同类检疫合格及肉品品质检验合格的生猪、生猪产品的市场价格计算。

第四十一条　违反本条例规定，构成犯罪的，依法追究刑事责任。

第五章　附　　则

第四十二条　省、自治区、直辖市人民政府确定实行定点屠宰的其他动物的屠宰管理办法，由省、自治区、直辖市根据本地区的实际情况，参照本条例制定。

第四十三条　本条例所称生猪产品，是指生猪屠宰后未经加工的胴体、肉、脂、脏器、血液、骨、头、蹄、皮。

第四十四条　生猪定点屠宰证书、生猪定点屠宰标志牌以及肉品品质检验合格验讫印章和肉品品质检验合格证的式样，由国务院农业农村主管部门统一规定。

第四十五条　本条例自 2021 年 8 月 1 日起施行。

参考文献

[1] 陈向前,汪明. 动物卫生法学. 北京:中国农业大学出版社,2002.

[2] 陈向前. 中国与国际动物卫生法比较研究. 北京:中国农业科学技术出版社,2003.

[3] 青岛东方动物卫生法学研究咨询中心. 动物卫生行政法学理论与实务. 北京:中国农业出版社,2018.

[4] 中国动物疫病预防控制中心. 动物卫生监督行政执法典型案卷汇编. 北京:中国农业出版社,2017.

[5] 崔卓兰. 行政法学. 长春:吉林大学出版社,2000.

[6] 农业部兽医局,中国动物疫病预防控制中心. 动物卫生监督执法案例评析. 北京:中国农业出版社,2011.

[7] 农业部畜牧兽医局译. 国际动物卫生法典. 北京:中国农业科学技术出版社,2003.

[8] 顾红娟,邢军. 畜牧兽医行政执法管理. 北京:化学工业出版社,2009.

[9] 谷春德. 法律基础. 北京:高等教育出版社,2003.

[10] 韩昌权. 畜牧兽医法规与行政执法. 北京:中国农业出版社,2019.

[11] 王喆. 畜牧兽医法规与行政执法. 北京:中国农业出版社,2014.

[12] 胡建淼. 行政法与行政诉讼法. 北京:高等教育出版社,2002.

[13] 刘娟,朱兆荣. 畜牧兽医行政法学. 北京:中国农业大学出版社,2005.

[14] 黄建初. 中华人民共和国动物防疫释义. 北京:法律出版社,2008.

[15] 李祥明. 饲料法规与标准. 延边:延边大学出版社,2002.

[16] 农业部. 农业法律法规规章选编(畜牧兽医及相关类). 北京:中国农业出版社,2003.

[17] 农业部产业政策与法规司. 农业行政处罚案例评析. 北京:法律出版社,2004.

[18] 陶岳. 动物卫生行政执法实用手册. 北京:中国农业出版社,2012.

[19] 邢权福. 动物防疫行政执法与案例分析. 北京:中国农业出版社,2008.

[20] 张永桃. 行政管理学. 南京:南京大学出版社,1998.

[21] 朱兆荣. 畜牧兽医行政管理与执法司法. 重庆:重庆大学出版社,2007.

[22] 中华兽药大典编写委员会. 中华兽药大典. 北京:北京科大电子出版社,2009.

[23] 中华人民共和国农业农村部 http://www.moa.gov.cn/

[24] 中国政府网 http://www.gov.cn/

[25] 中国标准化信息服务网 http://www.bzhfw.org.cn/